中国经济高质量发展研究丛书

朱鹏华◎著

新时代城乡融合发展的机理与路径

The Mechanism and Path of Urban-rural Fusion Development in the New Era

中国财经出版传媒集团

经济科学出版社

Economic Science Press

图书在版编目（CIP）数据

新时代城乡融合发展的机理与路径/朱鹏华著 . --
北京：经济科学出版社，2022.7
（中国经济高质量发展研究丛书）
ISBN 978 - 7 - 5218 - 3863 - 3

Ⅰ.①新… Ⅱ.①朱… Ⅲ.①城乡一体化 - 发展 - 研
究 - 中国 Ⅳ.①F299.21

中国版本图书馆 CIP 数据核字（2022）第 126055 号

责任编辑：于 源 冯 蓉
责任校对：王肖楠
责任印制：范 艳

新时代城乡融合发展的机理与路径
朱鹏华 著
经济科学出版社出版、发行 新华书店经销
社址：北京市海淀区阜成路甲 28 号 邮编：100142
总编部电话：010 - 88191217 发行部电话：010 - 88191522
网址：www. esp. com. cn
电子邮箱：esp@ esp. com. cn
天猫网店：经济科学出版社旗舰店
网址：http://jjkxcbs. tmall. com
北京密兴印刷有限公司印装
710 × 1000 16 开 15.75 印张 291000 字
2022 年 9 月第 1 版 2022 年 9 月第 1 次印刷
ISBN 978 - 7 - 5218 - 3863 - 3 定价：66.00 元
（图书出现印装问题，本社负责调换。电话：010 - 88191510）
（版权所有 侵权必究 打击盗版 举报热线：010 - 88191661
QQ：2242791300 营销中心电话：010 - 88191537
电子邮箱：dbts@ esp. com. cn）

序　言

城市和乡村是人类社会两种异质的聚落空间形态，但两者并非相互隔离，而始终是一个有机的整体。在人类社会现代化的进程中，处理好城市和乡村的关系以及实现城乡融合发展，是经济社会发展的核心问题之一。正如马克思强调，"城乡关系一改变，整个社会也跟着改变"①。社会主义现代化是城镇和乡村共同的进程，城镇化和乡村振兴是我国现代化的必经之路和历史任务。城乡融合发展不仅是现代化的重要标志，还是破解新时代社会主要矛盾和全面建设社会主义现代化国家的关键抓手。

新时代城乡融合发展是一个内涵丰富的理论和实践体系，本书从新型城镇化和乡村振兴两大战略出发，聚焦于重塑新型工农城乡关系急需突破的核心问题，即以新时代城乡融合发展的机理为中心展开研究。全书共有6章，按照新时代城乡融合发展的"导论→理论→实践→机理→路径→结语"的逻辑展开。

导论：主要介绍该著作的研究背景与意义，分析研究的内容、目标和框架，说明研究方案，阐述研究的创新之处和存在的不足。

理论：从马克思主义城乡关系理论、西方经济学城乡关系的经典理论以及国内外相关研究动态3个方面开展综述性研究，厘清城乡融合发展的理论基础，为本书的研究确立学理依循和理论方位。

实践：从国内外城乡融合发展的历程中，剖析主要问题，总结实践经验，提炼基本规律，为新时代城乡融合发展机理与路径的研究提

---

① 《马克思恩格斯选集（第1卷）》，人民出版社2012年版，第237页。

供支撑。从国际经验来看，城乡融合发展建立在工业化和城镇化的基础之上，是政府和市场共同作用的结果；城乡融合发展应以人为核心和导向，在城市侧要重视小城镇建设，在乡村侧要推进一二三产业融合发展；城乡融合发展始终在路上，只有进行时，没有完成时。城乡关系是人类社会的一种基本关系，是社会总体生产关系的重要组成部分。从我国的实践来看，基本经济制度是城乡关系的社会基础和直接决定力量，新中国城乡关系演进蕴含着基本经济制度变迁的逻辑。社会主义基本经济制度由形成"二元对立"，到打破"二元对立"，实现"二元并存"，再到向着"二元融合"的方向发展。与此同时，城乡关系由兼顾型向整体型演进（1949～1978 年），到由整体型向分化型演进（1979～1992 年），由分化型向统筹型演进（1993～2012 年），再到由统筹型向融合型演进（2013 年至今）。在这一连续的阶段性演进轨迹中坚持党的领导、坚持人民主体地位、坚持科学的发展理念、坚持改革创新始终贯穿其中，是中国特色社会主义城乡关系的基本规律。

机理：新时代城乡融合发展是以进一步解放和发展城乡社会生产力为基础，以全面建设社会主义现代化国家为主题，以城乡居民的权益为核心，通过综合创新、协调、绿色、开放和共享的发展模式，不断破除阻碍城乡融合的体制机制弊端，促进城乡要素双向流动、平等交换和公共资源合理配置，加快形成工农互促、城乡互补、协调发展、共同繁荣的新型工农城乡关系的改革发展过程。从逻辑框架来看，新时代城乡融合发展的逻辑基础是城乡命运共同体的理念，逻辑起点是人民对美好生活的向往，逻辑主线是全面建设社会主义现代化国家的目标追求。从主要特征来看，新时代城乡融合发展在经济层面是城乡要素自由流动、产业协同发展，政治层面是城乡基层治理体系和治理能力现代化，文化层面是城乡文化互动交融、社会主义精神文明广泛弘扬，社会层面是城乡基本公共资源普惠共享，生态环境层面是城乡空间布局不断优化、生态环境持续改善。从系统论的角度来看，新时代城乡融合发展是城市和乡村经济、政治、文化、社会和生态环境5个子系统的融合发展过程，并且分为物质、制度和精神三个层次。从动力机制来看，驱动新时代城乡融合发展的合力包括子系统内部的融合推力、新系统内部的融合拉力、子系统外部环境的压力和城乡融合发展的阻力四个部分构成。从融合发展的载体来看，新时代城乡融合发展核心载体为城乡间流动的人口，组织载体为城乡间各类组织，空间载体为小城镇和城市郊区。从发展趋势来看，新时代城乡融合发展分为城市主动而乡村被动阶段、乡村主动而城市被动阶段以及城市和乡村等值化阶段 3 个发展阶段。在机理分析的基础上，本书建立了城乡融合发展指标体系和测评模型，并对我国（1993～2020 年）城乡融合发展质量和速度进行了实证分析。从融合发展质量来看，我国城乡融合发展具有显著的阶段性特征，当前城乡融合发展的态势已经形成。从融合发展速度来看，我国经历了速度由负转正的转变过程，当前已处于加速融合发展阶段。从融合发展的三个方向来看，城镇化、乡村振兴、城乡协同质量差异显著，当前仍是城镇化主导着城乡融合发展，未来乡村振兴必将大幅提升城乡融合发展的质量。

路径：城乡融合发展是中国共产党领导人民在城乡关系发展实践中的主动选择，科学地确立新时代城乡融合发展路径是本书的研究主题之一。新时代城乡融合发展目标是持续提高城乡融合发展质量，全面建设社会主义现代化国家，路径则是实现这一目标所应采取的策略或方法集。从基础性的"路基"来看，经济融合发展关键是要建立城乡要素平等交换、双向流动的体制机制，政治融合发展关键是健全城乡一体的治理体系，文化融合发展关键是形成城乡文化互哺的体制机制，社会融合发展关键是完善城乡基本公共服务普惠共享的体制机制，生态环境融合发展关键是健全城乡一体的绿色治理体制机制。从方向性的"路标"来看，新时代城乡融合发展要始终遵循创新、协调、绿色、开放和共享的发展方向。其中，创新是动力源，协调是手段和目标，绿色是鲜明底色，开放是内在要求，共享是本质要求。从差异性的"路型"来看，各地区要因地制宜，充分考虑自身城乡融合发展阶段和乡村差异性，科学地实施差异化的城乡融合发展策略，走"多元城乡融合发展"之路。从大类来看，本书认为新时代城乡融合发展至少存在新型城镇化驱动型、乡村振兴带动型和城乡等值发展型三种"路型"。

结语：以城乡融合发展推动新型城镇化高质量发展。党的十八大以来，在以习近平同志为核心的党中央坚强领导下，提出了走中国特色新型城镇化道路、实施乡村振兴战略、建立健全城乡融合发展体制机制和政策体系，逐渐形成以城乡融合发展推动新型城镇化与乡村振兴高质量发展的理论定位和基本方略。本书认为，应提升城乡融合发展的战略定位，将新时代城乡融合发展上升为基础性战略，统领新型城镇化和新时代乡村振兴。同时，在推进新时代城乡融合发展中必须把握好有效市场和有为政府的关系、供给侧结构性改革和需求侧管理的关系、国内大循环与国际循环的关系、做大"蛋糕"与分好"蛋糕"的关系以及经济社会发展与生态环境质量提升的关系。

朱鹏华

2021 年 12 月 27 日

目录
CONTENTS

第一章

导　　论

城市和乡村是人类两种异质的生存空间形态，两者并非孤立的，而是一个血脉相融的有机整体。社会主义现代化是城镇和乡村共同的进程，城镇化和乡村振兴是我国现代化的必经之路和历史任务。城乡融合发展不仅是现代化的重要标志，还是破解新时代①社会主要矛盾和全面建设社会主义现代化强国的关键抓手。本章主要介绍本书的研究背景与意义，分析研究的内容、目标和框架，说明研究方案，阐述研究的创新之处和存在的不足。

第一节　研究背景与意义

理论的创新离不开实践的发展，我国新型城镇化和乡村振兴战略的实施为新时代城乡融合发展的机理和路径研究提供了契机。对新时代城乡融合发展的相关研究既是实践创新和制度创新的迫切要求，也是坚持和发展中国特色社会主义政治经济学的迫切需要。

---

① 中国特色社会主义新时代简称"新时代"，是承前启后、继往开来、在新的历史条件下继续夺取中国特色社会主义伟大胜利的时代，是决胜全面建成小康社会、进而全面建设社会主义现代化强国的时代，是全国各族人民团结奋斗、不断创造美好生活、逐步实现全体人民共同富裕的时代，是全体中华儿女勠力同心、奋力实现中华民族伟大复兴中国梦的时代，是我国不断为人类作出更大贡献的时代。中国特色社会主义新时代是我国发展新的历史方位。参见《中共中央关于党的百年奋斗重大成就和历史经验的决议》，人民出版社2021年版，第23页。

一、研究背景

2012 年 12 月，中央经济工作会议首次提出要"把生态文明理念和原则全面融入城镇化全过程，走集约、智能、绿色、低碳的新型城镇化道路"。2013 年 11 月，党的十八届三中全会通过的《中共中央关于全面深化改革若干重大问题的决定》提出，坚持走中国特色的新型城镇化道路，推进以人为核心的城镇化，推动大中小城市和小城镇协调发展、产业和城镇融合发展，促进城镇化和新农村建设协调推进。2013 年 12 月，召开了改革开放以来第一次中央城镇化工作会议。2014 年 3 月，国务院颁布了《国家新型城镇化规划（2014 - 2020 年）》，明确了新型城镇化的主要目标和战略任务，其中"推动城乡发展一体化"为四大战略任务之一。2016 年 2 月，国务院又颁布了《国务院关于深入推进新型城镇化建设的若干意见》，提出了重点推进农业转移人口市民化，全面提升城市功能，加快培育中小城市和特色小城镇，辐射带动新农村建设，完善土地利用机制，创新投融资机制，完善城镇住房制度，新型城镇化综合试点，以及健全新型城镇化工作推进机制共九项重点工作，将城乡融合发展置于更加突出的位置。

2017 年 10 月，党的十九大报告首次提出实施乡村振兴战略并写入党章，2017 年 12 月，高规格的中央农村工作会议对乡村振兴战略进行了全面动员和部署，这标志着我国正式开启了新时代乡村振兴的征程。2018 年 2 月，国务院公布了《中共中央国务院关于实施乡村振兴战略的意见》，明确了新时代实施乡村振兴战略的重大意义、基本原则和总体要求，提出"建立健全城乡融合发展体制机制和政策体系"。2018 年 5 月，中共中央政治局召开会议审议通过了《国家乡村振兴战略规划（2018 - 2022 年）》，明确了新时代乡村振兴的规划背景、总体要求和战略任务，其中"完善城乡融合发展政策体系"为八大战略任务之一。从短时间内这一系列的重要会议和政策文件可见，乡村振兴战略对化解我国社会主要矛盾，决胜全面建成小康社会[①]，进而全面建设社会主义现代化强国意义重大。其中，城乡融合发展是确保新时代乡村振兴行稳致远的重要举措。

---

① 2020 年我国全面建成小康社会目标如期实现。参见《中共中央关于党的百年奋斗重大成就和历史经验的决议》，人民出版社 2021 年版，第 61 页。

国内外近代乡村发展史证明，乡村振兴必须走以城带乡、以工促农的路子，必须在城乡融合发展中来破解难题。建立城乡融合发展体制机制和政策体系，是实现乡村振兴和农业农村现代化的重要制度保障。2019 年 4 月，中共中央和国务院发布了《中共中央国务院关于建立健全城乡融合发展体制机制和政策体系的意见》，从城乡要素合理配置、城乡基本公共服务普惠共享、城乡基础设施一体化发展、乡村经济多元化发展、农民收入持续增长等五个方面全面部署了建立健全城乡融合发展体制机制和政策体系的具体措施，并提出三步走战略，即"到2022 年，城乡融合发展体制机制初步建立""到 2035 年，城乡融合发展体制机制更加完善""到本世纪中叶，城乡融合发展体制机制成熟定型"。这标志着"重塑新型城乡关系、走城乡融合发展之路"作为重大国家战略已经开始付诸实施。

当前，新型城镇化和新时代乡村振兴已经成为各方面关注的社会热词，同时也是以习近平同志为核心的党中央治国理政的核心词和我国学术界研究的关键词。新型城镇化和新时代乡村振兴是中国社会主义现代化的两个系统工程，这两个系统不仅依赖于各自的资源、环境、人口、资金、产业、文化、制度等要素，还受到彼此相互作用的推动或制约。在中国经济社会发展的进程中，如果以单向度的研究视角看待新型城镇化和新时代乡村振兴，而对两个系统的逻辑关系、融合机理、融合发展路径不进行深入分析，就无法真正为实现各自的目标提供理论支撑。理论是实践的先导，推进新型城镇化与实施乡村振兴战略在实践中十分容易混淆，这需要在理论上阐明两者的关系。将新型城镇化和新时代乡村振兴置于社会主义现代化的整个系统中来思考，通过对宏观层面下的微观要素和主体行为进行定量与定性相结合的政治经济学分析，探究两者融合发展的机理和路径，是更好推进新型城镇化和实施乡村振兴战略的必然选择。

二、研究意义

新型城镇化与新时代乡村振兴不仅仅是国家在实践层面的重大战略和历史性任务，而且当前在学术界也是研究的热点，但总体来看在理论层面深入对两者之间关系的研究刚刚起步。当前，我国城镇化已进入速度与质量并重的新阶段，城市辐射带动农村的能力显著增强，但农村居民仍然大量且长期存在的国情不会改变，这迫切需要重塑新型工农城乡关系（朱鹏华，2020）。本书紧紧围绕新型城镇化和新时代乡村振兴之间的关系，聚焦它们之间融合发展的机理，综合运用城市经济、农村经济、马克思主义城乡关系、系统论、数学建模等多学科的理论和方法，从理论层面阐明二者融合发展的运动规律，从实践层面探析二者在更高水平上融合发展的实现路径。

本书的学术价值在于：在已有的城镇化与乡村振兴（或农村发展、新农村建设）之间关系（或城乡关系）的研究中，基本都是侧重于规范分析或定性分析，对城镇化和乡村振兴之间的逻辑关系所进行的系统化和数量化的研究比较少见。借助系统论与融合思想，运用定量分析和定性分析相结合的方法，深入分析新型城镇化和新时代乡村振兴融合发展的机理、测度和趋势，阐明实现融合发展的路径。这将拓展新型城镇化与新时代乡村振兴之间关系的研究视角、思路和方法，为构建中国特色社会主义城乡融合发展理论奠定基础。

本书的现实意义在于：新型城镇化和新时代乡村振兴最终还是一个实践问题，对二者之间融合发展的研究，必须回归实践才能凸显研究的价值。例如，新型城镇化核心是破解我国城镇化面临的难题，最终要全面提升城镇化水平和质量；新时代乡村振兴的核心是破解"三农"问题，最终要全面实现农业强、农村美、农民富。第一，将城镇化和乡村振兴两个重大战略置于一个系统中研究，根据实践发展的历史轨迹和对典型省市的调研，全面、科学地归纳二者的融合发展机理，构建二者融合发展的理论框架，进而为各级政府在制定和完善新型城镇化和乡村振兴战略规划时提供决策支撑。第二，本书将按照"五位一体"的总体布局，从经济建设、政治建设、文化建设、社会建设、生态文明建设五个层面出发，系统分析新型城镇化和新时代乡村振兴的融合发展的影响因素，为决策者制定相关法律、制度和政策提供信息参考和决策依据，降低城乡失衡发展扩大的风险。第三，根据新型城镇化与新时代乡村振兴融合发展机理和模型定量分析，得出我国融合发展状况的基本判断，并探析二者融合发展改进的实践方向，在此基础上形成新型城镇化与新时代乡村振兴融合发展的路径。为我国协同推进新型城镇化和实施乡村振兴战略，建立健全城乡融合发展体制机制和政策体系，全面实现城乡融合发展提供理论依据和决策参考。

综上所述，本书的研究具有重要的理论价值、现实意义和应用前景，不仅能为全面落实国家新型城镇化和实施乡村振兴战略提供重要的理论和应用支持，也能为探索中国特色社会主义城乡融合发展的道路和理论提供研究指导。

第二节　关键概念的界定

学术问题的研究一般要从概念的界定切入，同一个概念在不同的学科视角下具有不同的含义，本书在中国特色社会主义政治经济学的视阈下对相关概念进行界定。

一、城镇和乡村

城镇（urban）和乡村（rural）[①] 通常简称为"城"和"乡"，这首先是两个地理学的概念。我国政府从统计上对城乡进行了明确的划分："城镇包括城区和镇区。城区是指在市辖区和不设区的市，区、市政府驻地的实际建设连接到的居民委员会和其他区域。镇区是指在城区以外的县人民政府驻地和其他镇，政府驻地的实际建设连接到的居民委员会和其他区域。与政府驻地的实际建设不连接，且常住人口在 3 000 人以上的独立的工矿区、开发区、科研单位、大专院校等特殊区域及农场、林场的场部驻地视为镇区。""乡村是指本规定划定的城镇以外的区域。"[②] 由此可见，城镇和乡村构成了人类生存地理空间的一个划分。从政治经济学的视角来看，伴随人类社会生产力的发展，乡村孕育了城镇，城乡分离是生产力发展和社会分工发展的产物。城镇和乡村的差别本质上是生产方式的不同，一般的城镇以工商业为主，而乡村以农业为主。生产方式的不同也决定了城乡居民生活方式和文化习俗的不同，政府对城市和乡村的治理与政策也不同。总之，城镇和乡村的异质性，决定了城乡关系的客观性和城乡融合发展的重要性。

二、城乡关系

城乡关系（urban-rural relationship）指广泛存在于城镇和乡村之间的相互作

---

① 城镇的英文还可用 city，town 等，乡村的英文还可用 countryside，village 等，虽然它们都有一些差异，但本书不对这些英文名称的区别作进一步的阐述。

② 国家统计局与民政部、住房和城乡建设部、公安部、财政部、国土资源部、农业部：《统计上划分城乡的规定》，http：//www. stats. gov. cn/tjsj/pcsj/rkpc/6rp/html/fu11. htm。

用、相互影响、相互制约的普遍联系与互动关系，反映一个国家或地区的城镇与乡村二元经济社会结构的基本关系，突出城乡发展的关联性和组织性（曾磊等，2002；蔡云辉，2003；韩俊，2009；刘彦随，2018）。城镇和乡村是两个异质的系统（Lewis Mumford，1961），城市和乡村的性质是由人界定的，定义城乡关系在于明确它们的主要特征（Bengs，2000）。在抽象层面，城乡关系本质上是一种生产关系，是由基本经济制度①支配的城乡间生产关系的总和。在具体层面，本书将城乡关系看成是城镇和乡村各自所包含的经济、政治、文化、社会和生态环境五个子系统的交互关系②。

三、城乡融合发展

融合包含着互动、融洽、渗透之意，是不同对象事物相互影响、相互渗透、融为一体的状态，融合发展的结果是新事物的产生。城乡融合发展（urban-rural fusion development）是把城市与乡村的各种要素作为一个整体统筹规划和整体推进，通过城乡空间结构优化和建立健全相关制度，让要素对流畅通、产业联系紧密、功能互补互促，并最终融为一体（Costa F.，2005；朱鹏华，2017；何仁伟，2018；许彩玲和李建建，2019）。城乡融合发展是一个动态的过程，与其密切相关的是城镇化与乡村振兴的融合发展。新型城镇化和新时代乡村振兴融合发展（fusion development of new urbanization and rural revitalization in the New Era，NUR）是指新型城镇化和乡村振兴两大战略的融合发展，即两大战略在体制机制和政策体系上相互协调、密切协作、形成合力。城乡融合发展本身就是新型城镇化和新时代乡村振兴的内在要求，城乡是对立统一体，实施新型城镇化与乡村振兴战略是解决城市病、城乡发展不平衡、"三农"问题，提升城乡发展质量的两种不同手段（蔡昉，2018；姜长云，2018；方创琳，2018）。因此，城乡融合发展既是新型城镇化和新时代乡村振兴融合发展的目标，也与国家实施新型城镇化和乡村振兴战略是同一过程。

---

① 一定社会占统治地位的生产关系总和构成该社会的基本经济制度。参见朱鹏华、王天义：《民营经济是我国经济制度的内在要素——习近平总书记关于社会主义基本经济制度的创新和发展》，载于《中共中央党校（国家行政学院）学报》2020年第4期，第29~36页。

② 系统是由相互影响、相互作用的元素，按照一定结构组成的具有特定功能的整体集合（萨多夫斯基，1974）。

第三节 研究目标与框架

城乡关系问题一直都是国内外学术界研究的热点话题,如何能在前人研究的基础上开拓创新? 其中科学地确定新时代城乡融合发展的研究目标和框架十分关键。这里在新时代城乡融合发展机理与路径研究背景和意义的基础上,确立本书的研究内容、目标和框架。

一、研究内容

城乡融合发展是一个内涵丰富的理论和实践体系,本书不是将其作为研究对象泛泛地研究,而是重点从新型城镇化和新时代乡村振兴两大战略出发,聚焦于重塑新型城乡关系急需突破的核心问题,即新时代城乡融合发展的机理问题。研究问题的形成逻辑如图 1-1 所示。

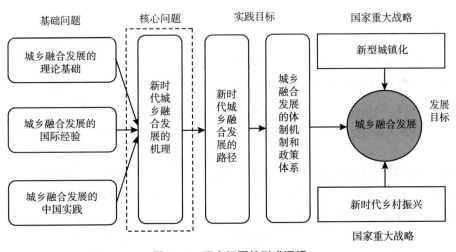

图 1-1　研究问题的形成逻辑

资料来源:笔者绘制。

围绕着新时代城乡融合发展背后的核心问题,拟从以下三个方面开展研究:

1. 城乡融合发展的理论基础、国际经验和中国实践

紧密依循马克思主义政治经济学和习近平经济思想的基础上，本书将深入研究三项内容，为后续研究奠定基础。第一，城乡融合发展的理论基础。拟从马克思主义城乡关系理论，西方经济学城乡关系的经典理论，以及国内外相关研究动态三个方面开展综述性研究，为本书的研究确定学理依循和理论方位。第二，城乡融合发展的国际经验。按照城乡关系的特点，拟分类研究发达国家的城乡融合发展，总结城乡融合发展的国际经验，并从经济、政治、文化、社会和生态环境五个方面探析对我国城乡融合发展的启示。第三，城乡融合发展的中国实践。拟研究新中国城乡关系的演进历程（1949～2020年），总结我国城乡融合发展已取得的成就，剖析存在的主要问题，提炼经验和规律，为实践经验上升为系统化的经济学说做好准备。

2. 新时代城乡融合发展的机理

城市和乡村是人类两种异质的聚落空间系统，它们均由经济（economic）、政治（political）、文化（cultural）、社会（social）、生态文明（ecological）五个子系统（简称EPCSE，也可以看成五类要素集）组成。城乡融合发展（urban-rural fusion development）是指城市的五个子系统（U－EPCSE）和乡村的五个子系统（R－EPCSE）通过相互交流、影响和调整，打破彼此间的封闭、隔离与分散的格局，形成一个新的城乡一体化系统（UR－EPCSE）的过程。城乡融合发展是一个多系统融合的过程，主要研究三项内容：第一，新时代城乡融合发展的内涵和特征。拟运用系统论的方法分析新时代城乡融合的内涵和特征，结合新型城镇化和新时代乡村振兴两大战略的指导思想、基本原则和主要目标，重点研究新时代城乡融合发展的逻辑框架和主要特征。第二，新时代城乡融合发展的机理。拟从多系统融合的角度，对新时代城乡融合发展的层次、动力、载体和趋势进行研究，从子系统内部的推力、新系统的拉力、子系统外部的压力、系统融合的阻力四个方面，重点分析合力在物质、制度和精神三个层次共同推动新时代城乡融合发展的过程机制。第三，新时代城乡融合发展的指标体系和测度。拟建立城乡融合发展三级评价指标体系，运用综合赋权法（The Entropy Method and Delphi Method ＋ AHP）为指标赋权，利用线性加权法和代数平均法构建城乡融合发展质量测评模型。在此基础上，再度量质量指数的变化率，建立城乡融合发展速度测评模型。运用测评模型测度全国（1993～2020年）城乡融合发展质量指数和速度指数，分析城乡融合发展的阶段，重点阐明每个阶段的发展特点、面临的问题以及新时代城乡融合演进的趋势。

3. 新时代城乡融合发展的路径

新时代城乡融合发展路径是实现城乡高质量融合所应采取的策略或方法集，这一系列的策略或方法之间应相互配合、形成合力，共同推动城乡融合发展目标的实现[①]。主要研究四项内容：第一，新时代城乡融合发展的目标体系。在城乡融合评价指标体系的基础上，以提高城乡融合发展质量为总目标，构建新时代城乡融合发展的目标体系。本书拟将新时代城乡融合发展的路径分为基础性、方向性和差异性三个层次，为了便于表达和理解，分别称为路基、路标和路型。第二，新时代城乡融合发展的"路基"。按照"五位一体"总体布局，拟分经济、政治、文化、社会和生态文明五个层面研究支撑新时代城乡融合发展的基础。第三，新时代城乡融合发展的"路标"。按照五大发展理念的要求，拟分创新、协调、绿色、开放和共享五个方向分析新时代城乡融合发展遵循的原则。第四，新时代城乡融合发展的"路型"。新时代城乡融合发展的"路基"和"路标"虽然相同，但是并不代表全国各地城乡融合的路径都相同，相反要走"多元城乡融合发展"之路，即新时代城乡融合发展的"路型"是多样的。结合实地调研的案例，拟重点分析确定一个地区城乡融合发展"路型"应考虑的因素和具体方法。

二、研究目标

按照问题导向和突破瓶颈的原则，在新型城镇化和新时代乡村振兴两大战略背景下，本书聚焦重塑新型工农城乡关系问题，定位于新时代城乡融合发展的机理与路径研究。在广泛调研城乡融合发展的现状和问题的基础上，从中国特色社会主义政治经济学的角度，综合运用城市经济、农村经济、马克思主义城乡关系、系统论、数学建模等多学科的理论和方法，深入分析新时代城乡融合发展的机理，探析新时代城乡融合发展的路径，为建立健全新时代城乡融合发展的体制机制和政策体系提供理论支撑，同时也为构建中国特色社会主义政治经济学城乡融合发展理论奠定基础。

---

① 本书认为：路径 = 集合 + 结构，城乡融合发展路径就是推进城乡融合发展的策略（包括法律、制度和政策等）以及这些策略搭配（组合）而形成的结构（体制机制）。

三、研究框架

本书对新时代城乡融合发展的研究遵循历史逻辑、理论逻辑和实践逻辑的辩证统一，可分为基础问题研究、核心问题研究和实践问题研究三个层次，以四章的篇幅呈现，如图1-2所示。

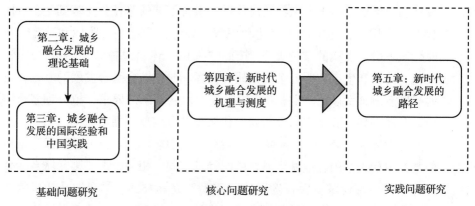

图1-2　新时代城乡融合发展研究框架

资料来源：笔者绘制。

本书研究的核心问题是新时代城乡融合发展的机理，并以此为中心展开。首先开展基础问题研究，梳理和总结新时代城乡融合发展的理论基础，以及国内外城乡融合发展的实践经验和教训。最后进行实践问题的研究，即新时代城乡融合发展的路径。与此同时，本书在理论方面尝试构建中国特色社会主义城乡融合发展理论，在实践方面尝试探析新时代城乡融合发展体制机制和政策体系。本书的框架包括第一章导论和正文四章，这里重点对正文四章的框架给予说明：

第二章，城乡融合发展的理论基础。城乡关系在学术界一直都是热点问题，已形成海量的研究成果。本章任务是系统地梳理和研究国内外城乡融合发展的相关经济学理论，为本书的研究确立学理依循和理论基础。本章共分为三节，按照经典的城乡关系理论、国内外城乡融合发展研究综述和评述的逻辑展开，最终的目标是厘清城乡融合发展的理论基础，借鉴国内外优秀的研究成果和研究方法，为本书对城乡融合发展机理研究奠定学理基础。

第三章，城乡融合发展的国际经验和中国实践。城乡融合发展既是理论问题，更是实践问题。本章的任务是从国内外城乡融合发展的历程中，总结和提炼实践经验，为新时代城乡融合发展机理与路径的研究提供支撑。本章共分为三节，按照典型国家的城乡融合发展、城乡融合发展的国际经验、我国城乡关系演进历程、问题和经验的逻辑展开，最终的目标是总结和提炼国内外城乡融合发展的经验和启示，为本书的后续研究，特别是为构建中国特色社会主义城乡关系理论奠定基础。

第四章，新时代城乡融合发展的机理与测度。在第二章城乡融合发展理论史和第三章城乡融合发展实践史研究的基础上，深入分析新时代城乡融合发展的机理。本章共分为四节，首先从新时代城乡融合发展的内涵出发，阐明新时代城乡融合发展的关键特征。然后研究新时代城乡融合发展的机理，深入分析多系统融合的层次、动力、载体和趋势。建立新时代城乡融合发展的指标体系，构建测评模型，并对我国城乡融合发展质量和速度进行测评。本章最终的目标是运用系统论和数学建模的方法，构建新时代城乡融合发展机理和测度的分析框架。

第五章，新时代城乡融合发展的路径。在第三章城乡融合发展实践经验与第四章新时代城乡融合发展机理研究的基础上，系统论述新时代城乡融合发展的路径。本章共分为四节，首先构建新时代城乡融合发展的目标体系，然后再按照新时代城乡融合发展的"路基""路标"和"路型"三层逻辑展开。城乡融合发展既是一种城乡关系的发展水平，也是一种城乡关系的发展方向，本章最终的目标是阐明实现新时代城乡融合发展应采取的策略或方法集，将这一"路径"按照基础性、方向性和差异性三个层次系统地进行分析和阐述。

第四节 研 究 方 案

一个学术问题的研究方案至少包括解决哪些重点问题、使用哪些研究方法以及经过哪些具体流程 3 个部分，这里从拟解决的关键问题、研究方法和技术路线 3 方面阐述本书的研究方案。

一、拟解决的关键问题

本书拟解决的关键问题主要包括如下几个方面：

一是新中国城乡关系的演进历程的研究。从当前对新中国城乡关系的演进历程的研究成果来看，一方面，侧重于城乡差距与问题的分析，对新中国城乡关系演进的成就和经验总结提炼不够；另一方面，对新中国城乡关系问题和矛盾的分析不够客观和严肃。因此，如何跳出目前学术界惯用"城市偏向"相关理论解读我国城乡关系的框架，客观、科学、系统地分析新中国城乡关系演进历程，并着重总结和提炼已取得的经验，是本书的一个关键问题。

二是新时代城乡融合发展的机理研究。针对城市（U – EPCSE）和乡村（R – EPCSE）10个子系统抽象层面的融合机理分析，本书拟运用"先化整为零，后积零为整"的方法，将物质、制度和精神三个层面的多系统融合问题先转换成两系统融合问题，两两融合分析后，再逐步将其整合起来。重点研究三个层面中各个变量之间的关联和相互作用，从微观领域厘清城乡融合的机理（层次、动力、载体和趋势）。

三是城乡融合发展的测评模型。其中，评价指标的选定、定性指标的定量化、科学地处理不同量纲的指标数据、建立城乡融合发展速率模型是研究的难点。本书将结合数据收集设定合理的具体指标，运用"层次分析法"（AHP）定量化必要的定性指标，使用"归一化法"对数据进行无量纲处理，采用"代数平均法"建立城乡融合发展速度测评模型。

四是新时代城乡融合发展的路径研究。从理论和实践相统一的角度来看，如何形成推进新时代城乡融合发展的基本方略，是本书拟解决的关键问题。针对新时代城乡融合发展的"路基""路标"和"路型"的研究，本书将按照"五位一体"总体布局、新发展理念和因地制宜的要求，分三个层次深入研究新时代城乡融合发展的路径，形成系统推进新时代城乡融合发展的策略集。

二、研究方法

任何一种经济学理论都有自己特有的研究方法，众多方法的汇集就形成这种经济学的话语体系。本书以马克思主义政治经济学为理论根基，也要继承和发展中国特色社会主义政治经济学的话语体系。根据研究内容和目标任务，本书将综合采用以下研究方法：

1. 文献分析方法

对国内外城乡融合（统筹、协同、协调或一体化）发展研究的相关理论和文献分类综述研究，汲取其中科学合理的见解。

2. 比较分析方法

通过对城乡融合发展相关理论、国内外研究动态、国际经验和模式、我国各时期城乡融合发展实践、城乡融合发展典型案例进行比较研究，定位本书创新研究的理论和实践方位。

3. 规范与实证研究相结合的方法

在深入研究城乡融合发展机理（多系统融合）的基础上，结合我国城乡关系演进的历程（数据）、经验（案例）和教训（案例），从新型城镇化和新时代乡村振兴的战略要求出发，对新时代城乡融合发展进行创新研究。

4. 定性与定量相结合的方法

在定性分析和矛盾分析的同时，运用定量分析的方法，建立测评模型（拟使用综合赋权法、线性加权法、代数平均法），采用"层次分析法"（AHP）定量化必要的定性指标，科学测度城乡融合发展质量和速度指数。在此基础上，构建城乡融合改进分析框架，为确定城乡融合发展的路径奠定基础。

5. 历史和逻辑相统一的方法

通过对国内外城乡融合发展历程进行分析，得出相关经验、启示、问题和教训。同时，结合理论的分析，辨识理论和实践的关系，并结合城乡融合发展的实践，阐明城乡融合发展的路径。

6. 微观与宏观分析相结合的方法

城乡融合发展的特征就是微观和宏观相结合，本书对城乡融合发展的初始条件分析、城乡融合发展的机理研究以及城乡融合发展的路径分析，均从微观入手，坚持微观和宏观分析相结合。

7. 实地调研法

理论研究必须充分体现对现实的关切，通过对不同类型地区的城乡融合发展现状进行调研，实地考察各种模式的发展状况，总结经验，剖析问题，并将其融入对城乡融合机理的分析之中。

三、技术路线

本书的研究思路与技术路线如图 1-3 所示。首先，进行研究准备。确定研究内容、目标及方案。其次，开展理论与实证研究。相继进行城乡融合发展理论基础、国际经验和中国实践，城乡融合发展（UR-EPCSE）机理和测度研究。最后，完成研究成果总结。实践方面，对新时代城乡融合发展的路径研究，为构建新型城镇化与新时代乡村振兴融合发展的体制机制和政策体系奠定基础。理论方面，初步探析中国特色社会主义城乡融合发展理论。

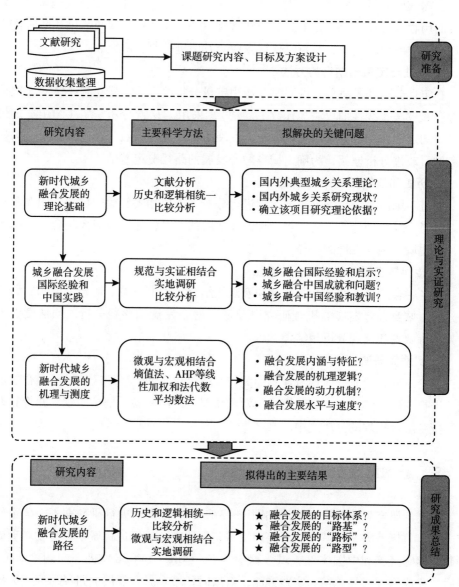

图 1-3　研究思路与技术路线

资料来源：笔者绘制。

第五节 研究创新与不足

任何有价值的学术研究都会既有创新又有不足，本书的研究也不例外。这里对新时代城乡融合发展的机理研究的创新和不足进行分析，为后续的接力创新研究提供支撑。

一、研究的创新之处

本书在国内外关于城乡关系研究成果的基础上，尝试从以下三个方面进行创新性探索：

1. 研究视角的创新

党中央提出新型城镇化（2012）和乡村振兴战略（2017）后，两者之间的关系被学术界广泛关注，但大多数是单向度的研究。本书在中国特色社会主义政治经济学的视阈下，从系统融合发展的视角来探究新型城镇化和新时代乡村振兴的关系，聚焦于新时代城乡融合发展的机理与路径研究，突出定性研究与定量研究相结合，拓展了两大战略的研究视角。特别地，这一研究视角对于构建中国特色社会主义城乡融合发展理论具有开拓性意义。

2. 研究内容的创新

本书的研究聚焦新时代城乡融合发展背后的核心科学问题，重在探究新时代城乡融合发展的机理，进而为重塑新型工农城乡关系提出现实路径。针对新时代城乡融合发展问题的复杂性，本书首先梳理和提炼城乡融合发展的理论基础、国际经验与中国实践。然后，从"五位一体"（EPCSE）总体布局和五大发展理念出发，借助马克思主义唯物辩证论、系统论、数学建模等的方法，深入分析城乡之间物质、制度和精神三个层次的多系统融合（N－UR·EPCSE）机理，建立新时代城乡融合发展测评模型，并进行实证分析。在此基础上，阐明包括基础性、方向性和差异性3个层次的新时代城乡融合发展的路径。从国内外学术界的研究现状来看，这些研究内容与传统的城乡关系、协调发展、一体化或融合发展研究既密切相关，又有明显区别，它们作为一个整体具有显著的创新性。

3. 研究方法的创新

目前新型城镇化和新时代乡村振兴之间关系的研究虽然刚刚起步，但城乡关系的研究并不少见，其中大多数的研究都是定性分析。即便是定量分析，绝大部分的方法单一，模型都是从他处"引用"，并非真正意义上的数学"建模"。本书的研究遵循新型城镇化和新时代乡村振兴的核心要义，采用定性研究与定量研究相结合的方法，以定性分析为主导，定量分析为支撑，用辩证法将两者统一起来，这对于该领域的研究在方法上是一种创新。特别地，本书将新时代城乡融合发展界定为新型城镇化（N－U·EPCSE）和新时代乡村振兴（N－R·EPCSE）多系统融合，采用"化整为零、积零为整"的方法分层次、动力、载体和趋势4个维度对其机理进行分析。同时，使用综合赋权法、线性加权法、代数平均法构建城乡融合发展质量和速度测评模型。这些研究方法的创新具有一定的普适性，经济学中许多应用性问题均可借鉴使用。

二、研究的不足之处

对新时代城乡融合发展的研究是一项宏大的理论工程，本书的研究仅仅是一个积极的尝试。限于笔者的学识水平，一方面，本书对新时代城乡融合发展的机理的分析还需要进一步深化；另一方面，对中国特色社会主义城乡融合发展理论的研究才刚刚起步，如何系统地总结和提炼实践经验，在中国特色社会主义政治经济学的视域内构建系统化的城乡融合发展学说仍需要继续开拓。

针对于本书研究的不足之处，笔者将会在后续的研究中继续守正创新，力争形成系列研究成果。

第二章

城乡融合发展的理论基础

城乡关系一直是国内外学术界研究的重点问题，在经济学、地理学、社会学、管理学、人口学、城乡规划学等学科均已产生了经典理论和大量的研究成果。本章将重点对经济学领域城乡关系的经典理论，以及国内外关于城乡融合发展的研究动态进行综述性研究，为本书的理论创新奠定基础。

第一节　经典的城乡关系理论

城乡关系是人类社会的一种基本关系，在人类社会中居于主导的地位，决定着整个社会的文明程度和发展面貌。正如马克思曾指出，"城乡关系一改变，整个社会也跟着改变"①。在经济学领域，城乡关系的经典理论主要包括马克思主义城乡关系理论、发展经济学的二元经济结构理论、区域经济学的区域二元经济结构理论等。

一、马克思主义城乡关系理论

马克思主义城乡关系理论是马克思主义基本理论的重要组成部分，是马克思、恩格斯在批判和继承莫尔、傅里叶、欧文等空想社会主义者关于城乡结合思想的基础上，深入分析人类社会城乡关系演进史创立的，它既是创立历史唯物主义过程的产物，也是历史唯物主义的有力证明。

---

① 《马克思恩格斯选集》（第 1 卷），人民出版社 2012 年版，第 237 页。

1. 城乡关系演进的规律

马克思主义认为，城市和乡村是一个有机联系的整体，城乡关系的发展有其自身固有的客观规律。在前资本主义社会，乡村孕育了城市，生产功能较弱的城市逐渐从乡村分离出来，城市是乡村化的。此时，城市整体浸润在乡村之中，城镇化并未真正开启，城乡关系也是简单的。工业革命之后，城乡分工明确，城市的生产力大幅提升，进而演变为乡村是城市化的。工业化的城市是以劳动力和土地分离、农业和工业分离以及由此而形成的城市和乡村分离为条件的，它是资本主义的控制中心，是资产阶级统治以及资本主义生产关系的主要集中地。资本主义生产方式由城市扩散至乡村，乡村生产方式成为城市生产体系的一个组成部分，城乡由分离走向对立①。到后资本主义即社会主义和共产主义社会，社会生产力高度发达，城乡将必然走向融合发展②。

历史唯物主义认为，生产力是推动人类历史发展的根本动力，生产力决定生产关系，生产关系对生产力具有反作用。因此，城乡关系从城乡一体到城乡分离、城乡对立再到城乡融合，是一个自然的历史过程，是社会生产力不断发展的必然结果。首先，马克思主义认为社会分工是城乡分离的基础，并将城乡分离看成人类文明、国家和民族的历史起点。"物质劳动和精神劳动的最大一次分工，就是城市和乡村的分离。"③ 城乡社会分工的前提是农业劳动生产力的提高，"从事制造业等等而与农业完全相分离的工人的数目，取决于农业劳动者所生产的超过自己消费的农产品的数量。'显然，不从事农业劳动而能生活的人的相对数，完全取决于土地耕种者的劳动生产力。'"④ "一切发达的、以商品交换为中介的分工的基础，都是城乡的分离。可以说，社会的全部经济史，都概括为这种对立的运动。"⑤ 其次，城乡关系由分离转向对立，既具有历史进步性，也具有历史局限性。城镇化是伴随工业化的发展，非农产业在城镇集聚、农村人口向城镇迁移的自然历史过程。城镇化的历程也是工业化的历程，是工商业在国民经济中比重不断扩大，同时传统的乡土社会向现代的城市社会转型的历史。城乡关系由分离转向对立体现了资本主义生产方式对封建生产方式的历史性超越，也体现了人类文明形态从乡村到城市的历史性跃迁。马克思和恩格斯曾指出，"城乡之间的对立是随着野蛮向文明的过渡、部落制度向国家的过渡、地域局限性向民族的过

---

① 《马克思恩格斯选集》（第4卷），人民出版社2012年版，第182、411、556页。
② 《马克思恩格斯选集》（第1卷），人民出版社2012年版，第308、422页。
③ 《马克思恩格斯选集》（第1卷），人民出版社2012年版，第184页。
④ 《马克思恩格斯全集》（第2版，第33卷），人民出版社2004年版，第21页。
⑤ 《马克思恩格斯选集》（第2卷），人民出版社2012年版，第215页。

渡而开始的，它贯穿着文明的全部历史直至现在"①。与此同时，城乡对立扩大了城市和乡村之间的差距，乡村和农业处于从属地位，被动地接受城市和工业的剥削。城乡对立不仅造成乡村相对凋敝的"乡村病"，还导致了"城市病"的产生和持续加剧。② 最后，城乡关系最终要走向融合发展。恩格斯在《论住宅问题》中指出，"消灭城乡对立不是空想，不多不少正像消除资本家与雇佣工人的对立不是空想一样。消灭这种对立日益成为工业生产和农业生产的实际要求"③。伴随着社会生产力的发展和资本主义制度的消亡，城乡关系将由对立走向融合发展之路。从表面上看，城乡融合是对城乡一体的"回归"。事实上，按照否定之否定规律，城乡融合是对城乡一体的混沌部分状态的一种"扬弃"，最终会形成城乡关系新体系，即新型的工农城乡关系。

2. 城乡对立的深刻批判

马克思主义关于城乡对立的分析是客观的、辩证的和历史的，既揭示了城乡对立的必然性、合理性和历史进步性，同时结合对资本主义生产方式的批判，又对这一现象进行了深刻的批判。首先，私有制是城乡对立的制度性根源。"城乡之间的对立只有在私有制的范围内才能存在"④。在资本主义私有制条件下，社会成员之间分裂为经济利益不同甚至根本对立的阶级，城乡对立因此具有了阶级对抗的性质和意义。其次，城乡对立不仅造成"城市病"，也造成了"乡村病"。在资本主义制度中，城市在资本扩张的逻辑支配下，普遍出现贫穷、失业、犯罪、环境卫生等系列问题。与此同时，资本主义生产方式下的城乡对立使得乡村逐渐走向衰败，资本对剩余价值的疯狂追逐，不仅破坏了农业可持续性发展的基础⑤，还从乡村吸走了最强壮、最有能力的劳动力，并且使得"农业工人的工资降低到最低限度"⑥。再次，城乡对立是人自由全面发展的障碍。"城乡之间的对立是个人屈从于分工、屈从于他被迫从事的某种活动的最鲜明的反映，这种屈从把一部分人变为受局限的城市动物，把另一部分人变为受局限的乡村动物，并且每天都重新产生二者利益的对立"⑦。在马克思和恩格斯看来，城乡对立使得城市居民体力发展和农村居民精神发展的基础和条件遭到了破坏，城市人口被以谋生的专门手艺和技能所奴役，乡村人口则被自身的孤立和愚昧无知所奴役。最

---

①④ 《马克思恩格斯选集》（第1卷），人民出版社2012年版，第184页。

② 《马克思恩格斯选集》（第3卷），人民出版社2012年版，第244页。

③ 《马克思恩格斯选集》（第3卷），人民出版社2012年版，第264页。

⑤ 《资本论》（第1卷），人民出版社2004年版，第579～580页。

⑥ 《马克思恩格斯全集》（第1版，第16卷），人民出版社1964年版，第325页。

⑦ 《马克思恩格斯选集》（第1卷），人民出版社2012年版，第184～185页。

后，城乡对立是资本积累的逻辑必然。① 相对于乡村，城市是资本存在和扩张的"猎场"。在资本主义制度下，资本的积累和集聚是城镇化的根本动力，与此同时也是乡村破产和凋敝的主要原因。城乡对立是资本扩张在地域空间上和社会关系上的表现，一方面，资本积累为城市带来了巨额财富；另一方面，资本积累也使得乡村走向衰败，给城乡关系带来对抗性。

3. 城乡融合的必然趋势

马克思主义关于"城乡一体→城乡分离、城乡对立→城乡融合"的否定之否定规律，既集中体现了唯物辩证法和唯物史观，又体现了人类对未来理想社会目标的价值追求。马克思和恩格斯认为，作为生产力发展标准的工业革命或工业化，一方面，推动了交通等基础设施的建设，为城乡要素的流动提供了便利；另一方面，促使了城市和乡村差距的扩大，加剧了城乡对立。与此同时，马克思和恩格斯也看到在工业革命推动生产力巨大发展中，城乡关系将发生根本性的变革。比如，恩格斯在评价高压长距离输电时指出，长距离输电的技术"必将成为消除城乡对立的最强有力的杠杆"②。在城乡关系中城市和乡村是对立统一体，我们既要看到它们相互依存和相互斗争的一面，又要看到它们相互转变并最终走向融合的一面。在社会生产力快速发展的推动下，城市和乡村逐渐将彼此的优势结合起来，同时避免二者的缺点，形成城乡融合的新体系③。由此可见，城镇化和乡村振兴的过程就是城市和乡村彼此发展和融合的辩证过程，也是城乡关系逐渐走向融合的过程。马克思和恩格斯强调，在资本主义生产方式下，城乡关系的对立状态不可能发生根本的改变。消灭城乡对立的前提条件是消灭资本主义制度，在城市聚集的无产阶级要承担这一历史任务。恩格斯所著的《共产主义原理》以及马克思与恩格斯合著的《共产党宣言》中，对消灭资本主义制度之后，城乡关系走向融合的必然趋势进行了阐述。城乡融合发展并非空想，而是未来社会主义和共产主义社会农业、工业和社会公共事业发展的必然。

实现城乡融合发展是一个长期的社会历史过程，马克思主义认为必须具备某些基本条件才能正式开启城乡融合发展新阶段。

（1）物质条件：生产力高度发达。马克思和恩格斯指出，城乡对立只有在人类社会的物质生产能力快速进步中才能消除④，城乡融合发展必须建立在社会生

---

① 伊曼纽尔·沃勒斯坦（Immanuel Wallerstein）、萨米尔·阿明（Samir Amin）等新马克思主义者将资本积累的逻辑扩展到世界经济，提出发达国家和发展中国家极化理论。

② 《马克思恩格斯选集》（第 4 卷），人民出版社 2012 年版，第 556 页。

③ 《马克思恩格斯文集》（第 1 卷），人民出版社 2009 年版，第 686 页。

④ 事实上，不仅仅是物质生产能力，非物质（服务）生产能力也要快速进步。

产力高度发达的基础之上。一方面，生产力是城乡融合发展的决定性因素。生产力的发展会加速城市和乡村的交往和流通，消除城乡经济、政治、文化、生活方式的差距，直接促进包括城乡关系在内的生产关系的演进。生产力的发展决定了城乡关系的发展水平和方向，其快速发展是城乡关系从对立向融合发展过渡的决定力量。另一方面，城乡融合发展是促进生产力发展的重要方式。生产力的发展将为私有制的废除、城乡分工的变革、工商业和农业的结合、人的自由全面发展等创造必要条件，城乡对立成为阻碍生产力继续发展的障碍，城乡融合发展将是推动生产力发展的重要方式。

（2）社会条件：消灭私有制、建立公有制。马克思和恩格斯认为，迈向城乡融合发展，"不仅仅决定于生产力的发展，而且还决定于生产力是否归人民所有。"[①] 生产力由全体人民共同掌握，其中最关键的就是要消灭私有制、建立公有制。恩格斯在《共产主义原理》中指出，私有制被废除后，"城市和乡村之间的对立也将消失"。"彻底消灭阶级和阶级对立；通过消除旧的分工，通过产业教育、变换工种、所有人共同享受大家创造出来的福利，通过城乡的融合，使社会全体成员的才能得到全面发展——这就是废除私有制的主要结果。"[②]

（3）自然条件：人与自然和谐共生。马克思和恩格斯指出，城乡关系演进的过程，也是人与自然的关系不断协调和发展的过程。在城乡一体阶段，人类受自然支配，经济活动的范围十分有限；到城乡分离和对立阶段，人类的生产力不断提高，对自然的征服能力持续提升。随着人类经济活动范围的拓展，对自然环境的破坏日益加剧，人与自然之间的物质变换断裂，关系也逐渐紧张；人类是自然的一部分，唯有实现城乡融合发展，人与自然才能建立起和谐共生的良好关系。[③] 自然是生命之母，人与自然是生命共同体，人类必须敬畏自然、尊重自然、顺应自然、保护自然。

（4）主体条件：人的自由全面发展。城乡关系是人类社会的一种基本关系，人是城乡关系的主体或核心。马克思和恩格斯认为，城乡对立不仅造成了贫富差距、文化割裂、环境破坏，还造成了城乡居民的畸形、片面发展。要实现城乡融合发展，城乡居民必须实现自由全面发展。一方面，人的自由全面发展是社会生产力高度发展的必要条件。"因为要把工业和农业生产提高到上面说的水平，单

---

① 《马克思恩格斯选集》（第 1 卷），人民出版社 2012 年版，第 861 页。
② 《马克思恩格斯选集》（第 1 卷），人民出版社 2012 年版，第 308～309 页。
③ 《马克思恩格斯选集》（第 3 卷），人民出版社 2012 年版，第 684 页。

靠机械和化学的辅助手段是不够的，还必须相应地发展使用这些手段的人的能力。"① 另一方面，人的全面发展是公有制的建立和运行的必要条件。"私有制只有在个人得到全面发展的条件下才能消灭，因为现存的交往形式和生产力是全面的，所以只有全面发展的个人才可能占有它们，即才可能使它们变成自己的自由的生活活动。"②

二、城乡二元经济结构理论

二元经济结构的思想，最早可以追溯到法国的重农学派（张培刚、方齐云，1997）。20世纪50年代，刘易斯从发展中国家经济发展的角度提出二元经济结构理论③，随后，费景汉、拉尼斯、乔根森、托达罗等又对其进行了修正和完善，形成了相对完整的二元经济结构理论。一般地，刘易斯、费景汉和拉尼斯的模型被归为古典二元经济结构理论，乔根森、托达罗等的模型被归为新古典二元经济结构理论。

1. 刘易斯的二元经济结构模型

刘易斯（A. Lewis, 1954）在《劳动力无限供给条件下的经济发展》一文中阐述了发展中国家二元经济结构的主要特征是传统的乡村农业部门（或维持生存部门④）与发达的城市工业部门（或资本主义部门）之间的对立，经济发展就是二元经济一元化的结构转变过程。城市工业部门中劳动者已实现充分就业，其工资水平高于农村劳动者⑤。与此同时，乡村农业部门中存在大量的过剩劳动力（或剩余劳动力），其边际劳动生产率为零或负数，这些过剩且低效的劳动力是导致发展中国家落后，特别是城乡差距问题突出的主要原因。因此，农村农业部门的过剩劳动力流向城市工业部门是经济发展的自然规律，也是一个国家或地区经

① 《马克思恩格斯选集》（第1卷），人民出版社2012年版，第307页。
② 《马克思恩格斯全集》（第1版，第3卷），人民出版社1960年版，第516页。
③ 学术界一般认为，荷兰社会学家波克（J. H. Boeke, 1953）最早明确提出"二元社会""二元经济"的概念。波克指出由于西方文化的侵入，印度尼西亚社会分化成两部分，一部分是资本主义社会之前的传统社会，另一部分是资本主义的现代社会，社会结构呈二元性。参见 J. H. Boeke. Economics and Economic Policy of Dual Societies as Exemplified by Indonesia, New York：Institute of Pacific Relations, 1953：40。发展经济学的主流思想认为劳动生产率的差异与农业剩余劳动的存在是二元经济的根本特点。参见《新帕尔格雷夫经济学大辞典》，经济科学出版社1996年版，第1000页。
④ 乡村农业部门的劳动生产率较低，生产剩余很少。劳动力过剩，其劳动收入是仅能维持最低生活水平的生存工资。
⑤ 由于假设劳动力可以在城乡两部门之间完全流动，城市工业部门的工资水平也只能略高于乡村农业部门的生存工资。

济发展的关键。刘易斯提出发展中国家的二元经济结构转化包括两个阶段：第一，劳动力无限供给阶段。工业部门的相对高工资吸引着乡村剩余劳动力向城市转移，只要工业部门不断扩大生产规模，就可以按现行不变工资水平雇佣到所需要的劳动力。因此，刘易斯将城市工业部门的劳动力供给看作是无限的（劳动力供给曲线具有无限弹性），这个阶段一直到乡村剩余劳动力全部被城市工业部门吸收完为止。第二，劳动力有限供给阶段。第一阶段结束后，农村劳动力也成为稀缺要素，城乡劳动力的竞争使工业和农业两个部门的工资水平不再外生给定，而开始由劳动的边际生产率决定。工业部门要想吸纳更多的农业转移劳动力，就不得不提高工资水平，以与农业部门相竞争。

刘易斯认为经济发展依赖于城市工业部门的资本积累和扩张，这是促进城乡经济共同发展的关键。一般地，城市工业部门产出剩余越多，利润资本化的规模越大，农业过剩劳动力转移就越快，经济发展进程也就越迅速。随着农业过剩劳动力的持续转移，乡村劳动生产率逐步提升，直到农村剩余劳动力全部吸收完毕，最终使得工农业劳动边际生产率相等，发展中国家就完成了工业化和城市化进程，同时二元经济也就转变为一元经济。

2. 费景汉和拉尼斯的二元经济结构模型

费景汉和拉尼斯（Ramis and Fei，1961；Fei and Ramis，1964）在刘易斯的二元经济结构模型的基础上，进行了修正和改进，形成了费景汉—拉尼斯模型。他们认为刘易斯没有足够重视农业在促进工业增长中的作用，忽视了农业生产率提高而产生农业剩余是农业劳动力流向工业部门的前提条件。费景汉和拉尼斯提出乡村农业部门不仅存在边际生产率为零的劳动力，还存在边际生产率大于零且小于不变制度工资的劳动力。在刘易斯模型两个阶段的基础上，他们将经济发展过程中城乡劳动力转移划化分三个阶段。

第一阶段：农业劳动边际生产率等于零的劳动力转移阶段。农业部门中劳动生产率等于零的这部分劳动力对于乡村是多余的，多余劳动力的转移不会引起农产品总产量的减少和粮食的短缺。城乡间劳动力自由流动的前提下，城市工业部门的劳动供给是无限的。这个阶段与刘易斯模型的第一阶段一致。

第二阶段：农业劳动边际生产率大于零且小于不变制度工资①的劳动力的转移阶段。随着乡村农业部门劳动力的转移，农业劳动者减少，粮食产量降低，使得

---

① 费景汉和拉尼斯假设乡村农业剩余劳动力全部转移到城市工业部门以前，农业劳动者的收入水平不变，并且始终等于平均产品。他们将不变的平均收入水平称为不变制度工资，因为在由农业剩余劳动存在时，农业劳动者的收入是由制度决定的，而不是由市场决定的。

乡村向城市提供的农业剩余下降，最终粮食价格和工资都会上涨①。费景汉和拉尼斯将农业劳动边际生产率低于不变制度工资的劳动力（剩余劳动力）界定为隐蔽性失业者，因此第一阶段和第二阶段由乡村转移到城市的劳动力均为隐蔽性失业者。

第三阶段：农业劳动的边际产品的价值大于不变制度工资的劳动力转移阶段。此时，乡村农业剩余劳动力已经消失，由于劳动边际生产率高于不变制度工资，所以这一阶段农业部门的工资高于不变制度工资。农业部门的工资水平不再决定于制度，而是决定于市场机制，即由劳动边际生产率决定。乡村农业转移劳动力与城市工业部门劳动力已具备充分竞争的实力，城乡工农间的劳动力流动完全取决于边际生产率的变动。农业完成了从传统农业向现代农业的转变，一个国家的二元经济结构也就实现了一元化。

在城乡二元经济结构转换的三个阶段中，费景汉和拉尼斯认为关键在于前两个阶段，也就是如何把伪装失业者全部转移到工业部门中去。而提高农业生产率产生农业剩余是农业劳动力流入工业部门的先决条件，他们提出生产率的提高主要有两个途径：一是资本积累，将农业剩余转化为投资，增加农业生产的规模效应；二是技术进步，积极研发和采用先进的生产技术，提高劳动生产率。

费景汉和拉尼斯对刘易斯模型的改进，强调劳动力转移取决于农业的劳动生产率提高，使得二元经济结构理论更准确反映了城乡工农平衡发展的重要性。由于刘易斯、费景汉和拉尼斯是在古典主义框架下接力展开的分析，因此"刘易斯—费景汉—拉尼斯"模型又被归为古典二元经济结构理论（D. W. Jorgenson，1961）。

3. 乔根森的二元经济结构模型

乔根森（Jorgenson，1961，1967）从农业发展与人口增长、农业剩余与工业发展的角度，运用新古典主义范式构建数学模型分析了二元经济结构转换问题，并提出农业剩余对二元经济结构转化和经济发展具有决定性作用，消费结构的变动是农村劳动力转移的动因。发展中国家只有在工业化的同时注意降低资本—产出比率，才能提高工业吸收农业剩余劳动力的能力。在新古典假设的基础上②，乔根森将经济发展分为三个阶段分析城乡二元经济结构变动规律。

---

① 第二阶段的工业部门的劳动力供给曲线是上升的，因为只有提高工资才能吸引乡村劳动力进一步向城市转移。

② 一是经济系统分为落后部门（以乡村农业为主）和现代部门（以城市工业为主），这继承了古典主义对"二元经济"的界定；二是除了劳动力，又将土地纳入落后部门经济发展分析，且落后部门不存在资本积累，即农业的发展取决于劳动力和土地两种要素；三是劳动力和资本的投入决定了现代部门的发展水平，即工业的发展取决于劳动力和资本两种生产要素，且工业的生产函数规模报酬不变；四是技术进步使得落后部门和现代部门的产出均不断增加，即技术进步对工农业发展十分关键。

第一阶段：工业化起步阶段[①]。这一阶段人口增长率等于农业技术进步率，并且所有新增加的人口都将成为剩余劳动力。

第二阶段：农业剩余劳动力消失阶段。这一阶段工业的产出和资本增长率不断扩大，资本增长率小于产出增长率，工业就业机会将不断扩大，足以吸收农业剩余劳动力。同时，乡村农业劳动力向城市工业转移的速度还取决于农业剩余的增长速度。

第三阶段：城乡二元经济结构转化阶段。农业和工业的实际工资率相等，城乡二元经济结构逐渐趋向一元化。

乔根森认为，只有农业得到发展后出现生产剩余，农业部门才有可能向工业部门提供追加劳动力。工业发展不取决于资本规模大小，而取决于有没有农业剩余，影响经济长期发展的因素可以归纳为人口规模和农业剩余。当农业人均产出率达到人均农产品消费的临界水平时，人均收入的增加额就会转向对工业品的需求上，这时便出现了农业剩余。在这个前提下，农业人口才有可能向工业部门转移，经济才能实现快速发展。而农业剩余产生的关键是推动农业发展和技术进步，发展中国家经济发展的关键在于推动农业发展和技术进步，生产出更多的农业剩余。同时，发展中国家经济发展还取决于工业部门的技术进步状况，工业部门的技术进步越快，劳动力需求增长越快，经济也就增长越快，并最终完成二元经济结构的转化。

4. 托达罗的二元经济结构模型

托达罗（Todaro，1969，1985）以及哈里斯等（Harris et al.，1970）从发展中国家城市普遍存在失业的前提和微观个体理性决策的角度出发[②]，认为农村劳动力向城市流动并不是城乡边际劳动生产率的差异，而是取决于预期城市获得较高收入的概率和失业风险的权衡，并据此建立了二元经济结构转化的数学模型[③]。

---

① 乔根森认为农业是工业化的前提，当工业化的前提条件未能满足时，工业化政策就必然伴随有人口控制政策和引导非传统部门进入农业部门的政策。

② 托达罗就城乡二元经济结构分析的假设包括：第一，农村人口向城市的迁移量或迁移率与就业概率呈正相关，城市就业机会越多，来自农村的劳动力移民规模越大。第二，农村劳动力依据自己对城市就业机会的了解而作出迁移的决策，带有很大的"盲目性"。第三，农村剩余劳动力进入城市后，并非全部立即进入现代工业部门，其就业过程分为两个阶段。第一阶段，没有技术的农村劳动力迁入城市后，首先是在所谓"城市传统部门"找工作，如个体商贩、非熟练服务员、非熟练手工者、非熟练建筑工人等；而到了第二阶段，他们从"城市传统部门"中出来，到现代工业部门中找到固定工作。对此应当研究城市传统部门的规模、比例和城乡实际收入差异等。第四，农村劳动力决定移入城市的因素有三个：一是人们对城乡间"预期收入"的期望；二是城市就业的可能性，就业可能性越小，农村人口就会认真对待这种迁移行为的选择；三是城市人口自身的自然增长的状况。

③ 模型可分为个体流动决策模型、总量流动模型和城市失业动态均衡模型三部分，基本含义主要包括四个方面：一是城乡人口流动关键是对迁移成本和相对收益之间的权衡，这里的成本除了考虑经济因素以外还要考虑心理因素；二是城乡人口流动的动力不仅仅是现实的城乡收入差距，还包括预期的城乡收入差距；三是乡村劳动力在城市的就业率与城市的失业率成反比；四是在城乡预期收入存在巨大差异的情况下，人口迁移率超过城市工作的增长率是可能的。

该模型引进了"期望收入"的概念来取代城市的实际收入，较好地解释了当时在发展中国家普遍存在的乡村人口向城市大规模转移与城市高失业率持续并存的现象。托达罗认为发展中国家二元经济结构决定了较大的城乡收入差距，而这又导致了农村人口源源不断地涌入城市，造成城市劳动力市场严重失衡，失业问题日益严重。他强调解决城市失业问题绝不能仅仅依靠工业部门的扩张，大力发展乡村经济是根本出路。应注重农业和乡村自身的发展，鼓励乡村综合开发，增加乡村人口的就业机会，提供教育和卫生设施，发展电力、供水和交通，改善乡村的生活条件等，逐渐缩小城乡差距，从而缓解城市人口就业压力①。

托达罗的二元经济结构模型强调拓展城市少量的就业机会，可能引来大量的农业剩余劳动力供给，导致更多的人失业，因此开创城市就业机会无助于解决城市就业问题。理性的做法是扩大乡村中的就业机会，以缩小城乡就业之间的不平衡。在人力资源开发方面，乡村居民的受教育学历越高，其向城市转移的预期收入就越高，因而不加区别地发展教育事业会进一步加剧劳动力的迁移和失业。此外，政府干预城市工资水平的确定，特别是制定最低工资线，并且对城市失业人口给予最低生活补贴，会导致要素供给的价格扭曲，引致更多的剩余劳动力进入城市，使城市的失业率更高。

总体来看，二元经济结构理论的四个经典模型依次发展改进且一脉相承，刘易斯重点关注在无限劳动力供给条件下，乡村的农业劳动人口向城市现代工业的转移问题；费景汉和拉尼斯在刘易斯模型的基础上，重点分析了城乡工农两部门平衡增长条件下，农业劳动人口向工业部门的转移问题。从方法论上看，"刘易斯—费景汉—拉尼斯"模型是在古典主义分析框架下的二元经济结构理论。针对古典主义二元经济结构理论的缺陷，乔根森研究了在农业剩余产生条件下城市工业部门和乡村农业部门的发展问题，托达罗进一步在考虑城乡预期收入差异的情况下分析城乡劳动力的转移问题。从城乡关系或城乡融合发展的理论视角来看，无论是古典主义的"刘易斯—费景汉—拉尼斯"模型，还是新古典主义的乔根森模型和托达罗模型，大多数西方学者和许多国内学者在研究包括我国在内的发展中国家的城乡关系问题时均以二元经济结构理论为理论基础和方法依据。

---

① 刘易斯、费景汉和拉尼斯、乔根森等的政策主张是强调劳动力由农村向城市转移的必要性，同时强调城市化与工业化的紧密结合，避免了城市化滞后和过度城市化问题。与此相反，托达罗模型政策主张是控制农村劳动力向城市转移以减少城市失业，同时促进农村经济发展和综合开发，让更多的农村劳动力能就地就业，并以此来均衡城乡经济的发展。

三、区域二元经济结构理论

20 世纪 50 年代以来，学术界针对经济发展的均衡性和非均衡性展开了激烈的争论，逐渐形成了以经济非均衡发展为核心的区域二元经济结构理论，这些理论对城乡关系和城乡融合发展也具有重要的借鉴意义。

1. 增长极理论

弗朗索瓦·佩鲁（Francois Perroux，1950，1955）以"经济空间"[①] 概念为出发点，提出了增长极理论。该理论认为经济增长并非同时出现在所有地方，它在时间和空间上分布都是非均衡的，并以不同的强度首先出现在一些"增长极"（growth pole）上[②]，然后通过不同的渠道向外扩散，并对整个经济产生不同的最终影响。佩鲁强调增长极形成的关键在于创新，有创新能力的企业往往处于支配地位（产生支配效应），并使其所在的产业部门成为推进部门。在其经济聚集效应的作用下，推进部门和有创新能力的企业常常在某些地区或大城市聚集和发展，并使这些地区和城市成为经济活动的中心而具有支配和创新的特征，恰似一个"磁场极"[③]，能够产生吸引辐射作用，促进自身并推动其他部门和地区的经济增长。增长极体系包括三个层面：一是先导产业的增长；二是产业综合体的增长；三是增长极的增长与国民经济的增长。

增长极对区域经济增长的作用主要体现在四个方面：一是创新和示范效应。推进型部门或企业不断地进行技术创新，取得高出平均水平的经济效益，从而引起其他企业的学习和模仿。二是规模效应。创新企业的持续投资、扩大规模，可以提高整体的劳动生产率。三是外部经济效应。地处增长极中心的企业，往往可以不花成本或花很少成本获得新技术或进行有效革新。四是集聚经济效应。随着增长极地区人口、生产、收入规模的扩大，企业可以得到更廉价的优质服务。

---

① 佩鲁认为经济空间是以抽象的数字空间为基础，经济单位不是存在于地理上的某一区位，而是存在于产业间的数学关系中，表现为存在于各经济要素之间的经济关系。并将经济空间划分为计划界定、力场界定和均质的三种类型。

② 佩鲁认为现实世界的经济活动中非均衡是普遍存在的，无论是大的经济单元之间还是小的经济单元之间都存在着不均等的相互影响，因而产生了不对称的关系，表现为某些经济单元对其他周边的经济单元具有"支配效应"。其中处于优势地位的经济单元（称为推进型单元），即为增长极。特别地，在佩鲁看来经济单元并非城市或区域等地理单元，而是像厂商或产业等经济单元。

③ 增长极理论从物理学的"磁极"概念引申而来，认为受力场的经济空间中存在着若干个中心或极，产生类似"磁极"作用的各种离心力和向心力，每一个中心的吸引力和排斥力都产生相互交汇的一定范围的"场"。这个增长极可以是部门的，也可以是区域的。

总体来看，佩鲁的增长极理论出发点是抽象的经济空间，强调增长极的功能结构特点①，尤其是产业（企业）间的关联效应，但忽视了增长的地理空间等方面因素。随后，佩鲁的学生布德维尔（Boudville，1966）把经济空间赋予地理意义，将增长极理论具体化，扩展到地理空间领域，提出区域增长极的战略思想。他将经济空间界定为经济变量在地理空间之中的运用，并把区域按经济空间的类型相应地分为匀质区域、极化区域和计划区域，强调推进型创新产业在区域经济发展中所起的极化效应。20世纪60年代末以后，包括佩鲁在内的大多数学者把充当增长极的区域或城市看成一国的经济、文化、社会各方面发展中的综合发展极，而不仅仅注意城市在区域经济增长中的作用。

2. 循环积累因果理论

缪尔达尔（Myrdal，1957，1968）在批判新古典主义经济发展理论所采用的传统静态均衡分析方法的基础上，提出了循环积累因果理论。他强调经济发展过程是一个动态的各种因素相互作用、互为因果、循环积累的非均衡发展过程，市场力量自发作用的结果是趋向于导致区域之间的不平衡发展，因此应该运用动态非均衡和结构主义分析方法来研究发展中国家的地区发展问题。缪尔达尔创立了一系列概念，比如"循环累积因果关系"（circular and cumulative causation）②、"扩散效应"（spread effect）、"回波效应"（backwash effects）等③，以此来阐明一个国家经济发展中区域二元经济结构形成的机理。他认为在发展中国家经济发展初期，地区间的发展水平是大致相当，有些地区在外部因素的影响推动下，先行一步发展起来，就会打破地区发展的固有平衡。这种地区发展的不平衡将在"循环累积因果关系"的作用下不断被强化，使得较先进的地区进一步发展，而较落后的地区更加落后。如此循环往复地累积，导致经济始终沿着最初的路径发展。

---

① 增长极理论本质上是一种结构理论，这一理论建立在对产业部门或企业进行结构分析的基础之上。

② 缪尔达尔早在1944年的著作中就已提出循环累积因果的概念，并以此来阐释美国的种族歧视问题：种族歧视可能会影响弱势群体的就业机会，从而导致这些人收入水平低下，而低收入水平又会加剧歧视。参见 G. Myrdal. An American Dilemma：The Negro Problem and Modern Democracy. New York：Harper and Bothers，1944.

③ "扩散效应"是指某一地区的经济发展后，会逐渐形成一个经济中心，促进周围地区产业发展和技术进步，由此推动该地区及周围地区的经济发展；"回波效应"是指经济活动正在扩张的地点和地区将会从其他地区吸引人口流入、资本流入和贸易活动，从而加快自身发展，并使其周边地区发展速度降低。即劳动力、资金、技术等生产要素受收益差异的影响，由落后地区向发达地区流动；"循环积累因果关系"是指某一社会经济因素的变化，会引起另一社会经济因素的变化，这后一因素的变化，反过来又加强了前一个因素的那个变化，并导致社会经济过程沿着最初那个因素变化的方向发展，从而形成累积性的循环发展趋势。

在对西欧各国区域发展或不发展的研究中，缪尔达尔得出两个结论：一是区域间收入差别在穷国要比富国大；二是在当富国的不平等趋于下降时，较穷国家的不平等却趋于上升。针对区域发展不平衡的现实，他认为这种现象主要是由富国和穷国的扩散效应与回波效应不同而造成的，经济发展水平越高，其扩散效应越强；而经济不发达地区的回波效应更强，正所谓"贫穷的原因就是贫穷本身"（G. Myvdal，1957）。为防止发展中国家出现两极分化，缪尔达尔提出了政府干预二元经济结构的思想。政府不应消极等待发达地区或发展极的"扩散效应"，而应该采取积极的干预政策刺激落后地区的发展，消除累积性因果循环所造成的经济差距。

3. 核心与边缘区理论

阿尔伯特·赫希曼（Albert Otto Hirshman，1958）在佩鲁增长极理论的影响下，提出了核心与边缘区理论。与缪尔达尔的观点类似，赫希曼也认为经济发展是非均衡的过程，经济增长不会在所有地方同时出现，而一旦在某一区域出现，在集聚效应的作用下，该区域会将最初的优势锁定，吸引各种要素向其集聚，使该区域的经济加速增长。他把发达地区的增长对落后地区的不利影响称为"极化效应"（polarized effect），有利影响称为"涓滴效应"（trickling-down effect）。在极化效应和涓滴效应的共同作用下，最终形成发达的核心区和不发达的边缘区。由于经济增长非均衡性，赫希曼强调发展中国家的发展规划和政策只有集中力量于某些关键产业（主导产业）才是有效的。为论证此观点，他提出了产业关联效应的概念，包括前向关联与后向关联两种类型，用以阐释国民经济中一个产业的发展会诱使其他产业发展的作用过程。他认为从长期看地理上的涓滴效应大于极化效应，可以缩小地区间的差异，从而得出应大力发展城市增长极的乐观结论。

在经济发展的历程上，赫希曼和缪尔达尔的观点相似。一个国家在工业化的进程中，一般现代主导产业会在少数经济社会条件优越的地区或城市率先生长发育，而区域性"增长极"的形成是在"极化效应"或"回波效应"作用下完成的。因此，在工业化初期，地区间的差异不可避免地要扩大，呈现核心区和边缘区的格局。随着工业化进程的深入推进，赫希曼认为工业化初期地区发展的不平衡的扩大只是相对短期的现象，从长期发展来看，地理上的涓滴效应将会超过极化效应，最终通过发达地区购买周边地区货物的增加或向周边地区进行投资的增加等途径带动落后地区的发展。而缪尔达尔相对比较悲观，他认为市场力量的作用通常倾向扩大而非缩小地区之间的差异，总体上回波效应会远大于扩散效应。因此，发达地区在此影响下保持加速增长，并表现为一种上升的、循环的正反馈运动。相应的落后地区则越来越穷，并表现为一种下降的、循环的负反馈运动。

在这种"循环累积因果关系"的作用下，如果没有周密的政府干预，区域差异会持续扩大。

4. "核心—边缘"理论

约翰·弗里德曼（John Friedmann，1966）等在综合许多相关学说的基础上，提出了"核心—边缘"[①]理论（又称为"核心—外围"理论），是区域二元经济结构学说领域的代表性理论之一。弗里德曼认为发展可以看作一种由基本创新群最终汇成大规模创新系统的不连续积累过程，而迅速发展的大城市系统，通常具备有利于创新活动的条件。因此，创新往往是从大城市向边缘或外围地区进行扩散。核心区是具有较高创新变革能力的地域社会组织子系统，边缘区则是根据与核心区所处的依附关系而由核心区决定的地域社会子系统。核心区与外围区已共同组成完整的空间系统，其中核心区在空间系统中居支配地位。但是核心与边缘区的空间结构地位并非一成不变，核心区与边缘区的边界会发生变化，区域的空间关系会不断调整。经济的区域空间结构不断变化，最终达到区域空间一体化。总体来看，"核心—边缘"理论试图解释一个区域如何由互不关联、孤立发展，变成彼此联系、发展不平衡，又由极不平衡发展变为相互关联的平衡发展的区域系统。

弗里德曼依据"核心—边缘"理论将区域经济发展过程划分为四个阶段：一是工业化之前，区域发展低水平均衡阶段；二是工业化过程中核心区极化增长，核心与边缘区域形成且差距扩大阶段；三是工业化后期经济活动由核心区域向边缘区域扩散，核心与边缘区域差距缩小阶段；四是工业化完成后，区域一体化阶段。根据"核心—边缘"模型，产生在经济发展早期阶段的城市是为服务和管理的目的而出现的，此后由于工业化的发展，人口、资本、技术、创新以及权力都向一个或两个具有高生产力的城市集中，从而逐渐形成以最大的城市为中心区，小城镇和乡村为边缘区的二元空间结构。这种区域差异在工业化过程中还会随着资源不断地从边缘区向核心区域转移而不断扩大。当工业化进行到一定阶段而趋于成熟时，更多的经济资源就会向边缘区扩散，使边缘区也得以发展，从而使得区域差异得以缩小，空间平衡得以扩大，最终将形成完全一体化的空间经济。"核心—边缘"理论的另一特点是将区域经济发展看作一种创新和现代化在区域

---

① 根据弗里德曼的界定，核心区域一般是指城市或城市集聚区，它工业发达，技术水平较高，资本集中，人口密集，经济增长速度快。边缘区域是国内经济较为落后的区域，它又可分为过度区域和资源前沿区域两类。其中过度区域又可分为与核心区域联系紧密且经济发展呈上升趋势的上过度区域，以及与核心区域的联系不紧密且经济呈衰落趋势的下过度区域。资源前沿区域又称资源边疆区，虽然地处边远但拥有丰富的资源，有经济发展的潜力。

聚落体系中自上而下，自中心向外围扩散的过程。在这一过程中，中心地区是创新性变化的中心，因而起着关键性和主导型的作用。

第二节　城乡融合发展研究综述

城乡关系是最基本的经济社会关系，城乡融合（协调、统筹、一体化等）发展是一个学科综合性很强的研究课题，一直都是国内外研究的重点问题，且已积累了海量的研究成果。鉴于此，结合本书研究的主题，这里重点在经济学的视角下，从五个方面对相关研究进行简述。

一、城乡融合发展的理论及内涵研究

从世界经济史来看，西方发达国家在工业化和城镇化的进程中都选择了以工业和城市为中心（Preston，1975；Lipton，1977），经历了城乡关系对立和非均衡的发展阶段。这种"城乡二分法"式的发展产生了许多以"城市偏向"（urban bias）和城乡二元经济结构为特征的理论。比如，弗朗索瓦·佩鲁（Francois Perroux，1950）的"增长极"理论，随后，缪尔达尔提出了循环积累因果理论（Myrdal，1957），同时赫希曼（Hirshman，1958）提出了核心与边缘区理论，进而约翰·弗里德曼（John Friedmann，1966）又提出"核心—边缘"理论，克鲁格曼（Krugman，1991）建立了"核心—边缘"模型，阐述了先"城"后"乡"非均衡发展的数理逻辑；再比如，"刘易斯—费景汉—拉尼斯"模型（Lewis W. Arthur，1954；Gustav Ranis and John C. H. Fei，1961，1964）为基础的城乡二元经济结构理论，以及戴尔·乔根森（Dale Jorgenson，1967）和迈克尔·托达罗（Michael Todaro，1969）对其反思而分别提出的"乔根森"模型和"托达罗"模型。利普顿（Lipton，1977）指出"城市偏向"的城乡关系使绝大部分资源流向城市，是导致城乡发展失衡的根本原因。"城乡二分法"式的发展模式，忽略了社会发展的本质意义（McGee，2008）。

20 世纪 80 年代后，超越"城乡二分法"和"城市偏向"，提倡城乡互动、城乡均衡、城乡协调、城乡融合的理论模型大量涌现。例如，斯托尔和泰勒（Stohr and Taylor，1981）自下而上的"选择性空间封闭"发展理论，丹尼斯·隆迪内利（Dennis Rondinelli，1983）以"次级城市体系"为纽带的城市化扩散模型，麦吉（McGee，1989）强调城乡关联而提出"desakota"模式，岸根卓朗

（1990）"农工一体"或"城乡融合"的系统发展理论，迈克·道格拉斯（Mike Douglass，1998）的基于城乡相互依赖的"区域网络"模型，肯尼斯·林奇（Kenneth Lynch，2005）的"城乡动力"学理论。城乡融合发展是社会发展转型的必要条件，城乡彼此孤立是造成贫困和社会分化的主要原因（Tacoli，1998）。因此，要超越"城乡二分法"和"城市偏向"，推进城乡融合或一体化发展的新型城市化（Champion and Hugo，2004）。目前，国外学术界基本认同，城市和农村是一个有机的空间整体，城乡通过要素双向流动，实现互动均衡发展（Tacoli，1998；Van Der Burg and Dieleman，2003；Hidle et al.，2009；Partridge et al.，2010）。在实践中，良好的城乡关系有助于城乡发挥彼此优势，实现经济社会协同发展（Kenneth Lynch，2005；Schaeffer et al.，2013；Veneri and Ruiz，2013）。

20世纪80年代，随着城乡和区域二元经济结构理论在国内学术界影响力增大，国内开始有学者论述城乡经济协调或融合发展问题（张雨林，1986；费孝通，1991）。陆大道（1986）针对以城带乡式的城乡互动发展，提出点轴开发理论，即通过对较大发展能力线状基础设施轴线地带，特别是对若干个点（城市）予以重点发展，进而带动落后乡村的发展。90年代论述城乡融合发展的文献增多，并从经济领域扩展到社会和文化领域（周叔莲和郭克莎，1996；甄峰，1998；沈孔忠，1999）。吴传钧（1991）将人地系统分成自然环境、社会、经济等子系统，提出人地关系地域系统理论，城乡融合就是城乡地域系统的结构和功能优化。21世纪以来，特别是党中央明确提出"统筹城乡发展"战略以后，城乡协调（统筹或一体化）发展成为解决"三农"问题的重要举措和全面建设小康社会的基础条件（郭建军，2007），也成为学术界研究的热点问题。林毅夫（2002）认为促进城市发展的同时也不能忽视农村的现代化，城市与乡村发展应该同步推进。城乡融合发展将是摆脱城市繁荣而农村衰落窘境的有效途径，它是城乡双向互动的动态发展过程（石忆邵，2003；丁静，2019）。洪银兴和陈雯（2003）认为城乡一体化是城市和乡村两个不同特质的经济社会单元和人类聚落空间，在一个相互依存的区域范围内谋取融合发展、协调共生的过程。结合我国城乡关系的发展历程，刘等（Liu et al.，2015）认为城乡一体化并非追求"一元化"，关键是要缩小城乡差距，实现城乡等值化发展（URED）。总体来看，城乡一体化或融合是城乡之间在经济、社会、人口、生态、空间等系统的耦合过程（郭岚，2017），是由城镇地域系统和乡村地域系统相互交叉、渗透、融合而成的一个城乡交错系统（刘彦随，2018），是基于空间布局优化和制度供给创新的经济、社会、环境全面融合发展（何仁伟，2018）。城乡融合发展的本质是通过城乡互动互补实现城乡地域功能的整体优化（陈坤秋和龙花楼，2019），最终实现人的全面发展和人与自然和谐共处（许彩玲和李建建，2019；许经勇，2020）。伴随着实践的发展，在中国共产党理论创新的引领下，国内学术界从城乡协调（协同）发展，到城乡统筹发展、城乡一体化，再到城乡融合发展，理论在继承中不断创新和升华（张克俊和杜婵，2019）。

二、城乡融合发展的机理研究

在"城市偏向"理论和城乡二元经济结构理论的基础上，城乡互动、城乡均衡、城乡协调、城乡融合的理论模型为城乡融合发展机理的研究提供了理论基础。以系统间的联系要素为出发点，龙迪内利（Rondinelli，1983）、古尔德（Gould，1985）等学者将城乡之间的联系划分为物质、经济、人口、技术（信息）、社会、服务、行政组织、观念等类型，这些方面的协调发展直接构成了城乡融合发展的基本单元。从动态发展的角度，昂温（Unwin，1989）将城乡之间的要素分为联系、流和相互作用三个层次，其中"联系"依赖于"流"的大小，而"流"又决定于各种要素的"相互作用"。显然，昂温更强调城乡发展过程中的互动性，这是形成城乡融合发展的基础。类似地，道格拉斯（Douglass，1998）强调区域网络化的要素流动，以城乡间人、生产、商品、资本和信息五种要素的流动为基础，分析城乡融合发展的对策。在城乡要素流动的关系上，塔可利（Tacoli，1998）认为城乡之间的相互作用和联系，以人口、货物和废物的流动为基础，同时带动着信息和资金的流动。从城乡地理空间纽带的角度，麦吉（Mc-Gee，1987，1989）在研究亚洲发展中国家或地区城市化时，提出了"desakota"和"kotadesasi"两个概念（在印度尼西亚语中，desa 是农村，kota 是城市）。其中 desakota 用来表示大城市之间的交通走廊地带，农业活动与非农业活动混合的区域，这种区域完成城市化过程称为 kotadesasi。事实上，麦吉的研究强调城乡之间相互依赖和相互影响的所引发的地域空间的演变，其中城乡融合是最优的一种发展状态。城市与非城市地区之间的交往和相互联系日益增多，是城市化过程的必然趋势（Guldin，1992）。此外，还有学者指出农业的高风险性、农村居民收入的不确定性以及理性预期机制影响着城乡要素特别是劳动力的流动，进而影响着城乡关系（Poelhekke，2011）。

在国内，部分学者从城乡融合发展的动力机制，以及影响城乡融合发展的制度性因素探析了城乡融合发展机理。比如，李同升和库向阳（2000）分析了城乡融合发展的动力，认为中心城市的扩散效应、乡镇企业发展、农业产业化和小城镇建设 5 个方面是城乡一体化的主要推动力。蔡昉（2000，2003）认为我国改革开放前城乡差距是制度和政策性的，改革开放后主要源于城市利益集团的压力及遗留的制度（比如户籍制度）障碍。新中国成立以来，在计划经济体制下形成的城乡二元结构一直是我国经济社会的基本特征，制度缺陷是阻滞城乡融合发展的最主要的原因（罗雅丽和李同升，2005；龙花楼等，2016；刘爱梅和陈宝生，2019；蒿慧杰，2019）。改革是城乡融合的动力源，我国依靠持续的经济市场化转型来实现城乡关系的深度融合（高帆，2019）。政府应该通过推进要素市场化和改变城市偏向的政策和制度，改变工业特别是重工业偏向的产业结构，从而缩小城乡之间的差距（陆铭和陈钊，2004；赵海林，2010）。也有些学者认为影响城乡融合发展的因素众多，其中关键在于实现和扩大城乡之间的共同经济利益（张海鹏，2007），不同地区影响城乡融合的因素（比如产业结构、信息化、政府推动、公共服务、交通、市场化等）的作用也不尽相同（吴旭晓，2019）。何仁伟（2018）认为城乡融合发展是城乡空间动态均衡的过程，通过调整产业结构失衡，进而促进城乡产业现代化，实现城乡融合发展（易醇和张爱民，2018）。李红玉（2018）从马克思主义城乡融合发展理论出发，认为政策偏向城市、城乡产业布局不合理、城乡要素流动不畅、以城带乡不足、人力资源结构等问题是目前制约我国城乡融合发展的主要因素。刘明辉和卢飞（2019）认为城乡生产要素错配是制约城乡融合发展的重要因素，破除城乡要素流动的制度障碍，带动城乡要素双向流动，实现农业部门、非农部门的生产要素优化配置，才能真正推动城乡融合发展。城乡融合发展主要的短板在乡村，乡村发展不充分是影响城乡发展对接和协同的关键。党的十九大以来，大部分学者都认为实施乡村振兴战略，是推进城乡融合发展的重要举措和必由之路（陈炎兵，2017；何秀荣，2018；张海鹏，2019；唐琼，2020）。

三、城乡关系的定量测评研究

在国外，学术界讨论城乡关系主要以定性分析和案例研究为主，定量研究成果相对较少（陈方，2013），对城乡融合发展相关的定量测评研究几乎没有。但是相近的研究并不少见，比如，迪纳和苏（Diener and Suh，1997）曾从经济、社会和主观3个方面评价城市居民的生活质量；联合国人类居住规划署（UN - Habitat）测算并发布了城市发展指数（CDI，2002），还构建了城市指标准则（UIG，2004）；坎普等（Kamp et al.，2003）从环境质量和生活质量等概念框架分析了城市发展质量；保罗和安娜（Paulo and Ana，2011）建立指标体系，采用DEA模型对欧洲206个城市的生活质量进行研究。

在国内，对城乡关联度、差距、一体化度、协调度、融合度等方面的定量测评研究比较常见。早在 20 世纪 90 年代末，国内就有学者建立指标体系分析城市发展指数（曾群，1997）。21 世纪初，曾磊等（2002）、战金艳等（2003）通过建立指标体系测评了城乡关联度。随后，宋洪远和马永良（2004）利用 UNDP 的人类发展指数法计算了按城乡分的人类发展指数，表明我国城乡差距始终存在，而且有波动性扩大的趋势。张卫民（2004）用熵值法能构造出经济发展、社会进步和环境支持指数三个复合指标，设计出评价城市可持续发展的可持续系数和协调系数。近年来，定量测评城乡协调发展逐渐成为热点。比如，刘彦随等（2015）运用主成分分析法、马尔科夫链模型、空间数据相关性分析模型分析了 1996~2009 年我国省域城乡等值发展变化状况，并分析了其空间演化的特征；王磊等（2012）、王艳飞等（2015）运用 GIS 技术和 ESDA 方法分析了我国地级市城乡发展协调空间特征，并借助空间计量模型探讨城乡协调发展影响因素；周江燕和白永秀（2014）通过主成分分析法测算了全国、区域和省际三个层面的城乡发展一体化指数；类似地，郭岚（2017）用 AHP 对上海城乡一体化水平进行了测度；朱鹏华（2017）通过构建城镇化质量指标体系（熵值法和 AHP 综合赋权法），对我国（省域）城镇化质量（1978~2015 年）进行了测度，结果表明城乡发展不平衡是影响城镇化质量的主要原因；马历等（2018）、王颖等（2018）建立了耦合协调评判模型，分别分析了我国九大农区和东北地区的城乡协调发展水平及时空演变特征；周佳宁等（2019）运用全局主成分分析法（GPCA），并通过面板数据空间计量模型对城乡融合的影响因素进行实证检验；赵德起和陈娜（2019）运用横纵向拉开档次法对我国及省域的城乡融合发展综合水平进行了测度；窦旺胜等（2019）运用因子分析法和 Jenks 断裂点分级法，对山东省城乡融合发展水平进行评价。综合来看，虽然对城乡关系定量研究已比较普遍，但评价指标体系和测评模型的创新仍有巨大空间，同时针对城镇化和乡村振兴融合发展的定量研究比较少见。

四、城乡融合发展的路径和体制机制研究

在国外，一般通过功能主义视角来考察城乡关系，认为要加强城乡之间的良性互动联系，防止彼此孤立发展（Halfacree，1993）。比如，塔可利（Tacoli，1998，2003）认为应综合考虑经济、政治、历史、社会文化和生态的差异，因地制宜地推进城乡融合发展。提出通过发展都市农业，在农村发展非农产业，加强城郊地区（城乡联结地区）的综合发展，以此来强化城乡发展相互作用和一致

性。爱泼斯坦和耶泽夫（Epstein and Jezeph，2001）认为应该通过加大对农村地区基础设施投资，促进产业发展、增加就业、提高农民收入，形成良好的"城乡伙伴关系"。帕特里奇（Partridge et al.，2010）认为增加农村交通基础设施可以吸引并留住到城市工作的居民，城乡融合发展政策要考虑农村对城市就业的影响和城乡之间的通勤距离，不同的农村应选择不同且具有前瞻性的政策。在城市化的大背景下，城乡融合发展更应该在政策方面保护乡村发展的多样性（Siciliano G.，2012）。城乡之间要构筑相互协调的统一政策体系，避免单方面的治理结构，而偏向任何一方（Caffyn and Dahlström，2005；Berdegué et al.，2015）。

相对国外，国内的研究视角更加丰富多样。从我国城乡发展经验出发，费孝通（1993）认为城乡协调发展的重点在发展乡村工业，通过工业下乡和乡镇企业，形成广大的小城市和小城镇网络，进而走出城乡一体化的中国特色现代化道路；魏后凯（2016）认为城乡一体化要系统施策，全面深化城乡综合配套改革，构建城乡统一的户籍登记制度、土地管理制度、就业管理制度、社会保障制度以及公共服务体系和社会治理体系，促进城乡要素自由流动、平等交换和公共资源均衡配置，实现城乡居民生活质量的等值化。从影响城乡发展的制度出发，洪银兴（2007）认为城乡互动、城市反哺农村的主要途径是扩大公共财政在农村的覆盖面和增加农村公共产品的供给；陈钊和陆铭（2008）认为关键是决定机制上消除城乡分割政策的形成基础，改变城市单方面地制定有利于自身的政策的现状；何仁伟（2018）认为城乡融合与乡村振兴战略相互支撑，应从经济、社会和环境3个方面基于空间布局优化和制度供给创新推进城乡融合发展。从城乡关系的历史演进出发，陈锡文（2012）认为推动城乡一体化发展要以中国特色农业现代化道路、不断提高粮食等主要农产品供给保障能力为基础，以工业反哺农业、城市支持农村和多予少取放活方针为要求，以改革创新为动力；颜昌武（2020）认为我国城乡格局是国家为推进现代化而强力干预的结果，国家治理能力的提升将为城乡融合发展提供坚实的保障。从城乡融合发展所面临的问题出发，白永秀和王颂吉（2013）认为实现城乡发展一体化的根本路径是大力发展市场经济，具体路径是集中农村生产要素、发展农村现代产业和推进农村城镇化；统筹城乡要从"三农"问题入手，推进城乡一体化发展，通过教育培训解决农民问题，通过城乡资源互动发展现代化农业，通过自主发展、营造特色空间、构建城乡通开的空间发展框架优化农村发展（顾朝林和李阿琳，2013）；张晓山（2018）、韩俊（2018）等强调要通过深化改革，破除造成城乡二元结构的种种制度枷锁，才能实现城乡融合发展；对于贫困地区，加大城乡民生工程建设，实现城乡公共服务均等化尤为重要（邢潋和王国勇，2019）。从拓展城乡融合发展的范围出发，国务院发展研究中心农村部课题组（2014）认为，推动城乡二元结构向城乡发展一体化转变，应构建城乡统一建设用地市场、就业市场、金融市场和公共服务体系；城乡融合发展存在区域差异等诸多问题，需要差异化探索城乡融合发展路径（李爱民，2019）；城乡融合关键在乡村，要从村庄的发展实际状况出发确定城乡融合模式（陈艳清，2015）；乡村振兴战略下城乡融合发展必须从高质量破解城乡二元结构体制、建立城乡要素合理流动机制、优化公共资源配置、弘扬乡村优秀文化4个角度全面推进（张明斗和赵满满，2019）。从城乡融合发展的动力出发，刘彦随等（2016）、马历等（2018）认为要通过内生力、外援力和交互力"三力"助推我国（农区）乡村振兴与城镇化融合发展；实现城乡融合发展应坚持农村农业发展的"优先性"，坚持精准扶贫，构建新型社会治理体系和要素双向配置互动机制（纽带），打造特色小镇（空间载体），实现城乡发展等值化（陈丹和张越，2019）。从推进城乡融合发展的策略出发，张海鹏（2019）认为推进城乡融合发展要夯实城乡融合发展基础（深化户籍改革、提高城镇化率），优先推进城乡发展中需要一样化的内容，加快城乡要素市场一体化进程，推动乡村三产融合发展（姚毓春和梁梦宇，2019）；王博雅等（2020）认为特色小镇把生产、生活和生态功能融为一体，不仅可以布局于城市和郊区，更可以灵活地布局于农村地区，发挥对农村的辐射带动作用，从而成为打通新型城镇化和乡村振兴两大战略的空间支撑节点，是城乡融合发展的重要载体和政策工具。

五、新型城镇化与新时代乡村振兴的关系研究

党的十九大提出实施乡村振兴战略以来，新型城镇化与新时代乡村振兴关系迅速受到学术界的关注。蔡昉（2018）认为乡村振兴战略与新型城镇化目标相同、手段互补、结果一致，因此两者要共同推进。蔡继明（2018）也强调乡村振兴战略必须与新型城镇化战略同步实施，才能取得预期效果。坚持城乡融合发展是科学实施乡村振兴战略的必然要求（姜长云，2018），在新型城镇化高质量发展中实现乡村振兴（韩俊，2018；方创琳，2019）。当前学术界基本认同，新型城镇化和新时代乡村振兴是不可割裂的命运共同体，二者均是解决"三农"问题和推进社会主义现代化建设的重要途径，必须融合发展才能形成战略合力（刘守英，2017；魏后凯，2018；沈迟，2018；陈明星等，2019）。

目前，新型城镇化与新时代乡村振兴融合（协调或协同）发展研究还处于起步阶段。从两大战略的融合发展的机理来看，吴旭晓（2019）认为公共服务、政府推动、产业结构、技术创新、信息化、市场化、区位交通等因素共同推动着两

大战略耦合协调发展；徐维祥等（2019）运用空间黏性理论，将两大战略耦合分为依附式耦合、吸收式耦合、反哺式耦合和交换式耦合四种形式，并在此基础上提出依托式发展、吸收式发展、反哺式发展以及互惠式发展四种模式。从两大战略的融合发展的实现路径来看，卓玛草（2019）认为两大战略融合发展具有"统筹融合式、共生可持续、包容一体化、高效高质量"四种实现路径；在推进路径上，两大战略存在政策梗阻困境，要通过解决城乡要素双向流动与优化配置缓解政策阻梗（杨嵘均，2019）；丁静（2019）认为要通过科学规划实现两大战略发展目标的协调，坚持农业农村优先发展破解城乡不平衡，通过体制机制创新实现城乡之间资源要素的协调流动，同时以特色小镇为突破点实现城乡全面融合（李铁，2019；陈燕妮，2019；杨志恒，2019）。

第三节　城乡融合发展研究评述

　　从涉及工农城乡关系的思想来看，城乡关系理论演进呈现"合—分—合—分—合"的特点。古希腊和我国古代的许多思想家都提倡城乡一体，城市和乡村紧密相连不可分割；15 世纪末，重商主义兴起，他们强调工商业本位和对外贸易，本质上属于城市或商业偏向理论。18 世纪中期，重农学派在批判和反思重商学派的主张中产生，他们强调唯有农业才能产生"纯产品"①，这本质是属于农村或农业偏向理论；18 世纪末，亚当·斯密在《国富论》中提出了工农城乡协调发展的原则。19 世纪初，空想社会主义者明确提出了城乡融合的思想。随后，马克思和恩格斯共同创立了马克思主义城乡关系理论，阐明了城乡关系演进的一般规律，这也是城乡融合发展的经典理论；20 世纪 50 年代，产生了以城乡二元经济结构理论（刘易斯、费景汉和拉尼斯等的模型）和区域二元经济结构理论（增长极理论、循环积累因果理论、核心与边缘区理论、"核心—边缘"理论等）为主要代表的城市偏向理论，这是对资本主义工业化和城镇化经验总结基础上，为发展中国家创立的经济发展或区域经济协调发展理论；随着发展中国家工业化和城镇化的推进，城市偏向理论无法解释城乡差距扩大的现实，也不能给出有效

---

　　① 重农主义者认为财富是物质产品，财富的来源不是流通而是生产。所以财富的生产意味着物质的创造和其量的增加。在各经济部门中，他们认为只有农业是生产的，因为只有农业既生产物质产品又能在投入和产出的使用价值中，表现为物质财富的量的增加。工业不创造物质而只变更或组合已存在的物质财富的形态，商业也不创造任何物质财富，而只变更其市场的时、地，二者都是不生产的。农业中投入和产出的使用价值的差额构成了"纯产品"。

的对策；出于对城市偏向理论的反思，20 世纪 80 年代后，超越"城乡二分法"和"城市偏向"，提倡城乡互动、城乡均衡、城乡协调、城乡融合的理论模型大量涌现。从世界经济史来看，城乡二元结构是发达国家曾有的以及发展中国家现存的普遍特征。因此，破除城乡二元结构、实现城乡融合发展是理论创新和实践创新的必然要求。虽然国内外关于城乡融合的表述不尽相同，但城乡融合发展一直都是城乡关系领域研讨的重点话题。综合来看，国内外针对城乡融合发展的相关研究，主要呈现以下几个特点。

一、国外研究的特点与启示

在城乡和区域二元经济结构理论的影响下，国外的研究一般侧重于考察城乡之间的要素流动，城市化对乡村土地、环境、人文等方面的影响，城乡两部门的相对变化规律，以及如何促进乡村的发展（Vollrath，2009；Shifa，2013；Cao and Birchenall，2013）。同时，乡村如何根据自己的资源及区位禀赋更好地与城市化对接，实现自身的发展。城乡产业的交叉渗透对于彼此的发展十分重要，比如都市农业、乡村旅游和农业生产服务化等（Overbeek and Terluin，2006）。

从理论上来看，破除城乡二元结构，追求城乡一体化或融合发展是世界共同的目标（UN，2017），也是城乡关系发展的必然趋势。国外学术界的研究更强调农业劳动力转移的作用，认为这是提高城乡居民福利水平，实现城乡融合发展的关键（Hayashi and Prescott，2008）。20 世纪 80 年代后，虽然也涌现了许多城乡融合（或城乡互动、城乡均衡、城乡协调）的理论模型，但是对城乡融合发展的机理的研究相对不足，同时抽象的理论模型对城乡关系发展实践的指导意义较小。从实践上看，一方面，要畅通城乡生产要素的流通渠道，特别是加快农业剩余劳动力流向城市（Vollrath，2009）。农民向城市迁移的收益不仅是收入的增长，还包括生活环境、社会福利、良好的医疗和教育等非经济性收益（Da Vanzo，1983）事实上，我们在考虑农业转移人口市民化问题时，经济因素只是其中的一项，政治、文化、社会和生态环境等各方面都应该综合加以分析；另一方面，世界各国特别是发达国家支持乡村发展的政策对我国的新型城镇化与新时代乡村振兴融合发展具有重要的借鉴意义（EC，2017；EE SC，2017）。

二、国内研究的特点与反思

国内关于城乡融合或一体化发展的研究成果十分丰富，几乎在每个领域都有涉及。从经济学的角度来看，国内对城乡关系的研究总体上遵循了两大理论范式，一是马克思主义城乡关系理论，新中国成立以来始终是我国城乡关系发展的指南（武廷海，2013；蒋永穆等，2015；李红玉，2018；彭晓伟，2019；徐宏潇，2020）。马克思和恩格斯关于城乡融合的条件被认为是指导我国城乡融合发展的重要思想，也是科学社会主义的重要组成部分；二是城乡二元经济结构理论，改革开放后逐渐成为学术界研究城乡关系的主流（刘纯彬，1988；刘应杰，1996；厉以宁，2009；白永秀，2012；金三林等，2019；蔡禾，2021）。我国城乡二元结构形成及演变除了具有其他国家的一般特征之外，还具有中国特色的经济体的异质性特征（孙文华和方心清，2014）。事实上，我国城乡二元结构的形成，既与城乡之间的禀赋资源条件相关，同时也是整个国家发展战略和制度演化的结果。因此，加大体制机制改革力度，破除城乡二元结构是实现城乡融合发展的必由之路。

在定性研究方面，多集中于对我国城乡融合发展的内涵、重要性、现状、问题及对策的分析，但对城乡融合发展的机理分析不足，以及对城乡融合发展趋势和规律的研究较少，将我国城乡融合发展实践经验上升为中国特色社会主义城乡融合发展理论的研究几乎没有（姚毓春和梁梦宇，2020）。在定量研究方面，目前虽然有些学者对城乡关系关联（协调、统筹、融合等）发展进行了定量分析，但对城乡融合发展的定量分析仍处于刚刚起步阶段。在根据城乡之间的经济、社会、环境等因素测度城乡融合时，如何将难以量化的重要因素（比如文化、政治等）纳入其中，是建立客观、系统、科学的指标体系和评价模型的关键。决不能将城乡融合视为单纯的经济要素的双向流动，集中关注最容易建模的东西，而不是在实践中最有用的东西（克鲁格曼，2003）。在对策研究方面，大多集中于原则性的"应该"怎么办，而对实现城乡融合发展的实践化的路径研究不足。当前，我国正在大力推进新型城镇化与新时代乡村振兴，这两大战略的交互点就是建立新型工农城乡关系，推动城乡户籍制度、土地制度、金融制度、公共产品供给制度等各方面的系统化改革。在新型城镇化和乡村振兴两大战略的背景下，如何将理论研究与城乡融合发展的实践紧密结合？是开展理论创新的关键。这需要在深入解析新时代城乡融合发展机理的基础上，形成实现城乡融合发展的路径，并具体化为构建城乡融合发展体制机制和政策体系的方案。

三、新型城镇化与新时代乡村振兴融合研究

党的十九大提出乡村振兴战略，随之新型城镇化与新时代乡村振兴融合发展

的研究迅速成为学术界研究的热点。从已有的研究成果来看，绝大多数研究延续了城镇化与"三农"问题或新农村建设之间关系的模式和方法，更多侧重定性分析。对新型城镇化与新时代乡村振兴融合发展的机理、路径以及体制机制和政策体系的研究，多是宏观性、原则性和方向性的阐述（张天佐，2017；韩俊，2018；何秀荣，2018；姜长云，2018；陈明星，2018；陈炎兵，2019），系统化的研究几乎没有。

新型城镇化与新时代乡村振兴融合是新时代城乡融合发展的关键问题，通过两大战略实施的协同与融合，使城市和乡村在社会主义现代化国家建设征程上齐头并进、共生互动、相辅相成。长期以来，我国城乡互动主要是乡村单向为城市发展提供资源支撑，如何在推进新型城镇化与新时代乡村振兴的过程中将要素资源单向流动转变为双向自由流动？是新时代城乡融合发展的重要课题，也是新发展阶段构建新发展格局的必然要求。因此，构建工农互促、城乡互补、全面融合、共同繁荣新型城乡工农关系，需要深入研究新型城镇化与新时代乡村振兴融合，厘清两大战略耦合机理以及协同推进的路径。新型城镇化高质量发展不是孤立地推进新型城镇化战略的再提升，新时代乡村振兴也不是孤立地实施乡村振兴战略，城乡融合发展是统辖新型城镇化和新时代乡村振兴的核心。新型城镇化与新时代乡村振兴融合研究必将伴随我国城乡融合发展的进程，为新时代城乡融合发展提供理论支撑。

四、城乡融合发展系统化研究的必要性

有些学者认为，城乡融合发展（或城乡一体化）的研究内容源自二元经济结构理论，这显然是片面的。城乡关系一直以来都是国内外学术界研究的重点问题，亚当·斯密在《国富论》中翔实地阐释了城乡发展的自然演变秩序，并强调城市和乡村必须按照一定的比例发展城乡关系才是良性与合理的[①]。圣西门、傅里叶和欧文为代表的空想社会主义者的学说中包含了大量的城乡关系思想，并明确提出了原始的城乡融合发展构想。特别地，马克思和恩格斯创立了马克思主义城乡关系理论，以列宁为代表的马克思主义者又在社会主义的实践中丰富和发展了这一理论。早期的西方城市规划学者也十分重视城乡融合，城市规划理论的奠基人霍华德（1898）明确提出了要建设兼有城市和乡村优点的田园城市，其本质

---

① ［英］亚当·斯密：《国民的性质及其原因的研究》，郭大力、王亚南译，商务印书馆2002年版，第16、348页。

上就是城乡的融合体。

从学理依循来看，以"城市偏向"为特征的城乡和区域二元经济结构理论是国内外研究的理论基础。以马克思主义城乡关系理论为指导，突破"城市偏向"理论，建立中国特色社会主义城乡融合理论，是理论创新、突破瓶颈的关键。从经济学来看，随着工业化和城镇化的发展，城乡关系的理论和学说呈现出"由合到分再到合"① 的特点，这是贯穿城乡关系研究的一条主线（叶超和陈明星，2008）。改革开放以来，以城乡二元结构理论为代表的"城市偏向"理论逐渐成为我国城乡关系理论和实践的主导（陈肖飞等，2016）。如何突破西方的"城乡二分法"的理论，立足我国的实践创新和制度创新，开展理论创新是实施新型城镇化和新时代乡村振兴战略的历史必然。

因此，结合新型城镇化和新时代乡村振兴战略的特点和要求，从城镇和乡村两个系统出发，在定性分析两大战略融合发展的初始条件和分类实地调研的基础上，深入分析城乡融合发展的机理、测度和趋势，阐明两大战略融合发展的路径，并提出建立健全两大战略融合发展的体制机制和政策体系的方法，进而指导两大战略更好地实施显得尤为重要又十分迫切，这也将为中国特色社会主义城乡融合发展理论的构建和发展做出有益的探索。

---

① 这里的"合—分—合"是前文阐述的"合—分—合—分—合"的后半部分，即从亚当·斯密、马克思和恩格斯等城乡融合发展的思想开始。

第三章

城乡融合发展的国际经验和中国实践

城镇化是伴随工业化发展，非农产业在城镇集聚、农村人口向城镇集中的自然历史过程。城乡关系的演进也是一个自然历史过程，有其自身内在发展规律，但是城乡关系的演进毕竟不是一个机械的重复过程。各个国家或地区的经济社会条件不尽相同，因此都在经历着独一无二的城镇化和城乡关系演进过程，有着各自的经验和教训。本章从实践的层面，对典型国家城乡融合发展的经验和新中国城乡关系演进的历程进行分析，为进一步研究城乡融合发展的机理奠定基础。

第一节　典型国家的城乡融合发展

一个国家现代化的过程就是逐渐消除城乡二元结构，实现城乡融合发展的过程。发达国家在工业化和城镇化初期，都经历了城乡矛盾突出的阶段，随着经济的持续发展，城乡关系发生了重大变革。对典型国家城乡融合（城乡关系发展）的经验进行比较研究，是探索城乡融合发展一般规律的重要途径。这里所指的城镇化典型国家也是相对而言的，结合我国当前城乡关系发展的现状，本节选择了英国、美国、德国和日本4个国家。对典型国家城乡融合发展的阐述并非全面而详尽，仅仅探求对我国城乡融合发展有借鉴或启示意义的主要方面。

一、英国的城乡融合发展实践

英国是世界上第一个实现工业化的国家，也是最早开始城镇化并实现城镇化的国家。20世纪初，英国的城镇化率就已达75%，成为一个城镇化国家。根据世界银行统计数据，2019 年英国的城市总人口约为 5 590 万，城镇化率为 83.65%①。整体来看，英国的城乡一体化程度较高，城乡已基本实现融合发展。

18 世纪后期，英国首先发生了工业革命，机器大生产取代手工业成为资本主义的主要生产方式。这促使英国的经济结构产生了巨大的变革，开启了工业化进程，进而开始了城镇化。由于"圈地运动"通过强制性的土地集中，以及小农被大农（大地主或农业资本家）竞争所排挤，农村产生大量农业剩余劳动力（无产阶级）并开始向城市转移，同时形成了对立型的城乡关系。恩格斯（1845）在《英国工人阶级状况》一书中，描写了这种对立的城乡关系。首先"工业的发展影响了农业""把个体手工业者从市场上排挤出去"。随之，"工业日益集中的趋势"使得"人口也像资本一样地集中起来""在农村中建立的每一个新工厂都含有工厂城市的萌芽"。而后，在工业化的推动下，"村镇就变成小城市，而小城市又变成大城市。城市愈大，搬到里面来就愈有利，因为这里有铁路，有运河，有公路；可以挑选的熟练工人愈来愈多；……这就决定了大工厂城市惊人迅速地成长。"②粗放式的工业化和无节制的城镇化，造成了普遍的"城市病"，进城务工的农业转移人口工作和生活状况极差。恩格斯在《英国工人阶级状况》中曾多次描写当时英国无产阶级在城市糟糕的住房条件，地下室、廉租房、大杂院等简陋肮脏，拥挤不堪，环境极差。马克思在《资本论》中也曾多处描述伦敦等城市贫民窟的惨状，"即使把伦敦和纽卡斯尔的许多地区的生活说成是地狱生活，也不算过分"③。城市迅速扩张的同时，乡村也逐渐衰落，城乡差距不断扩大。

20 世纪以前，英国很多学者和政府已经意识到城乡对立所带来的"城市病"和"乡村病"问题，并采取了济贫政策、住房政策等，但效果甚微。1898 年城市学家霍华德在其著作《明日：一条通往真正改革的和平道路》（1902 年修订再版，更名为《明日的田园城市》）提出了田园城市（garden city）的构想，并在当时引起了巨大的反响。这可以看作对当时糟糕的城乡关系的一种强烈的反映，提倡城乡融合（结合）的田园城市思想迅速传播并被付诸实验④。随之，政府也

---

① 世界银行网站，https：//data. worldbank. org. cn/indicator。

② 《马克思恩格斯全集》（中文第 1 版，第 2 卷），人民出版社 1957 年版，第 300～301 页。

③ 《资本论》（第 1 卷），人民出版社 2004 年版，第 759 页。

④ 田园城市兼有城市和乡村优点，实质上是城市与乡村的融合体。1919 年，英国"田园城市和城市规划协会"经与霍华德商议后，明确提出田园城市的含义：田园城市是为健康、生活以及产业而设计的城市，它的规模能足以提供丰富的社会生活，但不应超过这一程度；四周要有永久性农业地带围绕，城市的土地归公众所有，由一专业委员会受托掌管。1903 年霍华德组织田园城市有限公司，在距伦敦 56 公里的地方购置土地，建立了第一座田园城市——莱奇沃思（Letchworth）；1920 年又在距伦敦西北约 36 公里的韦林（Welwyn）建设第二座田园城市。

开始重视城乡关系问题，并不断出台相关法律和政策。比如，为控制城市大规模扩张，为城乡互动留有空间，从 20 世纪初英国率先建立城乡规划体系，并开始实行"绿带"（green belt）政策。事实证明，城乡边缘带（urban-rural fringe）的建设为英国城乡关系的发展发挥了积极的推动作用，使得乡村能够在工业化和城市化的进程中维持自身的特色和繁荣。1932 年，英国出台了首部《城乡规划法》（Town and Country Planning Act），该法首次将乡村纳入规划保护范畴，将地方政府对土地使用的行政干涉扩大到城乡空间，促进规划由单向的城市用地管理转向对城乡融合发展的调控。此后，《城乡规划法》进行了不断修改，城乡规划体系逐渐完善。

在城乡关系中，乡村和农业的弱势地位需要政府的扶持，这是英国处理城乡关系的重要方式。一是通过法律强化乡村的发展权。1947 年英国颁布实施了《农业法》（Agricultural Act）和《城镇和乡村规划法》（Town and Country Planning Act），确立了农业补贴、城市控制和乡村保护政策，并在之后的一系列政策调整中不断加强，这为提高农民（乡村居民）收入和乡村发展起到了重要的推动作用[①]。二是鼓励乡村发展二三产业。根据 2011 年英国人口普查数据，英格兰 930 万居住在乡村地区，约占总人口的 17.6%，其中只有 3.2% 的人从事农业活动，其余的都在第二和第三产业[②]。根据英国环境、食品和乡村事务部（DEFRA）统计，2014 年英国农村地区每万人企业数为 520 家，小企业数量多于城市地区。乡村经济的发展使得其居住条件、教育质量、人口素质和健康状况等方面都不存在明显差距，甚至某些方面还优于城市[③]。三是支持乡村公共基础设施和公共服务建设。在政府的推动下，英国乡村的道路、水电、燃气、通信等公共基础设施，以及教育、医疗、文化、社会保障等公共服务建设一直与城市同步，这使得乡村生活与城市生活差别不大。例如社会保障制度，1957 年政府开始设立单独的农场主养老保险制度，由国家出资将原来的土地移交现金补贴制度转换成农场主部分养老保险制度。英国较早建立起了城乡一体的社会保障体系，社会保障实行城乡统一立法和统一管理，城乡、地域、民族、职业等之间的待遇差别微乎其微。

---

① 英国农村规划保护和农业发展政策主要的原则：一是促进农村地区经济发展，提升农村土地的利用价值；二是保护农村当地特色和高质量的环境，避免农村地区遭受不适宜开发的破坏；三是增强城乡协调统一，通过小城镇的建设，避免城市和乡村相互隔离。参见冯伟、崔军、石智峰、张秋玲、钟昊、毛翔飞：《英国城乡规划体系及农村规划管理的经验与启示》，载于《中国农业资源与区划》2018 年第 2 期。

② DEFRA. 2011Census Results for Rural England. London，2013：7，53.

③ DEFRA. Statistical Digest of Rural England 2014. London，2014：69，106－111，121.

重视小城镇建设使其成为人们向往的生活居住区。在英国，小城镇作为联系城乡经济和物质空间的载体（枢纽），在城市到乡村不同住区层级的关系中扮演了关键角色①。英国小城镇规划建设的经验表明，通过提高小城镇规划和建设品质，加大小城镇建设投入，将政府的部分管理部门、教育结构、文化设施搬迁到小城镇，同时在基础设施和服务设施领域，包括医疗和教育水平，社区设施与基础设施的质量都有大幅度的提高，最终达到与大城市具有同等质量的各种服务。只有全面提升小城镇的基础设施和服务设施的软、硬件水平，小城镇才有可能吸引人群，才能发挥承上（连接大城市）启下（沟通腹地乡村）的功能。

特别地，英国城乡融合发展的相关法律和政策比较完善，但由于多党制轮流执政，以及国家和地方权力、公共与私人部门之间利益不断重新划分，导致对城乡融合发展政策频频作出修正或者调整。虽然政策调整较为频繁，但是融合发展理论的延续和发展却是长期的和兼容并蓄、与时俱进的。此外，由于城市中产阶级的"下乡"，乡村内部贫富差距拉大的问题凸显，这也加剧了乡村社会的两极分化②。

二、美国的城乡融合发展实践

美国是高度城镇化的发达国家，根据世界银行统计数据，2019 年有 82.46% 的人口居住在城镇，城镇人口总数约 2.71 亿。作为当今世界头号发达国家，从整体上看，美国已基本实现城乡融合发展。

与英国类似，美国也曾因工业化和城镇化的快速发展而面临一系列的城乡关系问题。作为崇尚自由竞争的市场经济国家，美国政府对城乡关系发展的干预大部分都是间接性的，始终把对农业和农村的政策立法保护，作为缩小城乡差距、促进城乡融合发展的重要举措，其核心是维护私有制、提倡市场竞争、保护农业发展和促进工业化。作为一个移民国家，除了宗教美国乡村没有根深蒂固的传统文化（习俗），倡导城乡居民自由迁移。19 世纪末 20 世纪初，伴随工业化的快

---

① Wales Rural Observatory. Small and Market Towns in Rural Wales and Their Hinterlands. Research Report 13. Wales Rural Observatory，2007.

② 一端是富裕的外来城市移民以及一部分本地地主和农场主，另一端则是本地的贫困人口，主要是由农业工人构成。以平均可支配收入而言，乡村比城市更加富裕，然而也正是这种"富裕"遮挡住了乡村所存在的贫困问题。城乡融合发展表象掩盖了贫富的不均，同时也掩盖了城乡关系的各种问题。参见任小权：《文化视角下的英国城乡关系》，载于《南京大学学报（哲学·人文科学·社会科学）》2015 年第 6 期；P. Milbourne. Rural Poverty：Marginalisation and Exclusion in Britain and the United States. London：Routledge，2004：19.

速推进，农业规模化和机械化，密集的交通网络形成，美国的城镇化也快速发展。20 世纪 30 年代后，传统的农村社区在美国基本消失，大部分居民（包括一些农民）迁移到小城镇①。

美国虽然是一个崇尚自由市场经济的国家，但并不代表政府在城乡融合发展过程中没有作为。实践证明，在城乡居民收入均衡化、城乡基础设施和公共服务一体化、城乡居民社会保障一体化等很多方面，政府都发挥了十分重要的作用。比如，政府向农业和农民进行直接或间接的补贴，对农村和小镇基础设施进行投资倾斜，政府推行"农村教育成就计划"② 保障城乡教育机会均等，推动规划统筹破解城市蔓延中的城乡冲突等。美国居民可支配收入在城乡和工农之间的差别很小，很多年份是大城市的人均可支配收入低于小城镇和农村地区（潘晓成，2019）。美国平衡城乡居民经济收入，特别是平衡农业家庭与非农家庭收入的基本做法，是通过引导农民参加政府的多种生产计划并给予农民相应补贴的方式。除此之外，政府的调控政策，也偏重支持农村和边远地区的居民不断增加经济收入。在城乡医疗服务方面，美国政府一直提供特别资金，并鼓励相关基金组织向乡村地区倾斜。依托小城镇建设并逐步完善了一大批中小型医院，为乡村地区居民就近看病治病提供方便。同时，通过设立特别基金等方式，对乡村地区居民的医疗保险给予一定照顾，保证了所有农村居民都能享受到基本的、有保障的医疗服务。在社会保障方面，城乡居民基本实现一体化。美国社会保障是一个包括政府、社会机构和市场等不同主体在内的多元体系，大致可划分为社会保险、公共救助和社会服务三大板块，支出形式整体向城乡弱者和穷人倾斜。从 1935 年制定实施的《社会保障法》开始，城乡一体化社会保障体系的发展让美国的公民意识逐渐从社区公民演变为美国公民（徐晓新等，2013）。这种公民社会权利的整合与扩展，带来的是国家认同的提升，同时也成为城乡融合发展的重要支撑。

美国的城乡融合模式非常独特，整个国家就像一个大社区，没有明显的城乡差距（郑风田，2018）。美国拥有 6 000 多所大学，大多数分布在小城镇以及由此而形成的大学城，大量的公司总部也分布在小城镇中。其中最重要的原因就是小城镇的公共基础设施和基本公共服务与大城市的相差无几，而且在小城镇的运营成本相对较低。因此，小城镇成为美国城乡融合发展的关键纽带和载体。美国城乡基础设

---

① 在美国几千甚至几百人口的小城镇，居民的生活方便程度一点不亚于大城市，甚至比大城市还舒适。

② 2001 年开始推行，"农村教育成就计划"（Rural Education Achievement Program，REAP）是专门针对农村和小型学校的经费支持计划，能够在一定程度上帮助农村中小学改善教学条件，提高教学水平。

施和公共服务的差距也很小，与城市一样，乡村也基本实现了现代化。对于农村的基础设施和公共服务，政府除了承担建设费用外，还向农村地区从事基础设施运营和公共服务供给的企业提供贴息贷款或直接补贴，以保证其良好运转。

打造都市圈和城市群，构建多层次的城镇体系，是实现城乡融合发展的重要途径。美国在城镇化的过程中，打破区域界限，注重区域之间的统筹联动，着力打造大"都市圈"和"城市带"，依托大中城市，充分发挥中心城市的辐射带动作用，构建集聚度高、开放式、多层次的城镇体系，形成了国际性大都市、全国性中心城市、区域性中心城市、地方小城市和中心镇等不同层级的城市体系。目前美国已形成三大城市群，在其辐射带动下，大量的小城镇获得了快速的发展，美国在城市空间布局上形成了层次分明、定位明确、功能互补的城镇体系（朱鹏华，2017）。多层次的城镇化体系，具有梯度辐射效应，是推动美国逐步迈入城乡融合发展阶段的关键。

三、德国的城乡融合发展实践

德国的工业化晚于英国，同样其城镇化起步也相对较晚。19世纪30年代，德国工业化和城镇化才开始拉开序幕，20世纪初（1910年）城镇化率已达60%（卡尔·迪特利希·埃尔德曼，1986）。根据世界银行统计数据，2019年德国城镇化率为77.38%，低于高收入国家81.05%的平均水平，城镇人口为6 400余万。德国的城市规模小、数量多、分布相对均衡，超过2/3的城市人口都生活在10万人以下的小城镇，人口呈现分散化均匀分布（叶兴庆等，2019）。整体来看，德国是世界上城镇化发展比较均衡的国家，这种城镇化格局更有利于城乡融合①。当前，德国从大城市到小城镇再到乡村基本实现等值化发展②，城乡融合发展程度较高。

20世纪50年代后，德国的工业化飞速发展，大量农村年轻人涌入城市，乡村逐渐陷入衰败之中。随着城镇化率的提升，60年代，又出现城市居民"下乡"

---

① 德国的城镇化遵循的是"去中心化"的均衡城镇化发展模式，比如德国的地方政府行政部门分散在各个城市，而不是集中在几个中心城市。医疗、教育等公共资源也不是集中在大城市，而是均衡地分布在大大小小的城镇。这种布局防止了人口向大城市过度集中，在"城市病"防治和经济社会的可持续发展中发挥了关键的作用。参见朱鹏华：《中国新型城镇化道路》，经济科学出版社2017年版，第24页。

② 城乡等值化是指人们无论生活在城市还是乡村，享受到的公共产品（服务）大体相当，几乎"等值"（没有差别）。《联邦德国空间规划》（1965）将城乡等值化确定为区域空间发展和国土规划的战略目标，希望通过完善基础设施和区域政策，强化小城镇的产业配套与服务功能，如在规划和行政体制方面推行平行管理制度，乡村与城市规划建设管理各成体系，职权相互独立，加之生态环境保护、土地和税收优惠政策的推动，使城乡居民具有同等的生活、工作及交通条件。

热潮，导致乡村建筑密度增大、土地过度开发、交通拥堵、环境遭到破坏。70年代，德国开始实施"城乡等值化发展"战略，提出城市像乡村一样美，乡村像城市一样便利。一是城乡规划一体化。将"城乡等值化"确定为区域空间发展和国土规划的战略目标，城市和乡村发展统一规划，确保经济资源在城乡间自由流动，公共资源在城乡间均衡配置。德国的城乡规划管理体制由上到下共分为四级，联邦政府层面主要是运用政策指导国家的城乡建设，按照大城市、中等城市、小城镇、乡村的次序逐级扩散带动，推动城乡融合发展。二是实施土地整理，扶持农业发展。20世纪50年代，德国开始实施《土地治理法》①，主要是农地合并，农业生产设施改善，土地开发复垦，以及村庄更新等方面的系统规划和措施。通过土地整理，化零为整，对地块、道路、水利以及整个农业生态系统重新布局，提高土地的经济效益。政府主动扶持农业发展，在市场机制基础上已形成完整的金融支持体系，实施了提供包括低息贷款、直接资助、间接农业补贴等在内的诱导措施，其中生态农业等特别项目还有专项补助或财政补贴，这使得城乡居民收入基本均衡化。三是实施乡村更新，提升乡村风貌。通过逐年对乡村基础设施建设投资，乡村的交通、电力、燃气、暖气、网络、医疗、教育、垃圾和污水处理等公共服务设施城乡一体化基本覆盖到位。在公共基础设施改造更新的同时，德国政府还引导乡村居民对房屋进行修缮，私人房屋改造给予低息贷款，文保房屋修缮政府给予补助。1977年，德国国家土地整理局正式启动实施"农业—结构更新"为重点的乡村更新计划，这使得乡村的美丽庭院多姿多彩，别具风格，形成一道靓丽乡村风景线。特别地，在乡村更新的过程中，乡村地区的生态和文化价值都被提到与经济价值同等重要的高度上，这使得德国村庄的活力和特色得以保持。四是支持乡村二三产业发展。德国的乡村建设注重对文化价值的挖掘和功能改善，从单一的农业生产功能转为一二三产业融合发展。与美国类似，德国很多大企业的总部设在小镇上，比如贝塔斯曼、大众、奥迪、欧宝等著名企业的总部分别在居特斯洛、沃尔斯堡、因戈尔施塔特和吕瑟尔斯海姆小镇上。这种产业布局极大地带动了乡村的现代化，促进了城乡融合发展②。目前，

---

① 1954年和1955年联邦德国先后颁布《土地整理法》和《农业法》，1976年修订《土地整理法》，推动村庄更新。

② 德国的巴伐利亚州在促进大企业向小城镇布局、推动城乡融合发展所取得的成效更为明显，该州通过制定《城乡空间发展规划》，改善乡村公共设施和服务条件，引导大企业向乡村转移。比如，20世纪70年代，宝马公司将其主要生产基地迁移到距离慕尼黑120公里之外的一个叫丁格芬（Dingolfing）的小镇，这为周边100公里的乡村地区提供了超过2.5万个就业岗位。参见叶剑平、毕宇珠：《德国城乡协调发展及其对中国的借鉴——以巴伐利亚州为例》，载于《中国土地科学》2010年第5期。

德国约有 22% 的人口居住在乡村，但农民仅占总人口的 10% 左右（雷曜，2020）。五是大力发展生物质资源综合利用。2009 年以来，德国将生物质资源的利用列为城乡可持续发展战略的重要手段，通过生物能源、生物原料开发利用和生物废弃物利用等项目，创造乡村就业机会、提高农业附加值和保护乡村生态环境。实践证明，生物能源在推动德国农村就业和收入增长、城乡环境改善（解决农业废弃物的污染问题）、农村产业链提升以及城乡资源整合①等方面均发挥了重要的作用（Rivera et al.，2018）。

德国在推进城乡融合发展的各项政策过程中，十分重视社会力量的发挥，引导城乡居民参与到城乡规划、公共设施建设和运营、土地整理、乡村更新等项目中。事实证明，人民广泛地参与，不仅减少了城乡融合发展项目中的许多障碍，还提升了融合发展的质量。德国的这些成熟的做法，2007 年被纳入欧盟农业政策的重要组成部分，通过联合广泛的利益相关者共同推进农村社会发展（Pollermann et al.，2013）。

四、日本的城乡融合发展实践

日本是世界上城镇化发展水平较高的国家之一。在人口超过 1 亿的国家中，日本的城镇化率最高，2019 年为 91.70%，城镇人口约为 1.16 亿。日本人多地少，城市土地资源利用率高，特别是注重大城市节约土地资源，解决了人多地少的矛盾，从而最大限度地保护了农村的耕地和森林。东京都、名古屋、大阪三大都市圈主导着日本的城镇化和经济的发展，其中人口占比约 60%，经济总量占比超过 65%②。在突出都市圈和大城市主导作用的同时，日本也非常重视小城镇的建设，将小城镇纳入都市圈整备计划，政府通过政策支持，主动引导制造业和高新技术产业到小城镇落户，缩小大城市与中小城镇的差距。整体来看，日本的城市和乡村的经济和生活水平差距不大，城乡融合发展程度较高。

明治维新（1868 年）后，日本以追赶西方发达国家为目标，开启了工业化进程，随之城乡差距开始增大。第二次世界大战后，20 世纪 50 年代中期，日本经济开始复兴，工业化和城镇化快速发展的同时，乡村相对趋于衰落，城乡差距

---

① 以农场为主投资经营的生物发电厂（政府设有专项的补贴），可以产生一定的正外部性，通过供应沼气、暖气、热水等不同能源形态来满足周边民众的需求。在获得更大收益的同时，还可以使周围社区可以不依赖市政能源供应，而获得更加廉价的能源。

② 朱鹏华：《中国新型城镇化道路》，经济科学出版社 2017 年版，第 26 页。

持续扩大。1961 年，日本政府制定了《农业基本法》，把缩减工农城乡收入差距列为基本法的目标之一。1967 年，日本政府又制订了《经济社会发展计划》，出台了解决产业均衡发展、区域均衡发展、缩小城乡差距等问题，实现城乡融合发展的系列措施。综合来看，日本推进城乡融合发展的实践主要包括以下五个方面。

一是市町村合并与土地整理运动。日本自开启工业化以来，政府始终以公共设施的使用效率为导向，多次推行市町村合并。比如，1953 年日本制定了《町村合并促进法》，以设立初级中学所需人口的规模作为町村的人口规模标准进行合并。市町村合并有效解决了因城镇化人口变少，而使得公共设施配置不足等问题，极大地提升了乡村治理水平。为此，1965 年日本政府又出台了《市町村合并特别法例》。在市町村合并的同时，推进土地整理运动，解决土地细碎化问题，极大提高了农业劳动生产率和农民收入。目前，日本农地面积约 445 万公顷，每个农业劳动力约 2.5 公顷[①]。

二是推动乡村二三产业的发展。20 世纪 60 年代以来，为缩小城乡差距，带动乡村发展，日本政府通过法律和政策等手段[②]，促使工业由大城市向地方中小城市和乡村转移，这推动了农村工商业的发展，有力地提升了农村居民收入水平。在相关政策的推动下，农村地区涌现了许多大企业，这些企业多是劳动密集型产业，它们为吸纳农村劳动力提供了巨大的空间。随着农村地区工厂的增多，农民能够在农忙时耕作，农闲时做工，从而形成了大规模兼业队伍。兼业逐渐成为农户最大的收入来源，一般地，兼业收入约占农户总收入的 80%[③]。为了在乡村融合一二三产业，日本政府主导开展了"一村一品"运动，立足乡村自身优势和特色，提高农产品自身特色、地域特色、加工传统等附加值来提升农村整体经济效益，培育地方"精品"，强化乡村的造血功能。

三是建立完善的法律体系。20 世纪 60 年代以来，在工业化和城镇化的同时，日本政府十分注重通过法律手段促进城乡融合发展。例如，针对农业发展出台相关立法。1961 年制定了《农业基本法》，以扩大农业规模、提高农业劳动者的收入和生活水准。1967 年出台了"结构政策的基本方针"。1968 年创设了"综合资金制度"。1969 年颁布了《农振法》。1970 年再次修改了《农地法》和《农协

---

① 叶兴庆、金三林、韩杨：《走城乡融合发展之路》，中国发展出版社 2019 年版，第 261 页。

② 比如，1969 年出台的《新全国综合开发计划》、1971 年颁布的《农村地区引进工业促进法》和 1972 年颁布的《工业重新配制促进法》等。

③ 刘震：《城乡统筹视角下的乡村振兴路径分析——基于日本乡村建设的实践及其经验》，载于《人民论坛·学术前沿》2018 年第 12 期。

法》，设立了农民养老金制度。为解决农民就业问题，1971 年的《农村地区引入工业促进法》鼓励城市工业向农村转移，为农民提供"兼业"机会。1975 年的《关于农业振兴区域条件整备问题的法律》，解决了以土地买卖和土地租借为主要形式的土地流转问题。1984 年修改了《农振法》和《土地改良法》，加强农村地域环境建设。1987 年的《村落地域建设法》，规范了农村村落及其周边地域土地利用秩序，促进了村落建设。《孤岛振兴法》《山区振兴法》《过疏地域对策特别措施法》等针对特定地区（即经济贫困地区）的制度，推动了地区平衡协调发展。

四是公共基础设施和公共服务城乡一体化。一方面，除稳定的补贴和贷款外，日本政府还经常追加涉农预算，通过加大财政转移支付力度等手段，大力支持农村基础设施建设、运营和维护，为农业生产率的提高和农村生活水平的提升发挥了重要作用；另一方面，推进教育、医疗卫生、社会保障等公共服务城乡一体化。与德国类似，日本十分重视发展职业教育，特别是在乡村地区建立起完备的职业教育体系。高质量的教育成为了农业、工业和服务业产业效率提高的共同前提，也促进了农业转移人口的顺利市民化。在基本公共服务一体化的背景下，城乡居民的双向流动不断增强，城乡治理基本实现一体化，城乡界限变得越来模糊。

五是综合型农民合作组织。日本的农民合作组织（农业协同组合，简称"农协"）包括三层体系（村级—县级—中央），其经营活动带有很强的政策性，是政府农业农村政策的具体实施者，具有了综合性和高组织化的特点。一方面，政府通过法律禁止私有资本进入农地交易，建立了包括加工、运输、销售、金融、保险、房地产等在内的综合性农协；另一方面，三级的农协组织体系，依托政府扶持政策自上而下推动，保障了规模经营，也确保了政府对农协指导、监督和矫正的有效性。农协有效地解决了小农户与大市场之间的矛盾，将农村经济领域的绝大部分资本化的利益都控制在合作组织中，农民享有了农产品的全部利润，确保了小农户的经济收益。同时，农协和生协（消费生活协同组合）紧密合作，最大限度地提高了成员的福利（朱鹏华等，2019）。日本农协为农业发展，农村建设和农民增收发挥了十分重要的作用，是城乡融合发展的关键因素之一。

五、城乡融合发展的国际经验和教训

从世界经济史来看，在工业化和城镇化的进程中如何科学地应对乡村发展危机，实现城乡融合发展，是世界大多数发达国家曾经经历的难题。通过对典型国家城乡融合发展实践的分析（见表3－1），本书认为其中的一些经验和教训对我国新时代城乡融合发展具有重要的现实意义。

表3－1　　　　　　　　　　　　典型国家城乡融合发展的实践

国家	核心理念	主要措施
英国	田园城市理念引导下的城乡统筹	注重城乡规划一体化，倡导城乡生产和生活方式相互融合；通过法律强化乡村的发展权，大力发展乡村二三产业；支持小镇建设，推进城乡公共基础设施和公共服务一体化
美国	自由市场经济基础上的政府引导	重视法治体系建设，保障城乡一体化发展；构建多层次的城镇体系，强化小城镇的纽带作用；淡化城乡社区的差异，提升美国公民意识
德国	城乡等值化目标下的政府主导	开展土地整理、村庄更新，推动乡村发展；明确城乡规划一体化，推动城镇均衡分布，城市辐射带动乡村；建立起系统的城乡融合制度和政策体系以及完善的金融支持体系
日本	均衡城乡资源前提下的农民组织化	开展市町村合并、土地整理，提高乡村治理水平；推动工商业向农村扩散，鼓励农户兼业，提高农民收入；支持发展农民合作组织，破解小农户与大市场间的矛盾

资料来源：笔者根据相关资料总结整理。

（一）工业化和城镇化是城乡融合的基础

发达国家虽然已经完成了工业化，但工业化并没有停止，而是向着更高端的方向发展。工业化是城镇化的基础，工业化的不断推进使得城市经济密度不断增大，进而城镇化持续发展。从图3－1和表3－2可以看出，虽然英国在20世纪60年代和80年代有两次小幅度的逆城镇化过程，德国在20世纪80年代也有短暂的逆城镇化过程，典型国家的城镇化率整体上仍在上升。因此，工业化和城镇化始终是城乡关系演进的基础。发达国家的城镇化仍然没有止步，是因为产业的创新发展和产业结构的持续调整，特别是现代服务业的兴起，为提高城市的经济密度又增添了新的动力。事实上，城乡融合发展是城市和乡村双向的互动过程，城市的发展和进步，提高了城市吸引力的同时，也为乡村的现代化奠定了基础。典型国家的实践证明，城乡融合发展并非停止城市的发展来实现乡村的发展，而是在城市发展的同时加快乡村振兴。

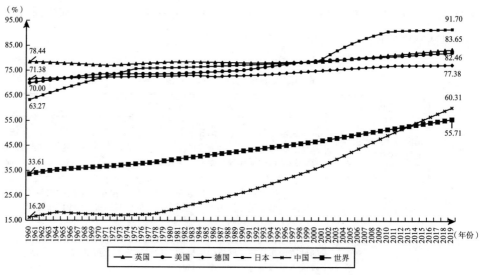

图 3 - 1　1960～2019 年典型国家和世界城镇化率

资料来源：世界银行网站，https：//data. worldbank. org. cn/indicator。

表 3 - 2　　　　　　　　　1960～2019 年典型国家和世界城镇化率　　　　　　　单位：%

年份	英国	美国	德国	日本	中国	世界
1960	78. 44	70. 00	71. 38	63. 27	16. 20	33. 61
1961	78. 37	70. 38	71. 70	64. 21	16. 71	34. 12
1962	78. 24	70. 76	71. 76	65. 14	17. 23	34. 57
1963	78. 10	71. 13	71. 83	66. 06	17. 76	34. 95
1964	77. 96	71. 51	71. 89	66. 97	18. 30	35. 35
1965	77. 82	71. 88	71. 96	67. 87	18. 09	35. 57
1966	77. 68	72. 25	72. 02	68. 70	17. 92	35. 76
1967	77. 54	72. 61	72. 08	69. 52	17. 79	35. 97
1968	77. 40	72. 97	72. 15	70. 32	17. 66	36. 17
1969	77. 26	73. 33	72. 21	71. 10	17. 53	36. 37
1970	77. 12	73. 60	72. 27	71. 88	17. 40	36. 56
1971	77. 03	73. 61	72. 33	72. 67	17. 29	36. 75
1972	77. 20	73. 62	72. 39	73. 45	17. 18	36. 96
1973	77. 36	73. 63	72. 45	74. 22	17. 18	37. 19

续表

年份	英国	美国	德国	日本	中国	世界
1974	77.52	73.64	72.50	74.98	17.29	37.46
1975	77.68	73.65	72.56	75.72	17.40	37.69
1976	77.84	73.66	72.62	75.94	17.46	37.94
1977	78.01	73.67	72.67	76.00	17.52	38.20
1978	78.16	73.68	72.73	76.06	17.90	38.53
1979	78.32	73.69	72.79	76.12	18.62	38.94
1980	78.48	73.74	72.84	76.18	19.36	39.35
1981	78.59	73.89	72.99	76.27	20.12	39.77
1982	78.54	74.04	73.11	76.38	20.90	40.15
1983	78.49	74.19	73.10	76.49	21.55	40.50
1984	78.44	74.34	72.94	76.60	22.20	40.86
1985	78.39	74.49	72.71	76.71	22.87	41.22
1986	78.34	74.64	72.62	76.84	23.56	41.58
1987	78.29	74.79	72.84	76.96	24.26	41.95
1988	78.24	74.94	73.00	77.09	24.97	42.31
1989	78.19	75.09	72.98	77.21	25.70	42.67
1990	78.14	75.30	73.12	77.34	26.44	43.03
1991	78.11	75.70	73.27	77.47	27.31	43.40
1992	78.17	76.10	73.36	77.61	28.20	43.74
1993	78.23	76.49	73.50	77.75	29.10	44.10
1994	78.29	76.88	73.71	77.88	30.02	44.47
1995	78.35	77.26	73.92	78.02	30.96	44.84
1996	78.41	77.64	74.13	78.15	31.92	45.20
1997	78.47	78.01	74.34	78.27	32.88	45.57
1998	78.53	78.38	74.55	78.40	33.87	45.94
1999	78.59	78.74	74.76	78.52	34.87	46.31
2000	78.65	79.06	74.97	78.65	35.88	46.69
2001	78.75	79.23	75.17	79.99	37.09	47.14

年份	英国	美国	德国	日本	中国	世界
2002	79.05	79.41	75.37	81.65	38.43	47.64
2003	79.34	79.58	75.58	83.20	39.78	48.14
2004	79.63	79.76	75.78	84.64	41.14	48.64
2005	79.92	79.93	75.98	85.98	42.52	49.15
2006	80.20	80.10	76.18	87.12	43.87	49.65
2007	80.48	80.27	76.38	88.15	45.20	50.14
2008	80.76	80.44	76.58	89.10	46.54	50.65
2009	81.03	80.61	76.77	89.99	47.88	51.15
2010	81.30	80.77	76.97	90.81	49.23	51.65
2011	81.57	80.94	77.16	91.07	50.51	52.10
2012	81.84	81.12	77.17	91.15	51.77	52.56
2013	82.10	81.30	77.18	91.23	53.01	53.01
2014	82.37	81.48	77.19	91.30	54.26	53.46
2015	82.63	81.67	77.20	91.38	55.50	53.91
2016	82.89	81.86	77.22	91.46	56.74	54.37
2017	83.14	82.06	77.26	91.54	57.96	54.82
2018	83.40	82.26	77.31	91.62	59.15	55.27
2019	83.65	82.46	77.38	91.70	60.31	55.71

资料来源：世界银行网站，https：//data. worldbank. org. cn/indicator。

（二）城乡融合是政府和市场共同作用的结果

从典型国家城乡关系演变的历程来看，工业化的初期，在市场机制的主导下城乡对立、乡村凋敝，城市病和乡村病同时出现。随着政府调节力量的进入，城乡关系趋于缓和。即便是崇尚自由市场经济的英美等国也十分注重政府的作用。事实证明，城乡关系发展好的国家都是既发挥了市场机制的作用，同时又发挥了政府的治理作用。政府通过基于市场的法律、制度和政策，加强城市科学规划，加快公共基础设施建设，健全社会保障体系，保护城市生态环境，较好地解决了市场机制带来的不足，引导城乡关系向着融合发展的方向演进。

　　政府通过制定并完善相关法律，是推动城乡融合发展的主要途径。法律作为一种正式的社会制度，可以极大地降低交易成本，减少城乡之间争夺资源而造成的不确定性。从国际经验来看，法律和制度确保了"以工补农、以城带乡"，这不仅提高了农民收入，而且确保了农业农村发展要素的持续投入。典型国家十分注重对城乡关系发展立法，让城乡融合在相关法律制度的保障和助推下持续快速发展。比如，德国的《联邦空间规划法》《联邦建筑法典》《联邦土地利用条例》《城市更新与发展法》以及地方性的法律、法规和非正式的规划条例等，为城乡土地的规划和重新调整分配提供了法律依据，有效推动了土地整理、城市和乡村更新的顺利实施。

（三）"人"是城乡融合的核心和主导

　　城乡关系的演变过程中，乡村因其综合实力比城市弱往往仅处于资源的输出方，城市工商资本的进入会带来大量的资源消耗和生态环境破坏。从典型国家城乡融合发展的实践经验来看，城乡融合发展的前提是城乡关系由"乡村服务城市"转向"城乡互助，以城带乡"。城乡相互尊重、合作共赢，是乡村振兴、城乡融合的基础。在城乡融合发展的过程中，要充分发挥城乡居民的自主性和积极性，这样才能使得相关的政策符合实际，从而避免了"一刀切"的问题。缩小城乡收入差距意味着要提升农民收入，重点是要提升农民自身能力，而教育是提升农民自身能力的关键。

　　从发达国家的城乡关系演变历程来看，农民的组织化与城乡融合发展高度一致。不论是规模化的美洲、大洋洲和欧洲，还是小型农户经营为主的东亚地区，提高农民的组织化程度，都是推动农业农村现代化的重要方式，也是实现城乡融合发展的经验之一。在市场经济体制下，只有提高农民的组织化程度，将农民和农业在生产经营的层面整合起来，才能实现规模经济，提高农民的市场竞争力，为农业现代化奠定基础。同时，农民组织化在发展农业和提高农民收入的基础上，为农村发展提供了经济基础和组织保障。世界各国的农民组织化的实践表明，农民合作组织是分散经营的农户进入市场、获得规模收益、提高自身经济地位的有效途径，是农民组织化的关键载体。

（四）重视小城镇的建设

　　均衡的区域发展是城乡融合的关键之一，典型国家的实践经验表明，区域一体化、优化城镇体系和城乡空间布局本身就是城镇化和城乡融合发展的重要内容。让小镇不再"荒芜"，让大城不再"虚胖"，是推进城乡融合发展的基本经验。比如在德国，均衡的区域发展带来了产业的均衡分布，让小城镇有了稳固的产业支撑。此外，德国的小城镇发展还特别注重特色培育和技术革新，形成了既均衡发展又各有千秋的城镇产业。当前，我国小城镇发展普遍面临着产业特色不突出、产业关联度低及产业科技含量低等问题，这大大影响了小城镇的健康发展。因此，如何借助其他国家的经验，把我国过度集中在大中城市的资源往乡村小镇与农村迁移，是未来城乡融合的着力点与关键点。

从各国的城乡融合发展实践来看，没有完全相同的融合发展之路，即便在同一个国家，城乡融合的进程也不可能完全一致。比如，美国的城镇化是从东北部到中西部，再到西部和南部逐渐扩散展开的，同样城乡关系的演进也遵循了这一地理路径。在城融合发展中，让基础条件好的地区率先发展，并在各个区域间梯度转移，逐渐展开，是很多国家城乡融合发展的重要特征。但从整体来看，以都市圈或城市群为主导，以中小城镇建设为重点，构建多层次的城镇体系，实现城镇的均衡发展和城乡融合发展，是世界各国共同的目标。

（五）推进乡村一二三产业融合发展

提高乡村的经济实力和农民的收入，是城乡融合发展的基础和前提。典型国家城乡融合的经验表明，将工商业引入乡村与农业融合发展是缩小城乡收入差距的关键。在政府的推动下，积极培育乡村特色加工业、家庭手工业、旅游相关产业等特色产业。要构建一二三产业融合机制，延长农业产业链条，实现价值增值。一方面，立足乡村自身资源，实现农业和加工业的连接，发展农产品加工业，在此基础上实现加工业与服务业的连接，把农产品从加工品变为与乡村观光旅游休闲产业相关的文化、生态产品。另一方面，实现从经营产品的单一价值到经营环境、文化等多元价值的增值，进而吸引城市资源向乡村回流。农村一二三产业融合发展，还也可以使更多的农民从农业生产中解放出来，转向农村其他产业，促进农民在本地兼业，提高农民收入。

（六）城乡融合发展始终在路上

近年来，由于人口老龄化和乡村公共服务规模不经济，许多发达国家的城乡关系又出现了新的挑战。"乡村再振兴"或者"城乡再融合"的需求始终没有过时，也始终在路上。例如，2014年德国联邦农业与食品部提出了新的乡村发展计划，其目标就是继续支持农村创新发展，让农村持续成为有吸引力、生活宜居、充满活力的地区。再比如，日本当前也面临着农业就业人口减少、老龄化和后继无人、农地抛荒等问题。

从城乡关系演进的国际经验来看，城乡融合发展是一个动态过程，而非一个固定的结果。相比较发展中国家而言，发达国家的城乡融合发展水平普遍较高，但发达国家的城乡融合发展仍然在路上。比如，德国国际建筑展（International Bauausstellung，IBA）提出了"未来城市化乡村"的概念（项目）①，针对的就是当前德国城乡关系所面临的问题，为新的城乡融合的社会发展机制提供可能（玛塔·岛尔－巴扎地等，2020）。通过 IBA 图林根典型项目（见表 3-3），我们不难看出德国图林根州城乡融合发展的具体实践，其中包括村落更新与发展、乡村基础设施建、乡村旅游服务设施等，这些都是推进城乡融合发展的物质载体。

表 3-3　　　　　官方选出的 11 个正在建设中的 IBA 图林根重点项目

项目名称	项目性质	项目内容	融资来源
图林根海	旅游产业	新建旅游服务区与建设项目	社会资金 + 政府投资
阿波尔达艾曼大楼	企业总部大楼	空置建筑改造，功能置换，吸引投资入驻	社会资金
拜登居住区建设	住宅合作社项目	改造旧居住房为社区合作模式的居住区建设	社会资金
北豪森交通系统概念	区域交通系统建设	建设乡村交通枢纽，作为通勤区域的交通节点	政府投资
后巴赫村基础设施建设	乡村基础设施建设	乡村道路与基础设施改造	政府投资
老村教堂改造	教堂建筑改造	改造空置交通，变换功能，提供乡村公共文化活动空间	社会资金
施瓦茨堡修复	古建筑维护与旅游产业复兴	修复古城堡的建筑及其周边的环境，营造区域旅游中心点	政府投资
施瓦茨流域夏日清凉节	旅游文化节日组织策略	举办节日，整合区域内的旅游文化资源	社会资金
包豪斯 100 年	著名高校校庆文化	包豪斯大学 100 周年校庆活动的相关建设项目带动区域复兴	政府投资 + 高校资金

---

①　IBA 对不同的发展问题都提出具体的策略。例如，针对人口萎缩带来的图林根乡村发展问题，IBA 制定了经济方面和空间规划方面的策略和措施。

项目名称	项目性质	项目内容	融资来源
城镇小学建设	乡村教育基础设施	乡村小学与教育设施建设	政府投资
1 500 平方公里农田开发	农业开发项目	大规模的农业生产用地开发,与私营农场企业联合的农业规划与开发	私人企业投资

资料来源:https://www.iba-thueringen.de/projekte/liste/。

(七) 制度的"平等"与现实的公平

借鉴发达国家城乡融合发展经验的同时,更要吸取他们的教训,这是走中国特色社会主义城乡融合发展之路的必然要求。发达国家城乡融合发展虽然走在我们的前面,形成了完善的处理城乡关系问题的法律和制度体系。但是仍有很多现实问题,这些不合意的现象映射出的是一个国家基本经济制度的本质。比如,前文提及的英国、德国、日本等国家所遇到的新挑战,包括粮食安全、乡村人口衰减、经济活力下降等问题,以及城乡应对公共突发事件的组织协调问题[1]。再比如,美国存在城乡数字鸿沟。美国乡村与城市从外观看往往没有太大差别,但在通信、宽带和科技上,美国城乡却存在着巨大数字鸿沟。目前,美国不少乡村到现在还没用上 4G,有 2 200 万农村人口至今没有用上宽带网络,还有 22% 的农村成年人从来不上网[2]。

第二节 新中国城乡关系演进的历程

城乡关系首先是一个历史范畴,阶段性是研究城乡关系演进规律的重要维度,不同的经济社会发展阶段,城乡关系的演进规律也不尽相同。新中国成立以来,随着社会主义经济建设和改革的推进,我国的城乡关系在曲折中不断发展。城镇化率从 1949 年的 10.64% 增至 2020 年的 63.89%,相应的城镇常住人口从 5 765 万人增至 90 220 万人,有超过 7.3 亿农村人口转移到城镇[3]。从新中国 70

---

① 2020 年新冠肺炎疫情充分暴露了发达国家城乡应对公共突发事件能力的不足,相关治理机制严重跟不上需要。比如,在美国乡郊地区的疫情虽然传播较慢(主要是居民较分散),但也更加持久(乡郊地区医疗资源不足,且因贫富差距分配不均衡)。

② 李峥:《美国城乡数字鸿沟正进一步加剧》,载于《环球时报》2019 年 12 月 18 日。

③ 国家统计局年度数据库,http://data.stats.gov.cn/easyquery.htm?cn=C01,经笔者计算。

多年社会主义革命、建设和改革的实践历程，并结合城乡居民消费水平①和城镇化水平来看，我国城乡关系演进可分为改革开放前后两大时期以及 4 个阶段（见图 3 - 2）：改革开放前由兼顾型向整体型城乡关系演进阶段（1949~1978 年），改革开放之初由整体型向分化型城乡关系演进阶段（1979~1992 年），社会主义市场经济初期由分化型向统筹型城乡关系演进阶段（1993~2012 年），中国特色社会主义新时代由统筹型向融合型城乡关系演进阶段（2013 年至今）。这种连续的阶段性演进反映了我国城乡发展的基本脉络，即从社会主义计划经济向市场经济转变，从经济领域向经济、政治、文化、社会和生态等全方位的渐进式改革。

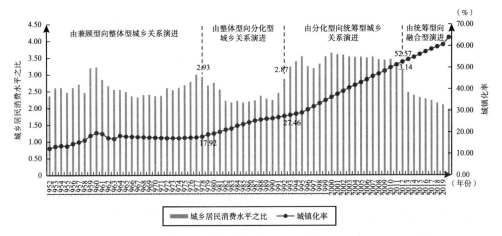

图 3 - 2　中国城镇化率和城乡居民消费水平之比（1952~2020 年）

资料来源：笔者根据国家统计局年度数据库数据绘制，http：//data. stats. gov. cn/easyquery. htm？cn = C01。

近年来，新中国城乡关系发展史成为国内理论界研究的热点话题，涌现了海量的研究成果。从研究动态来看，学术界从不同视角对新中国城乡关系的发展史进行了卓有成效的研究。厉以宁（2009）、白永秀（2012）、金三林等（2019）、

①　本书选用了城乡居民消费水平，而不是城乡居民收入水平，主要有两个方面的原因：一是改革开放前城乡居民收入水平没有权威的官方数据，且收入水平和消费水平具有极其显著的一致性，其中 1978~2020 年我国城乡居民收入水平之比与消费水平之比之差的方差仅为 0.27；二是相比城乡居民收入水平，消费水平既能反映城乡的经济发展差距，也能反映城乡居民的生活消费差距。因此，城乡居民消费水平能更好地反映城乡居民的福利差异，是衡量城乡经济差距的更理想的代理变量。参见林毅夫、陈斌开：《重工业优先发展战略与城乡消费不平等——来自中国的证据》，载于《浙江社会科学》2009 年第 4 期；徐振宇、郭志超、荆林波：《中国城乡消费差距的转折点——引入滚动虚拟变量的分段定量检测》，载于《经济学动态》2014 年第 6 期。

蔡禾（2021）重点从城乡二元经济或社会结构的角度，通过结构功能分析阐释新中国城乡关系形成和演变的原因，并强调突破二元体制是我国城乡发展的必然趋势，加快乡村经济社会发展是消除二元结构实现城乡融合发展的基础；武力（2008）、居占杰（2011）、陈明星等（2021）、杜志雄和肖卫东（2021）从经济史的角度对新中国城乡关系历次转变的原因和阶段性特征进行了分析，并认为我国经济发展方式的转变推动了城乡关系的演变，从"单向流动"转向"双向互动"，从"城市偏向"向"城乡一体化"，其中党的经济发展理念或战略起到了十分关键的作用；韩俊（2009）、吴丰华和韩文龙（2018）、张海鹏（2019）、刘俊杰（2020）、孔祥智（2021）从经济体制的角度，分析了改革开放前后城乡关系演变的特征，并强调国家推动经济体制的变革是城乡关系发展的决定性力量，新型城乡关系的建立依赖于社会主义市场化改革推动下新体制机制的形成；谢志强和姜典航（2011）、折晓叶和艾云（2014）、张正河和刘亚文（2018）、邢祖礼等（2019）、年猛（2020）从国家政策和治理的角度，对新中国城乡关系演变的历程、特点和启示进行了总结，并强调国家政策取向是城乡关系演变的重要因素，制度性障碍是影响城乡关系发展的关键，同时制度创新和治理效能提升是推动城乡关系发展的保障；高帆（2019）、刘明辉和卢飞（2019）、张文斌等（2021）从城乡经济关系测度、城乡治理变革的角度，阐述了新中国城乡经济关系演变的"特征事实"，并认为改革开放后经济体制转型、城乡治理方式转变和城乡要素的加速流动推动了城乡关系从割裂到融合的发展；张晓山（2014）、赵民等（2016）、岳文泽等（2021）从剖析典型地区城乡关系发展的视角，阐释了我国城乡关系演进的地区差异性和阶段性，并强调要因时因地推进城乡关系的发展。

综合来看，学术界已对我国城乡关系的二元性、体制性、阶段性、多样性等方面进行了较深入的研究，对未来城乡融合发展的趋势也形成了基本共识，但仍存在许多诸多不足之处。一是侧重于城乡差距与问题的分析，对新中国城乡关系演进的成就和经验总结提炼不够。新中国城乡关系的问题不容忽视，但是在经济快速发展的同时，城乡关系也在持续发展和进步这也不容忽视，总结经验和分析问题对于未来我国城乡关系的发展同等重要。不能客观分析新中国70多年城乡关系发展的成就和经验，提炼我国城乡关系演进的规律，构建中国城乡关系发展的系统化经济学说更是无从谈起。二是对新中国城乡关系问题和矛盾的分析不够客观和严肃。新中国的成立改变了社会性质，改革开放改变了发展模式，但都不能立即改变我国经济发展的基础。一方面，绝大部分学者批判我国城乡关系问题的同时，并没有考虑到新中国是在十分贫穷落后的基础上开展社会主义经济建设这一初始条件；另一方面，很多学者在探析改革开放后城乡关系发展的同时，忽视了改革开放前所积累的物质基础、制度条件和正反两方面经验。马克思曾指出，"人们自己创造自己的历史，但是他们并不是随心所欲地创造，并不是在他们自己选定的条件下创造，而是在直接碰到的、既定的、从过去承继下来的条件下创造"①。城乡关系是一个具有鲜明整体性特征的问题，对其分析必须要有系统性思维，将其置于治国理政的大棋局中加以定位和阐述，进而从客观的整体环境中探析其演进的逻辑和规律。三是侧重于经典理论的"引用"，对中国特色社会主义城乡关系理论的研究不足。改革开放以来，国内学者对城乡关系的研究大多沿用了城乡二元经济结构理论的范式。一方面，绝大多数的研究热衷于运用"城市偏向"相关理论解读我国城乡关系的问题，运用市场化的"城乡互动、协同或融合"相关理论展望我国未来的城乡关系蓝图，没有构建中国特色社会主义城乡关系理论的理论觉醒和行动自觉；另一方面，很多研究仅仅用各种经济学研究工具分析我国城乡关系演变的各种数据和表象，而忽视其背后的原因和规律的探究。由此可见，客观、科学、系统地总结和分析新中国城乡关系发展的实践经验，进而构建中国特色的城乡关系理论显得尤为重要且十分迫切。

一、改革开放前：由兼顾型向整体型城乡关系演进阶段（1949～1978年）

旧中国的城乡关系处于严重的对立状态，政治上城市压迫乡村，经济上城乡发展极端不平衡。中国共产党利用这种城乡关系，成功走出了一条农村包围城市最终解放全中国的革命道路（武力，2008）。新中国的成立标志着城乡关系进入了一个崭新的发展时代，在工业化战略的主导下，建立社会主义基本经济制度，推动着城乡关系由兼顾型向整体型演进。

（一）经济形态：社会主义计划经济形态确立

新中国成立之初，三年（1949～1952年）的国民经济恢复期后，面对复杂的国际国内形势，增强国家的整体性力量加速推进工业化，以实现富国强兵成为历史的必然选择（孙立平等，1994）。因此，中国共产党领导下的新民主主义经济形态必然向社会主义经济形态转化，其中，建立社会主义基本经济制度成为最深刻的社会变革和最基本的发展前提。1953～1956年我国通过对农业、手工业和

---

① 《马克思恩格斯选集》（第1卷），人民出版社2012年版，第669页。

资本主义工商业的社会主义改造，到 1957 年城市和乡村基本上实现了生产资料公有制、按劳分配和计划经济体制。在城市建立了单位制，将市民附着在各机关企事业单位，市民的生活资料供应、就业、教育、医疗和养老等均由政府及所归属的单位"包办"；在农村建立起了人民公社制度，将所有农民纳入人民公社进行生产劳动，农村居民通过农地进行集体保障。这种经济制度突出国家整体性，区域、城乡格局遵循全国一盘棋，城乡经济资源统一按计划配置，个人、家庭和集体对国家（政府）具有无限的依附性。在流通领域国家实行统购统销制度，农产品的收购、工业品的供应、城乡间生产要素的配置等，都由政府统一按计划调配。因此，社会主义计划经济形态下，城乡关系也是在城市的全民所有制和农村的集体所有制的基础上按照整体的计划发展。

（二）工农关系：农业支持工业化

改革开放前，我国城乡关系的演进的主线是社会主义计划经济下的工业化，这是客观条件所决定的社会主义建设路径选择的结果。在国家战略层面，中国共产党认为只有加快工业化才能从根本上解决中国的落后问题，也才能最终解决"三农"问题。新中国的工业基础极端薄弱，国际环境又异常严峻，转移农业积累支持工业化成为必然选择，因此有计划地统购统销成为城乡经济要素流动的主要渠道。在这种体制下，改革开放前政府通过工农业产品价格"剪刀差"的方式从农业向工业转移经济剩余 6 000 亿~8 000 亿元[1]。1952~1978 年农业增加值由 342.9 亿元增至 1 018.5 亿元，增加了 1.97 倍；工业增加值由 141.1 亿元增至 1 755.2 亿元，增加了 11.44 倍。以工业化为主导，新中国用 20 多年的时间建立起相对完整的、独立的工业体系和国民经济体系，为改革开放打下了坚实的工业基础特别是重工业基础[2]。

（三）城乡关系：整体型城乡关系形成

新中国成立后，中国共产党领导下完成了城市和乡村社会的全面改造，消灭了城乡对立，确立了城乡兼顾、工农互助、共同发展的基本目标[3]。国民经济恢复期，城乡之间要素自由流动、流通频繁，城乡关系得到大幅度的改善。随后，

---

① 韩俊：《中国城乡关系演变 60 年：回顾与展望》，载于《改革》2009 年第 11 期，第 5~14 页。

② 黄慧群：《新中国 70 年工业化进程的历史性成就与经验》，载于《光明日报》2019 年 7 月 9 日。

③ 《毛泽东选集》第 4 卷，人民出版社 1991 年版，第 1427 页；《周恩来选集》下卷，人民出版社 1984 年版，第 8~10 页。

按照毛泽东提出的过渡时期的总路线，"城乡互助"被确立为城乡关系的基本纲领（曹平揆，1957）。1953年我国人口约5.88亿，其中乡村人口约为5.10亿，农村人多地少、劳动力过剩是基本国情。这使得，一方面，农产品的商品率相对较低，国家不得不采用统购统销的政策，将农业积累也转化为工业投资，以保障工业化的需要；另一方面，乡村对替代劳动力的农机需求并不强烈。同时，我国学习苏联以重工业化为主要战略，轻工业辅助重工业的发展，这种工业产品结构使得工业化吸纳农村劳动力的能力有限，城镇化发展缓慢，这进一步削弱了城乡间的经济联系（邱国盛，2012）。为解决城市社会主义工业化（计划）与农村分散小农经济（市场）的矛盾，1953～1956年我国通过社会主义改造建立起"公有制＋计划经济体制＋按劳分配"的社会主义基本经济制度。在此背景下，1956年12月国务院发布《关于防止农村人口盲目外流的指示》①，随后，1958年1月全国人民代表大会常务委员会第91次会议正式通过《中华人民共和国户口登记条例》，这标志着我国城乡二元户籍制度的建立，同时也形成了由国家支配的整体型的城乡关系。城镇化与工业化脱节，城乡人口迁移自由被户籍制度、票证制度、就业制度等阻隔，城镇化近乎停滞（见图3-2）。1952～1978年我国城乡居民消费水平之比平均为2.62:1，低于改革开放后1979～2019年的2.97:1，城乡居民之间收入差距处于限定的区间内。这种在计划经济体制下形成的整体型城乡关系，虽然以牺牲"三农"为代价，但实现了国家整体实力的大幅提升。城乡之间制度性"隔离"是为了我国整体利益和未来城乡融合的战术选择。事实上在整体型城乡关系中，城乡兼顾、工农互助并没有被放弃，改革开放前我国农村在农田水利、劳动生产率、文教卫生和社会保障等方面都取得了重大成绩②，这些成绩也足以说明，体制上城乡隔离与发展上城乡兼顾是并存的。事实证明，改革开放前在国家整体利益的驱动下，我国城乡矛盾始终维持在可控范围内，城乡关系处于良好的范畴内（郭星华和刘朔，2019）。

---

①　接着，1957年中共中央和国务院又发布了3个补充性质的文件限制农民入城。

②　例如，到1977年全国建成水库8.1万座，塘坝710万处，灌溉面积增加到7.2亿亩，农村用电增加到248亿度。粮食单产和农林牧渔总产值分别从1949年的1 029.33公斤/公顷和326亿元，增加到1978年的2 527.3公斤/公顷和1 397亿元。1949～1978年全国幼儿园、小学、初中、高中学校数量年均分别增长16.8%、13.2%、14.1%、12.5%，普通高中毕业生数、每10万人口小学平均在校生数分别从6.1万人和4 503人，增加到682.7万人和15 190人。参见张雨林：《我国城乡关系的历史考察》（上），载于《中国农村经济》1989年第9期；于鸿君：《两种体制、两个奇迹与"两个时期互不否定"》，载于《北京大学学报（哲学社会科学版）》2021年第1期；国家统计局年度数据库。

二、改革开放之初：由整体型向分化型城乡关系演进阶段（1979～1992 年）

1978 年十一届三中全会后，我国城乡关系进入了一个新的历史变革期，市场力量的进入逐渐变革了整体型的状态，推动着向分化型城乡关系转变。在解放思想、实事求是思想路线的引领下，农村改革（1978～1984 年）和城市改革（1985～1992 年）先后主导了城乡关系的演进。

（一）整体分化的基础：农村改革

我国的城乡关系改革从农村开启，家庭联产承包责任制解放了农村生产力，推动了人民公社体制（1983）和统购统销政策（1985）的终结[1]，最重要的是解放了农民。随着农户私有的生产资料逐渐增多、农村各种"专业户"的出现和非农经济多种经营的发展，多种经济成分并存发展的格局逐渐形成，这为城乡之间商品经济的发展和市场机制的进入奠定了基础。农村经济体制改革变革了农业集体生产方式和分配模式，城乡集贸市场和长途贩运的开放激活了农村商品经济，使农民获得了生产、分配、交换和消费的自由。一方面，农民可以发挥自身优势，自由选择自己的产业，加速了农村非农产业的发展。特别是乡镇企业（1984年前称为社队企业[2]）的蓬勃发展，打破了"农村—农业，城市—工商业"的传统二元格局，开辟了乡村工业化的新道路[3]。乡镇工商业的发展，吸纳了部分农村剩余劳动力，催生了大量的小城镇[4]，这些小城镇成为联结乡村和城市的纽带，为中国特色的城乡关系奠定了基础。另一方面，粮食增产、农产品价格和市场化比例提高以及农民温饱问题的解决，为农村剩余劳动力向城市工商业转移提供了

---

[1] 1983 年 10 月，中共中央、国务院发布《关于实行政社分开　建立乡政府的通知》，这标志着人民公社体制退出历史。1985 年 3 月，中共中央、国务院发布"中央一号文件"《关于进一步活跃农村经济的十项政策》，提出取消农产品统购派购任务，这标志着统购统销政策的废止。

[2] 1984 年 3 月，中共中央、国务院转发农牧渔业部和部党组《关于开创社队企业新局面的报告》的通知，明确将社队企业改称乡镇企业。

[3] 有些学者将乡镇企业"农村—工业"看作独立的一个经济部门，这样我国国民经济就因乡村工业化成为三元结构的局面。参见吴东伟、冯玉华、贾生华：《我国三元经济结构问题初探》，载于《农业经济问题》1988 年第 5 期；李克强：《论我国经济的三元结构》，载于《中国社会科学》1991 年第 3 期；陈吉元、胡必亮：《中国的三元经济结构与农业剩余劳动力转移》，载于《经济研究》1994 年第 4 期。

[4] 1984 年中央一号文件《国务院关于农民进入集镇落户问题的通知》提出，允许务工、经商、办服务业的农民自带口粮在集镇落户。这一政策推动了小城镇的发展，也开启城乡二元户籍制度的改革。

前提。

（二）整体分化的动力：城市改革

1984 年十二届三中全会后，我国改革的重心由农村转移到城市。农村改革激活了农村生产要素，繁荣了农村经济，为开启城乡关系变革奠定了基础。财税体制是城市改革突破口，由下放财权和财力入手（高培勇，2018），推动着国有企业改革和非公有制经济双轨发展，对已经活跃的农村生产要素产生了巨大的"吸引力"，这为城乡关系整体分化提供了动力。一方面，改革推动着体制内分化，城市中企事业单位的经济职能不断增强，政治职能逐渐弱化，利益也相对独立化，政府与国有企业的关系由整体生存模式分化为独立生存模式（孙立平等，1994）。国有企业从前期的"放权让利"为重点的改革（1978~1984 年）转向"两权分离"为特征转换经营机制的改革，不仅让企业有了自主经营的权利，还解放了国有企业的职工。这也为城市科技、人才和资金向农村流动创造了条件，进一步促进了乡镇企业的繁荣发展。另一方面，改革推动着体制外分化，城市新发展起来的非公有制经济按照市场化的规则开展生产经营，吸引着乡村的要素特别是剩余劳动力向城镇转移，推动着城镇化的发展。

（三）城乡关系：分化型城乡关系持续发展

改革开放前，我国城乡是一个同质化程度强且分化程度低的结构，国家作为宏观整体统一调配资源，城市的单位和乡村的人民公社作为微观整体几乎"包揽一切"，城乡间各类要素无法自主流动，城乡居民身份相对固化。这使得城乡之间经济社会流动性较弱，人口的空间分布和社会位置具有较强的稳定性。改革开放后，我国城乡关系最根本的演变是由整体型转向分化型，这开启了一种全新的城乡关系模式探索。农村经济体制改革快速推动了其经济和社会结构的快速分化，农民的角色随着生产方式的变化发生了多元化的转变；城市经济体制改革在双轨制的推动下，使得民营经济逐渐分化出来并开始大量吸纳就业。城乡旧组织的利益经济化和新出现的各类经济组织，推动着资源配置由单一的行政计划向计划与市场相结合的方式转变。伴随着经济体制改革，政府职能持续转变，法治建设也不断加强，我国城乡关系由整体型向分化型转变。农村和城市的经济体制改革，逐步改变了原有的计划型生产和分配方式，将城乡关系建立在商品经济的基础上，这标志着分化型城乡关系的形成。1979~1992 年城乡居民消费水平之比平均为 2.39∶1，在我国城乡关系演进的四个阶段（1952~2020 年）中最低（见图3-2）。这也证明，改革开放推动我国城乡关系在向着更好的方向转变。随着城乡分化的持续推进，人口和资源开始向着生产力和经济效率高的城市工商业转移，政府顺势而为，放松了对农民进城落户的管制①。1979～1992 年我国城镇化率从 18.96% 增至 27.46%，年均增长约 0.68%。与此同时，城市的科技和文化加快向乡村传播，基于市场的城乡科技文化交流，使得城乡之间的联系日益紧密。城乡之间的二元社会制度开始改变，城镇体系发展趋向合理化，呈现出大、中、小城市和小城镇的协调发展的态势。1978～1992 年我国城市数量从 193 个增加到 517 个，建制镇从 2 176 个增加到 14 539 个，其中小城镇的数量和人口增加速度最快。

三、社会主义市场经济初期：由分化型向统筹型城乡关系演进阶段（1993～2012 年）

1992 年 10 月党的十四大确立社会主义市场经济体制的改革目标，1993 年 11 月党的十四届三中全会通过《中共中央关于建立社会主义市场经济体制若干问题的决定》，城乡关系也随之进入了新的历史发展期。市场机制迅速成为影响城乡发展、构建城乡关系的主导力量，推动着分化型城乡关系继续深入发展。分化型城乡关系格局中，处于弱势地位的乡村日益凋敝，"三农"问题逐渐显现。在此背景下，中国共产党知势而为，逆势而上，推动着我国城乡关系由分化型向统筹型转变。

（一）经济形态：社会主义市场经济的建立和完善

改革开放之后，市场机制的力量激活了城乡经济发展，随着实践的发展和认识的深化，建立社会主义市场经济体制成为我国经济体制改革的必然选择。从理论定位上看，由前期在计划经济基础上引入市场机制，转变为在市场机制的框架内实现计划与市场有机结合。在农村，坚持稳定并不断完善以家庭承包经营为基础、统分结合的双层经营体制，农副产品购销体制也向着市场化方向改革，农产品市场及其网络体系，粮食等大宗农产品期货市场逐步建立起来。乡镇企业在前

---

① 1984 年 10 月，国务院发布《关于农民进入集镇落户问题的通知》，允许农民自理口粮进集镇落户，开启了户籍制度改革。1985 年 7 月，公安部发布《关于城镇暂住人口管理的暂行规定》，支持了城乡人口流动。1985 年 9 月，六届全国人大常委会第十二次会议通过《中华人民共和国居民身份证条例》，为城乡人口自由流动奠定了制度基础。1992 年 8 月，公安部发布《关于实行当地有效城镇居民户口制度的通知》，允许外商亲属、投资办厂人员、被征地的农民以"蓝印户口"形式在城镇入户，标志着户籍制度改革的进一步推进。

期快速发展的基础上，迎来了扩张、改制、转型和分化发展期。2000 年已有超过 95% 的乡镇企业完成改制，并逐步建立起现代企业制度（中国宏观经济研究院产业所课题组，2018）。在城市，国有企业改革继续沿着市场化的方向推进，并确立建立和完善现代企业制度的实践方向。1993 年我国在城市取消了粮食统销制度，逐步实现农产品购销市场化和经营主体多元化，建立起适合我国国情的农产品流通体制机制。总体来看，连接全国城乡的统一开放、竞争有序的市场体系已基本建立起来，市场已经成为推动城乡关系的主要力量。一方面，健全的市场体系已经形成，从商品市场来看，各种专业批发和零售的消费品与生产资料市场迅速在全国兴起；从要素市场来看，人力资源、金融、房地产、技术等要素市场也逐渐发展起来。另一方面，各类商品和要素的全国性流通机制逐步建立起来，维护市场运行的法律制度体系也已基本形成。在由浅入深地推进市场体系改革的同时，宏观调控体系也逐步建立健全，按照社会主义市场经济的要求改革政府机构、转变政府职能，并对投资体制、财税体制、金融体制、进出口体制、外汇管理体制等进行系统性革新。在社会主义市场经济体制下，不断完善的市场机制持续推动着分化型城乡关系的发展，农村和农业的资源快速向经济密度相对较高的城市和工商业转移，"三农"问题逐渐凸显出来。

（二）工农关系：由农业支持工业转向工业反哺农业

改革开放前，在整体型城乡关系中，国家通过农副产品统购统销的形式，使农业直接为工业化提供积累和降低成本。改革开放以来，随着分化型城乡关系的持续发展，农业支持工业化的方式发生了改变。以城镇化为主要形式的城乡间要素单向流动，使得农村剩余劳动力和生产要素（原材料、资金、土地等）转移到城市，成为农业支持工业化的主要方式。这为我国工业化和城镇化提供了强大的动力，推动着国民经济快速增长，特别是制造业实现了跨越式的飞速发展。与此同时，这一时期城乡差距也快速增大。从图 3 - 2 来看，1993～2012 年城乡居民消费水平之比平均为 3.43∶1，在我国城乡关系演进的 4 个阶段中最高，2000 年达到最大值 3.65∶1。这表明分化型的城乡关系虽然能提高经济社会发展效率，但会促使农业和工业发展不平衡，农业发展不充分。在此背景下，中国共产党主动调整工农关系，对"三农"确立"多予少取放活"的方针，逐步建立起强农惠农的制度框架。一方面，国家通过对农民减负和补贴，增加农民收入，支持农业发展。2004 年我国开始实行减征或免征农业税，2005 年 12 月 29 日，第十届全国人大常委会第十九次会议通过《关于废止〈中华人民共和国农业税条例〉的决定》，自 2006 年 1 月 1 日起全面取消农业税。2001 年我国全面实施退耕还林对农民直接补贴的政策，同时针对农村义务教育阶段贫困家庭的"两免一补"也开始实施，这项惠农政策到 2007 年实现了全覆盖。2002 年党的十六大后，我国又陆续出台了以农业"四补贴"（良种补贴、农机具购置补贴、种粮直补和农资综合补贴）为主要内容的农业生产促进补贴政策，并且不断扩大补贴范围和提高补贴标准，2002～2012 年补贴资金规模由 1 亿元提高到 1 653 亿元，累计补贴达 7 631 亿元[1]。另一方面，国家通过推进公共财政逐步覆盖农村，重塑农村公共服务供给体系，为现代农业的发展奠定了基础。党的十六大后，中央加强了对"三农"的投入力度，2003 年总投入为 2 144 亿元，是 1998 年的 2.2 倍（张海鹏，2019）。2011 年中央财政对"三农"的投入首破万亿元，实际投入达 10 408.6 亿元，2003～2011 年均投入增长 21.8%[2]。伴随着国家财政投入"三农"的快速增加，围绕推进城乡基本公共服务均等化，逐步形成公共财政对农村公共服务供给的政策体系。农业综合开发、农村道路、电网、互联网、环境保护等基础设施建设，农村义务教育、职业教育、最低生活保障、新型农村合作医疗、新型农村社会养老保险等民生保障问题，均建立起了相关财政支持保障机制。

（三）城乡关系：统筹型城乡关系形成

在建立社会主义市场经济体制背景下，1994 年我国开始实施分税制财政管理体制，建立中央与地方两个税收体系，实行中央对地方返还和转移支付的税务制度[3]。在此基础上，逐步建立起服务于社会主义市场经济体制完善的公共财政体制。财政体制的改革进一步强化了我国市场化改革，推动着分化型城乡关系的深入发展，且为调整城乡关系、统筹城乡治理奠定了制度基础。分化型城乡关系增强了城乡经济社会的关联度和流动性，城乡生产要素活跃，且加速向经济密度大的城市特别是大城市流动。1993～2012 年我国进入快速城镇化时期，城镇化率由 27.99% 增至 52.57%，年均增长约 1.26%。随着社会主义市场经济体制的完善和城镇化的加速，我国经济持续快速增长，综合国力不断增强，这为调整城乡关系奠定了物质基础。自 20 世纪 90 年代后期，中央及各级政府从农村税费改革入手，开始从制度上减轻农民负担、增加农民收入，进而统筹城乡发展。2002 年，党的十六大提出"统筹城乡经济社会发展"的方针，并将其作为构建新型城

---

① 资料来源：《我国农业补贴政策实现了历史性跨越》，农业农村部网站，2012 年 9 月 6 日，http：//www.moa.gov.cn/ztzl/nyfzhjsn/nyhy/201209/t20120906_2922987.htm。

② 资料来源：《中央财政"三农"投入首破万亿元》，载于《人民日报》2012 年 1 月 8 日。

③ 1993 年 12 月 9 日，国务院办公厅转发国家税务总局《〈关于组建在各地的直属税务机构和地方税务局的实施意见〉的通知》；1993 年 12 月 15 日，国务院发布《关于实行分税制财政管理体制的决定》。

乡关系的基本方略。2003 年，党的十六届三中全会通过的《中共中央关于完善社会主义市场经济体制若干问题的决定》提出"统筹城乡发展"，并将其列为科学发展观的 5 个统筹之首。2005 年，党的十六届五中全会提出建设社会主义新农村的重大历史任务，在快速城镇化的背景下，大力推进城乡统筹发展。2007 年，党的十七大将"统筹兼顾"列为科学发展观的根本方法，明确"统筹城乡发展，推进社会主义新农村建设""建立以工促农、以城带乡长效机制，形成城乡经济社会发展一体化新格局"①。随着中国共产党对城乡关系理论定位的逐渐清晰，城乡关系的实践创新和制度创新也随之展开，城乡协调发展的有利条件和积极因素在积累增多，统筹型城乡关系逐步形成。一是统筹城乡土地利用和城乡规划，完善严格保护耕地制度，将城镇规模和布局规划与乡村建设规划统一起来；二是统筹城乡产业发展，优化乡村产业结构，推动包括乡镇企业在内的农村工商企业结构调整和产业升级，引导城市资金、技术、人才、管理等生产要素向农村流动；三是统筹城乡基础设施建设和公共服务，大幅提高对农业农村的投入力度，建立起财政覆盖乡村、向乡村基本民生倾斜的政策体系；四是统筹城乡劳动就业，建立城乡统一的人力资源市场，既鼓励农民进城务工就业，又扶持农民工返乡创业。2006 年《国务院关于解决农民工问题的若干意见》，提出建立保障农民工权益的体制和制度。2008 年《中华人民共和国劳动合同法》和 2011 年《中华人民共和国社会保险法》先后实施，为农民工合法权益提供了法律保障。农民工作为连接城乡的特殊纽带，加速在城乡之间流动，成为推动城乡关系发展最活跃的因素；五是统筹城乡社会管理，户籍制度持续改革，中小城市基本放开落户限制。发挥各级城市对农村的辐射带动作用，建立起引导社会资源投向农业农村的体制机制。

四、中国特色社会主义新时代：由统筹型向融合型城乡关系演进阶段（2013 年至今）

统筹型城乡关系实现了城市对农村从"取"到"予"的转变，但城乡发展不平衡没有发生根本改变，城乡区域发展差距和居民收入分配差距依然较大。党的十八大以来，中国特色社会主义进入了新时代，在全面建成小康社会和全面深化改革开放目标的引领下，城乡关系也迎来了融合发展的新时代。

---

① 《十七大以来重要文献选编》（上），中央文献出版社 2009 年版，第 12、18 页。

（一）城乡融合的动力：全面深化改革

2013 年，党的十八届三中全会通过了《中共中央关于全面深化改革若干重大问题的决定》，这标志着全面深化改革成为我国城乡关系演进的主要动力。立足于"五位一体"总体布局，推进城乡关系的全面深化改革，构建新型工农城乡关系，我国融合型城乡关系的演进由此展开。一是户籍制度改革，着力推进农业转移人口市民化。农业转移人口进城落户的通道持续拓宽，门槛不断降低。2014年《国务院关于进一步推进户籍制度改革的意见》明确提出加快放宽城镇落户限制，统一城乡户口登记制度，全面实施居住证制度。接着，2015 年国务院发布《居住证暂行条例》。2016 年《国务院关于深入推进新型城镇化建设的若干意见》提出进一步放宽落户条件，除极少数超大城市外，允许农业转移人口在就业地落户，将居住证与基本公共服务统一起来。国家发改委印发的《2019 年新型城镇化建设重点任务》明确Ⅱ型大城市全面取消落户限制，《2020 年新型城镇化建设和城乡融合发展重点任务》进一步明确鼓励有条件的Ⅰ型大城市全面取消落户限制、超大特大城市取消郊区新区落户限制。2013～2020 年我国城镇化率由53.73% 增至 63.89%，年均增长约 1.27%；持续 30 多年的常住人口城镇化率与户籍人口城镇化率扩大趋势得以扭转，2020 年我国户籍城镇化率约 45.4%，比2012 年（36.4%）提高了 9 个百分点[1]。通过户籍制度的全面深化改革，不断完善农业转移人口市民化政策体系，为城乡人口融合特别是农业转移人口融入城市奠定制度基础。二是城乡基础设施一体化发展改革，重点推动乡村基础设施提挡升级。城乡一体化基础设施建设成效显著，城乡基础设施统筹规划和多元投入机制正在探索并逐步完善，农村的生产生活水平提升明显。以市县域为整体，统筹城乡规划布局道路、供水、供电、信息、广播电视、防洪和垃圾污水处理等设施。建立城乡基础设施一体化建设和管护机制，乡村基础设施实行分级分类投入，同时明确产权归属和管护责任。目前，城乡基础设施差距明显缩小，并基本实现互联互通、共建共享。2018 年国家财政实际用于农村综合改革的资金1 530.3 亿元，比 2012 年 987.3 亿元增长 55.0%，2013～2018 年累计投资8 358.5 亿元[2]，这为农村基础设施提挡升级提供了资金保障。三是基本公共服务供给体制机制改革，重点实现城乡资源融合、促进均等、共享发展。城乡一体

---

① 资料来源：国家统计局年度数据库，https：//data. stats. gov. cn/easyquery. htm？cn = C01；2012 年和 2020 年全国经济和社会发展统计公报，http：//www. stats. gov. cn/tjsj/tjgb/ndtjgb/，经笔者计算。

② 资料来源：《2019 中国农村统计年鉴》，中国统计出版社 2019 年版，第 71 页。

的基本公共服务提供机制逐步建立，并向着制度接轨、质量均衡、水平均等的方向迈进。在就业方面，城乡一体的公共就业服务体系基本形成，农民工市民化与返乡创业就业"进退自由的双向流动"机制已经建立起来（朱鹏华，2020）；在教育、医疗卫生和基本社会服务方面，基本实现相关制度城乡一体设计、一体实施，形成了城乡统一、重在农村的经费保障机制。2018 年农村每万人医疗机构床位数（45.6 张）比 2012 年（31.1 张）增长 46.6%，高于同期城市增长 26.5%，同时农村每万人拥有卫生技术人员数、执业（助理）医师数和注册护士数的增长率均高于城市①；社会保障方面，目前我国已建成多层次且覆盖城乡的社会保障体系。2014 年国务院发布《关于建立统一的城乡居民基本养老保险制度的意见》，将新型农村与城镇居民基本养老保险并轨，建立起全国统一的城乡居民养老保险制度。2016 年开始整合新型农村合作医疗与城镇居民基本医疗两项制度，2018 年已基本完成；在基本住房保障方面，逐步建立起多主体供给、多渠道保障、租购并举的住房制度。2013～2020 年城镇的各类保障性安居工程累计开工 4 193 万套，基本建成 4 501 万套，2016～2020 年农村地区建档立卡贫困户危房改造 605.51 万户。2013～2020 年城乡区域发展差距和居民生活水平差距显著缩小（见图 3-2 和表 3-4），城镇公共服务持续向农村延伸，城乡基本公共服务均等化、标准化、法制化基本实现。四是农村土地制度改革，形成"三权分置"制度体系。在加快完成农村土地承包经营权确权登记颁证工作的基础上，国家有序开展了农村土地征收、集体经营性建设用地入市、宅基地制度"三块地"改革试点并取得明显成效，激发了农村内生活力。同时，建立并完善农村土地所有权、承包权、经营权"三权分置"的制度体系，为引导土地有序流转、提高土地产出率和利用率、保护农民权益、形成城乡统一的建设用地市场建立了基本制度框架和政策依据。

表 3-4　　　　　　　　城乡居民可支配收入情况（2013～2020 年）

指标	2013 年	2014 年	2015 年	2016 年	2017 年	2018 年	2019 年	2020 年
居民人均可支配收入（元）	18 310.76	20 167.12	21 966.19	23 820.98	25 973.79	28 228.05	30 732.85	32 189

---

①　2018 年农村每万人拥有卫生技术人员数、执业（助理）医师数和注册护士数的增长率比 2012 年分别增长 35.3%、28.6%、63.6%，高于同期城市的 28.2%、25.0%、41.7%。（资料来源：国家统计局年度数据库，https：//data. stats. gov. cn/easyquery. htm？cn = C01。）

指标	2013 年	2014 年	2015 年	2016 年	2017 年	2018 年	2019 年	2020 年
居民人均可支配收入同比增长（%）	\	10.1	8.9	8.4	9	8.7	8.9	4.7
城镇居民人均可支配收入（元）	26 467	28 843.85	31 194.83	33 616.25	36 396.19	39 250.84	42 358.8	43 834
城镇居民人均可支配收入同比增长（%）	\	9	8.2	7.8	8.3	7.8	7.9	3.5
农村居民人均可支配收入（元）	9 429.59	10 488.88	11 421.71	12 363.41	13 432.43	14 617.03	16 020.67	17 131
农村居民人均可支配收入同比增长（%）	\	11.2	8.9	8.2	8.6	8.8	9.6	6.9
城镇居民家庭恩格尔系数（%）	35.0	\	\	29.3	28.6	27.7	27.6	29.2
农村居民家庭恩格尔系数（%）	37.7	\	\	32.2	31.2	30.1	30.0	32.7

资料来源：国家统计局网站，https：//data. stats. gov. cn/easyquery. htm？cn＝C01。

（二）城乡融合的目标：国家治理现代化

城乡融合是社会生产力发展所推动的一个自然历史过程，是我国发展必然要经历的经济社会发展过程。因此，应该将城乡融合置于中国特色社会主义治国理政的大棋局中，才能科学地定位其发展的目标和规律。2013 年，党的十八届三中全会将完善和发展中国特色社会主义制度、推进国家治理体系和治理能力现代化确立为全面深化改革的总目标，这也标志着国家治理现代化成为城乡融合发展的目标①。党的十八大以来，从"五位一体"总体布局来看，建立健全城乡融合发展体制机制和政策体系，形成新型工农城乡关系，就是在推进国家治理现代化。一是经济建设方面，我国城乡综合生产能力稳步提升，产业融合水平持续深化，要素自由流动，整体供给能力显著提高。同时，农民的收入增长渠道不断拓宽，城乡居民收入和生活水平差距明显缩小。2012～2020 年农村和城镇居民恩格

---

① 我国理论界一般将国家治理体系和治理能力的现代化简称为国家治理现代化。参见俞可平：《国家治理的中国特色和普遍趋势》，载于《公共管理评论》2019 年第 3 期。

尔系数分别由 39.3% 和 36.2%，下降至 32.7% 和 29.2%，2020 年由于新冠肺炎疫情的影响城乡差距（3.5%）比 2019 年（2.4%）有所扩大，但整体趋势仍在缩小。二是政治建设方面，顺应城乡关系演进的趋势，党领导城乡融合发展的体制机制不断健全。以党组织为核心的城乡基层组织建设不断加强和改善，群众参与治理的主体作用凸显，符合国情、规范有序、充满活力的城乡融合的治理体系基本建立，治理效能不断提高。三是文化建设方面，围绕建设社会主义核心价值体系，城乡文化相互交融的体制机制不断健全。城乡统一的现代公共文化服务体系和现代文化市场体系已基本建立，为新时代社会主义文化发展大繁荣奠定了基础。四是社会建设方面，城乡基础设施和基本公共服务一体化和均等化水平大幅提高，城乡社会整体既充满活力又和谐有序。农村居民的民生的改善和保障水平不断提升，按照每人每年 2 300 元（2010 年不变价）的农村贫困标准，2012 年末贫困人口 9 899 万人，2019 年末减至 551 万人，2020 年全部实现脱贫。五是生态文明建设方面，城乡生态环境治理一体化水平不断提升，基本建立城乡统一的国土空间开发、资源节约利用、生态环境保护的体制机制，生态环境明显好转，城市和乡村更加美丽宜居。2012 ~ 2017 年我国环境污染治理投资总额由 8 253.5 亿元增至 9 539 亿元，占 GDP 的比重由 1.53% 降至 1.15%；城市污水处理率和生活垃圾无害化处理率分别由 87.3% 和 84.8% 升至 94.5% 和 97.7%，农村卫生厕所普及率由 71.7% 升至 81.7%[①]。总之，当前我国城乡融合发展的制度框架和政策体系已基本形成，城乡融合正在向着改革深化和质量提升阶段演进，城乡融合发展已经成为推进国家治理现代化的重要抓手。

（三）城乡关系：融合型城乡关系正在形成

随着我国工业化和城镇化的快速发展，城市和农村由传统的生产方式和分工模式，开始向着多元化的生产方式和分工模式转变。在此背景下，单纯通过"多予少取放活"无法解决"三农"问题。因此，通过全面深化改革，推进国家治理现代化，激发城市和农村的内生活力，实现城乡融合发展，是新时代城乡关系演进的必然趋势。党的十八大以来，以习近平同志为核心的党中央顺势而为，关于城乡关系提出了一系列的新理念、新思想和新战略，以城乡发展一体化为目标，推动着城乡关系由统筹型向融合型演进。2013 年，党的十八届三中全会将"健全城乡发展一体化体制机制"列为全面深化改革的重大战略任务之一，"形成以工促农、以城带乡、工农互惠、城乡一体的新型工农城乡关系"，并明确将

---

① 资料来源：《2018 中国环境统计年鉴》，中国统计出版社 2019 年版，第 87、95 ~ 96、131 页。

"城乡一体"作为新型城乡关系的目标[1]。2017 年，党的十九大将"城乡一体化"深化为"城乡融合发展"，并提出"建立健全城乡融合发展的体制机制和政策体系"[2]。当前，我国融合型城乡关系正在形成。其一，城乡融合发展的物质条件正在形成。我国加大对城乡社区事务和"三农"投入力度，城乡间各项事业特别是农业农村的发展环境得到了显著提升。党的十八大以来，在经济新常态的背景下我国财政收入也进入下行通道，但是政府对改善城乡关系的投入一直保持增长趋势。国家财政支出中城乡社区事务支出和农林水事务支出分别从 2012 年的 9 079.12 亿元和 11 973.88 亿元增加至 2019 年的 25 681.15 亿元和 22 420.11 亿元；城乡社区事务支出和农林水事务支占国家财政支出平均比重分别由 2007 ~ 2012 年的 6.86% 和 8.7% 提高至 2013 ~ 2019 年的 9.62% 和 9.56%[3]。国家财政投入的增加，为城乡融合发展提供了坚实的物质保障。其二，城乡融合发展的制度条件正在形成。城乡关系最活跃和关键的因素是"人"，城乡居民自由流动的障碍在不断消除，保障机制在不断健全。户籍制度、就业制度、社会保障制度、土地管理制度，以及财税金融制度、生态环境治理制度、行政管理制度等改革的全面深化，进一步提升了城乡融合发展的制度条件。在此基础上，城乡要素双向流动的体制机制逐步健全。一方面，农村营商环境的大幅改善促使城市的资本、管理和技术等"下乡"的热情提升；另一方面，各类返乡入乡创业的规模不断扩大，截至 2018 年，全国以大学生、农民工、退役军人和科技人员为代表的返乡入乡创新创业人员超过 780 万人[4]。这些新农人通过发展农村新产业、新业态和新商业模式，提升农民组织化程度、农业生产质量和效益，推动农村一二三产业融合发展，为农业农村发展增添了新活力。其三，城乡融合发展的战略规划已经形成。2012 年 12 月，中央经济工作会议首次提出新型城镇化。随后，2014 年 3 月，中共中央、国务院印发了《国家新型城镇化规划（2014－2020 年）》，将推动城乡发展一体化列为四大战略任务之一。2017 年 10 月，党的十九大报告首次提出实施乡村振兴战略，并明确要建立健全城乡融合发展体制机制和政策体系。接着，2018 年 2 月，国务院公布了《中共中央国务院关于实施乡村振兴战略的意见》。2018 年 9 月，中共中央、国务院印发了《乡村振兴战略规划（2018－

---

① 《十八大以来重要文献选编》（上），中央文献出版社 2014 年版，第 523 页。

② 《十九大以来重要文献选编》（上），中央文献出版社 2019 年版，第 22～23 页。

③ 资料来源：国家统计局年度数据库，https：//data. stats. gov. cn/easyquery. htm？cn = C01，经笔者计算。

④ 《主要粮食作物耕种收综合机械化率超八成田里多了不少新科技》，载于《人民日报》2019 年 10 月 16 日。

2022 年)》，将"完善城乡融合发展政策体系"列为八大战略任务之一。2019 年 4 月，《中共中央国务院关于建立健全城乡融合发展体制机制和政策体系的意见》提出，以完善产权制度和要素市场化配置为重点，着力破除户籍、土地、资本、公共服务等体制机制弊端，促进城乡要素自由流动、平等交换和公共资源合理配置。由此可见，我国城乡融合发展的战略规划以及形成，促进城乡融合发展的体制机制和政策体系正在健全。

第三节　我国城乡融合发展的问题、经验与规律

新中国成立以来，城乡关系的发展在取得巨大成就的同时，也存在着许多问题和挑战。这些城乡关系演进中的"烦恼"，必将在未来的城乡融合发展道路上得以化解。其中，新中国城乡关系演进的经验和规律为新时代推动城乡融合发展提供了重要借鉴和基本遵循。

一、我国城乡融合发展面临的问题

在对照城乡融合发展国际经验和分析城乡融合发展中国实践的基础上，客观地研究我国城乡融合发展所面临的问题，是探析新时代城乡融合发展机理和路径的必然要求。总体来看，当前我国城乡融合发展主要面临三大困境。

（一）初始条件：城乡融合发展的基础问题

当前我国农业农村基础差、底子薄、发展滞后的状况尚未根本改变，城乡融合发展中最明显的短板仍然在"三农"，现代化建设中最薄弱的环节仍然是农业农村。主要表现在以下几个方面。

第一，农民适应现代市场竞争和科技发展的能力不足，农村人才匮乏。一是从事农业生产经营的农民年龄大、文化程度低，具备企业家才能的农业或农村经济发展带头人和管理人才严重匮乏。第三次农业普查数据显示，全国农业生产经营人员 55 岁以上占 33.6%，35 岁以下仅占 19.2%，教育程度高中（中专）及以上占 8.3%，大专及以上仅占 1.2%①。从整体来看，当前农民的文化素质不高是造成农业发展创新能力不足和农村治理水平偏低的主要原因。二是农业科技及经

---

① 资料来源：国家统计局农业普查数据库，http：//www.stats.gov.cn/tjsj/pcsj/。

营水平普遍较低。一方面，以小农户为主体的生产方式依然相对落后，与发达国家的现代农业生产方式差距较大。第三次农业普查数据显示，全国农户为 2.30 亿户，其中规模农业经营户为 398.04 万户，占 1.73%；农业经营单位为 204.36 万个，包括村级单位和乡级单位，其中乡级单位为 39 808 个，占 1.95%；全国农业生产经营人员为 31 422 万人，其中规模农业经营户和农业经营单位的农业生产经营人员分别为 1 289 万人和 1 092 万人，分别占 4.10% 和 3.48%[①]。由此可见，以家庭为单位的小农户生产方式仍是我国农业生产的基本组织形式。另一方面，小农户绝大多数仍以初级农产品为主，产业纵向一体化比例较低。三是农民合作组织的规模和实力较弱。如何在小农户的基础上实现农业农村现代化和农民增收致富，是推进城乡融合发展必须要面对的关键课题。通过农民组织化将分散的农户经营整合起来，推动小农户衔接现代农业、进入国内外大市场，是新时代乡村振兴和城乡融合的必然选择。家庭农场或大农、小农、兼业农户等的经济实力、生产经营能力、合作与风险偏好等差异明显，这使得我国农民合作组织发展相对滞后。

第二，农业供给质量和效益不高，农村一二三产业融合发展深度不够。虽然我国农业连年丰收，但是农业供给质量和效益并不高。总体来看，我国目前越来越多的农产品供给数量相对充裕，去库存的压力较大，但是优质、绿色农产品仍然处于供给不足、成本偏高的状态。同时，受到国家粮食托市收购以及国内农产品生产规模偏小和成本相对较高等因素影响，国内多数农产品价格明显地高于国际市场。相对于世界上农业竞争力强和农产品出口国家来说，我国农业禀赋条件相对较差，农业土地和水资源等相对更加稀缺，这要求提高我国农业竞争力和农民收入必须更加紧紧依靠创新，推进农村一二三产业融合发展。从当前我国农村产业发展的现状来看，由于农民组织化程度较低，延长的农业产业链的绝大部分收益被"资本"拿走，大部分农民并没有真正共享产业融合所增值的收益。与此同时，农村电商等农产品供给新模式的发展仍处于起步阶段，休闲农业和乡村旅游等也还处于低质量蔓延式的发展状态。

第三，国家支农体系仍需完善，城乡之间要素合理流动机制亟待健全。近年来，我国支农的力度持续加强，多元化的投入也在不断增长，但对"三农"发展的支持体系仍需不断完善。其中，财政支农的精准度和使用效率亟待提升，财政与金融的有效连接机制仍不健全，财政支农的监管还不到位。国家支农体系发展的滞后，也影响了城乡之间要素的流动。乡村的资源、人才和资金在极化效应的

---

① 资料来源：国家统计局农业普查数据库，http://www.stats.gov.cn/tjsj/pcsj/。

作用下不断向城市转移，这种趋势并没有发生根本性的改变。因此，当前建立健全城乡之间要素双向合理流动机制十分关键和迫切。特别地，对于城市工商资本"入乡"的支持、引导和监管体系亟待建立，这也是推进新时代城乡融合发展的必由之路。

第四，城乡基础设施建设和基本公共服务水平差距较大，乡村发展整体水平亟待提升。新中国成立以来，我国城乡基础设施建设和基本公共服务发展取得了巨大成就，但整体上看，城乡之间的差距仍然较大，乡村整体发展水平偏弱。从数量上来看，在我国部分地区，农村基本公共服务的供给明显不足，甚至可以说，在个别农村地区还无法享受到城市居民能够享受到的基本公共服务。虽然2020年我国已经消除了绝对贫困，实现了全面建成小康社会的第一个百年奋斗目标。但是诸如看病难、看病贵、上学难、上学贵等难题依旧存在。从质量和效率上来看，我国城乡基本公共服务供给质量仍然处于失衡的状态。一个基本的事实是，对于同种类的基本公共服务，乡村的质量较差，城市的质量较高。与此同时，由于城市在法律和监督机制方面配套更加完善，因此城市居民可以针对政府提供的基本公共服务进行充分监督，促使政府提供更高质量的基础公共服务。但是，在许多农村地区，特别是西部偏远山区，由于政府财力十分有限，人们对政府行为的监管相对缺位，使得农民的参与意识和维权意识相对薄弱。

第五，农村基层基础工作仍然存在薄弱环节，乡村治理体系和治理能力亟待强化。近年来，我国在推进乡村治理体系和治理能力现代化方面成效显著，以党组织为核心的农村基层组织建设进一步加强，乡村治理内容逐步充实，乡村治理手段不断创新，乡村治理体系持续完善，农村社会保持和谐稳定，广大农民的获得感、幸福感、安全感不断增强。同时我们还应清醒地看到，当前我国乡村治理体系和治理能力现代化总体水平还不高，治理理念、治理方式、治理手段还存在着许多不适应的地方，乡村治理需要破解的难题还很多。巩固党在农村的执政基础，满足农民群众美好生活需要，实现城乡融合发展，必须聚焦农村基层基础工作的薄弱环节，着力强化乡村治理体系和治理能力。

（二）市场环境：政府部门的角色定位问题

从我国城乡关系发展的历程来看，各级政府及相关部门对城乡融合发展大力支持，深度介入，影响很大。一方面，政府通过法律、制度和政策供给，相关部门通过技术和管理等公益性指导服务供给，为城乡生产要素流动、农业转移人口市民化、城乡发展统一规划、城乡基础设施和公共服务一体化等创设了良好的市场环境，极大地促进和规范了城乡融合发展。另一方面，政府的过度干预，某些相关部门的营利性服务、垄断性收费，破坏了城乡融合主体的独立性，同时也增加了城乡生产要素流动性成本。事实证明，政府对城乡融合发展某些事项的过度扶持或干预，容易造成其效率低下，导致社会力量参与城乡融合发展的积极性降低。笔者通过调研发现，政府对乡村集体经济项目社会属性的关注大大超过对其经济属性的关注。比如，政府对农民合作组织的扶持容易导致其难以真正成长为有竞争力的市场主体。当前，大量的虚假和投机注册而形成的"翻牌社"和"空壳社"，其目的就是申请政府相关财政扶持项目，获取资金补贴和税收优惠（"促进农民专业合作社健康发展研究"课题组，2019）。这种现象较为普遍，并且监管难度较大。农民合作组织作为市场主体，停止经营是一个正常的经济现象，但是大量的"假合作社"的存在增加了公共服务成本和寻租的风险，影响了农民合作组织的整体社会信誉。一些地方政府为了推进农民合作组织的快速发展，"诱导"城市工商资本或龙头企业参与合作组织，一些合作组织的农民实质上被资本雇佣，农产品加工和经营环节的利润的大部分也被资本抽走。这不仅造成农民合作组织益贫性的嬗变，而且导致农村资源的加速外流。

从政府的职能的视角来看，推动城乡融合发展是存在于各级政府中的政府职能内容，只是政府在实现这项职能时采用的方法与手段不尽相同，即政府角色定位存在差异。在社会主义市场经济环境中，政府在"五位一体"的社会主义建设和管理方面的职能逐渐丰满。城市和乡村之间"人地钱技"的流动更多地由市场化的力量驱动，城乡居民追求自由迁徙、就业和生活的愿望逐渐萌生并得以发展。与此同时，市场经济活动中的主体独立、平等、自由的竞争环境要求政府承担管理、协调、裁判、监督和服务这一角色，创造一个理想的市场环境，以便扼制那种不受制约的自然竞争，以及由于"经济人"追求利益最大化而将社会导向混乱、无序、弱肉强食和人们利益与权利的无保障状态。在营造市场环境的过程中，政府必须遵循市场机制的规律，并将其转化为社会的公平正义。即市场经济的竞争性以及经济活动主体的利益属性，要求政府公正且代表民意，体现和代表社会全体成员的权利与利益。综合来看，我国市场环境还有很大提升空间，特别是市场和政府"二元融合"问题仍需要持续深化改革。政府部门的角色定位直接关系到城乡融合发展系列问题，比如，城乡医疗、教育、劳动就业、社会保障、城镇化中征地补偿、拆迁安置、社会安全，以及农民市民化中的劳资纠纷、群体冲突、司法不公等问题。

城乡关系演进的过程中，无论是利益问题还是社会结构问题集中体现出来的矛盾，都要求政府重新调整和进行角色定位，以适应发展的需要。当前，我国城乡融合发展存在的问题和挑战，表现出对总体性社会的强烈渴望，而在社会总体化的进程中，市场的力量和政府的作用必须统一起来。在中国共产党的集中统一领导下，科学地确立政府部门角色，营造良好的市场环境，才能形成城乡融合发展的生动局面。

（三）农民市民化：半城镇化问题①

虽然"半城镇化"现象世界各国在城镇化进程中均普遍存在，但我国在城镇化过程中不仅地区景观和空间结构（即半城镇化区域），人口也存在大量的半城镇化状态（即半城镇化人口）。人口半城镇化（以下简称半城镇化）是指在城镇化的过程中农民市民化的一种不完整、不彻底的状态，是我国城镇化进程中的一种特有现象（何为、黄贤金，2012）。主要表现为：农民已经离开乡村到城市就业与生活，但他们在劳动报酬、子女教育、社会保障、住房等许多方面不能完全与城市居民享有同等待遇，在城市没有选举权和被选举权等政治权利，在文化上也不能真正融入城市社会。2020 年末我国常住人口城镇化率已达 63.89%，而户籍人口城镇化率仅为 45.4%，人户分离人口仍有约 2.59 亿②。这些以农民工为主的人户分离人口大多处于"半市民化"和"两栖"状态，是半城镇化的主要群体。

人口大规模流动或转移是工业化的必然产物，但是半城镇化的存在已经造成了日益严重的社会问题。大部分农民工在农村与城镇之间长期处于尴尬的"两栖"状态，既不利于推进城镇化高质量发展，也不利于发展农业现代化。受城乡分割的户籍制度制约，被统计为城镇人口的 2.59 亿农民工及其随迁家属，未能在就业、教育、医疗、养老、保障性住房等方面完全享受和城镇居民均等的基本公共服务和市民权利，"玻璃门"现象仍然较为普遍。总体来看，我国城镇化的"半城镇化"特征显著，虽然新型城镇化大幅提高了城镇化质量，但是农民工半城镇化的社会具象仍然没有从根本上改变（朱鹏华，2017）。与此同时，城镇内部出现新的二元矛盾，农村留守儿童、妇女和老人问题日益凸显，已经给经济社会发展带来了诸多隐患。半城镇化问题是新型城镇化的痛点，解决半城镇化问题也是新时代城乡融合发展的难点和重点。

---

① 最初"半城镇化"源自地理学概念，1957 年法国地理学家简·戈特曼（Jean Gottmann）在《大都市带：东北海岸的城市化》中就描述到这种类型独特的地区。在地理景观上，半城镇化区域的农业用地、工人居住区、工业用地处于一种"犬牙交错"的状态。参见 Gottmann J. Megalopolis or the Urbanization of the Northeastern Seaboard. Economic Geography, 1957, 33 (3)：189-200.

② 资料来源：笔者根据国家统计局年度数据库数据计算得出，https：//data. stats. gov. cn/easyquery. htm? cn = C01。

事实上，笔者通过访谈式调研发现，任何农村转移人口（包括农村生源的大学毕业生、职业院校的毕业生、农村进城的创业人员和农民工等）不论从工作上，还是在生活习惯和思维方式上，都不能很快与城市社会相融合，都需要有一个适应缓冲期。在快速城镇化的过程中，我国城镇户籍居民向上推一到三代基本也都是农村人。从这个意义上看，半城镇化具有普遍意义。相对于前文所述的典型国家，我国的半城镇化问题主要是体制机制层面的问题，消除体制性障碍是消除半城镇化问题的关键①。特别地，还需要特别注意的是要防止半城镇化现象大规模在代际间传递，一代农民工无法融入城市，可以选择回乡，而二代、三代还是不能融入，就会演化成一个"回不去农村、融不进城市"的特殊的社会群体，这也是新时代城乡融合发展的重大挑战之一。

二、我国城乡融合发展的主要经验

新中国城乡关系演进的历程表明，我国城乡关系始终是社会主义革命、建设和改革的重要组成部分，城乡关系始终服从于国家整体的发展战略，这是城乡关系从整体型向分化型、统筹型，再向融合型演进的逻辑主线。从城乡关系的基本轨迹来看，我国城乡关系的发展之所以能够取得巨大成就，至少有 5 个方面的基本经验。

（一）坚持历史唯物主义的方法论原则

历史唯物主义作为人类社会发展一般规律的科学，必然也是把握城乡关系演进规律的根本方法论。生产力是人类历史发展的根本动力，生产力和生产关系、经济基础和上层建筑相互作用、相互制约始终是城乡关系演进的基本逻辑。新中国成立以来，我国城乡关系的发展取得了重大成就，根本原因就是在中国共产党的领导下，通过不断调整生产关系激发了社会生产力发展活力，通过不断完善上层建筑适应了经济基础发展要求②。不论是从兼顾型到整体型城乡关系，从整体型到分化型城乡关系，还是从分化型到统筹型城乡关系再到融合型城乡关系，都是在主动探索解放和发展社会生产力的体制机制。新中国城乡关系演进的历程表

---

① 从典型国家城乡融合发展的历程来看，半城镇化主要发生在社会生活和文化认同精神层面，而在体制层面基本上不存在障碍。

② 习近平：《坚持历史唯物主义不断开辟当代中国马克思主义发展新境界》，载于《求是》2020 年第 2 期。

明，城乡关系的发展并不能仅仅局限于经济领域或经济体制改革，而应将生产力和生产关系的矛盾运动同经济基础和上层建筑的矛盾运动结合起来，从"五位一体"的总体布局出发，将城乡基本矛盾作为一个整体来考察，才能全面把握我国城乡关系的基本面貌和发展方向。历史唯物主义认为，社会存在决定社会意识，在新中国城乡关系发展的每一个阶段，中国共产党都能从基本国情出发，推动城乡关系向着正确的方向演进。城乡融合发展并非理论的推导和制度的设计，而是在实践中不断探索出来的一条中国特色社会主义城乡关系的演进道路，是由一个个阶段性实践目标逐步达成的历史过程。总之，在我国社会主义革命、建设和改革的各个时期，中国共产党运用历史唯物主义，系统、具体、历史地分析城乡关系运动及其发展规律，不断开拓城乡发展的新境界，并最终走上中国特色社会主义城乡融合发展之路。

（二）坚持党的集中统一领导

新中国成立以来，我国城乡关系从计划经济体制下的整体型，到社会主义市场经济改革初期的分化型、社会主义市场经济改革完善期的统筹型，再到全面深化改革新时代的融合型，经历了一个曲折而又快速的发展过程。在城乡关系的演进过程中，不论是自下而上的实践探索，还是自上而下的制度创新和理论创新，党的集中统一领导无疑都起到了十分关键的作用。新中国成立以来，我国已成功实施了 13 个五年规划（或计划），党的领导从各个方面和层级对城乡关系发展进行了引领，将理论、实践和制度充分结合起来。习近平总书记强调，"中国特色社会主义最本质的特征是中国共产党领导，中国特色社会主义制度的最大优势是中国共产党领导"[①]。事实证明，党的集中统一领导是中国特色社会主义的根本制度，也是我国城乡关系持续演进并逐步趋向融合发展的本质特征。一定社会的城乡关系是在生产关系基础上建立起来的复合型关系，是城乡之间经济、政治、文化、社会和生态文明等关系的综合。从政治经济学的视角来看，党对城乡关系的领导主要体现在把握发展规律、确立发展路线、建立制度框架等方面。新中国城乡关系的演进史证明：中国共产党的领导，是我国城乡关系最本质的特征，也是我国城乡关系不断演进的最大优势。新时代推进城乡融合发展，关键在党，要毫不动摇地坚持和加强党的领导，确保党在推进城乡融合工作中始终总揽全局、协调各方，为城乡融合发展提供坚强有力的政治保障。在党的集中统一领导下，

---

① 习近平：《决胜全面建成小康社会　夺取新时代中国特色社会主义伟大胜利》，载于《人民日报》
2017 年 10 月 28 日。

将制度建设和治理能力建设摆在城乡融合发展更加突出位置，协同推进新型城镇化和乡村振兴战略，进一步建立健全新时代城乡融合发展的制度框架和政策体系。

（三）坚持以人民为中心的发展思想

新中国城乡发展的历程表明，城乡关系的演进都是由基层群众自发推动、自下而上形成的，广大人民群众是推动城乡融合发展的决定性力量。坚持以人民为中心的发展思想，是推进城乡融合发展树立正确的政绩观、价值观和生态观的必然要求。政府部门的角色定位与城乡融合发展密切相关，唯有树立正确的政绩观，坚持以人为本的原则，一切从人民的利益出发，才能推动城乡关系向着融合发展的方向演进。党的十八大以来，从中央到地方各级政府的政绩观发生了重大转变，这为城乡融合发展奠定了基础；城乡融合是历史文化和现代文化相互碰撞的过程，唯有树立保护城市和乡村的优秀历史文脉的价值观，才能让城乡居民在拥抱现代城市文明的同时，还能望得见山、看得见水、记得住乡愁。在我国城乡关系演进中，人们追求物质生活、文化生活和社会生活质量的提高始终是基本目标，以人为本的价值观是确保城乡融合发展的重要实践经验；在快速工业化和城镇化的过程中，"城市病"和"农村病"与经济社会发展背道而驰，唯有树立城乡命运共同体的正确生态观，摒弃粗放式的无序发展，才能实现新型城镇化和乡村振兴，提升城乡治理能力和水平。改革开放以来，从分化型城乡关系到统筹型城乡关系再到融合型城乡关系，我国逐渐形成了绿色发展理念引领下的生态价值观。

人民是历史的创造者，人民性是马克思主义最鲜明的品格[1]，城乡融合发展是坚持以人民为中心发展思想的基本体现。坚持以人民为中心的发展思想要求消除城乡发展不均衡、乡村发展不充分，只有实现城乡融合发展，在整个社会进一步解放和发展社会生产力，才能真正解决"人民日益增长的美好生活需要和不平衡不充分的发展之间的矛盾"，实现全体人民共同富裕。城乡关系的核心是人，人是实践主体和价值主体的统一。一方面，城乡融合发展需要人的实践和推动，其中城乡特别是乡村居民的综合素质提升十分关键；另一方面，人是城乡关系实现融合的最终目的，城乡融合发展的过程也是人不断获得解放、实现自由全面发展的过程。

---

[1]　习近平：《在纪念马克思诞辰 200 周年大会上的讲话》，载于《人民日报》2018 年 5 月 5 日。

（四）坚持理论创新、实践创新与制度创新相统一

在中国特色城乡融合发展之路的形成并非一个单纯的自发过程，而是在党的集中统一领导下自发和自觉双向互动的演进过程，是理论创新、实践创新和制度创新有机统一的过程。中国特色社会主义城乡关系演进的进程，首先是一个坚持实践基础上的理论创新并用以指导实践的历史进程。重视理论思维和理论创新，是中国共产党的优良传统和重要特征，把实践基础上的理论创新和理论指导下的科学实践更自觉、更有机地统一起来。从整体型城乡关系到融合型城乡关系，中国特色城乡融合发展理论的发展和深化，既坚持和发展了马克思主义政治经济学，又来源并指导着我国社会主义经济建设和改革实践，是中国共产党和人民的伟大创造。整体性和系统性是我国城乡关系演进的根本特征，城乡融合发展不仅是习近平经济思想创新发展的理论逻辑，还集中体现了马克思列宁主义、毛泽东思想、邓小平理论、"三个代表"重要思想和科学发展观的理论品质和根本要求。

我国城乡融合发展的道路，是在改革实践中逐渐形成的，在实践中总结经验，在实践中修正失误。城乡融合是社会生产力高度发展的历史必然，同时融洽的城乡关系又能进一步推动生产力的发展。中国特色社会主义城乡关系演进的进程，也是一个不断把实践中的成功经验和理论上的正确认识转化和定型为制度、不断进行制度创新和完善的历史进程。城乡关系的演变作为一种社会变革，归根结底是制度的更新与重塑。我国在新时代向着融合型城乡关系的方向演进，最关键的就是在理论创新的指引下，总结实践创新的先进经验，进而适时通过制度创新固化了城乡关系发展的成果，形成了初步定型、日臻完善的中国特色社会主义城乡融合发展模式。总之，理论创新、实践创新和制度创新三位一体、相互交织、环环紧扣，贯穿于中国特色社会主义城乡融合发展之路开拓的全过程。

（五）坚持新型城镇化与新时代乡村振兴融合发展

一个国家现代化是城镇和乡村共同的进程，是城乡融合发展的进程，城镇化和乡村振兴是我国社会主义现代化的历史任务。从国际经验来看，城镇化极易造成乡村的相对衰落，协调城镇化和乡村发展是一国实现现代化的必由之路（朱鹏华，2017）。新中国城乡关系发展的历程表明，伴随着快速城镇化我国出现了"三农"问题，城乡发展不平衡、农村发展不充分逐渐成为社会主要矛盾的突出表现。新型城镇化和新时代乡村振兴两大战略的提出，就是立足中国国情，以问题为导向，破解城乡二元结构难题，形成工农互促、城乡互补、全面融合、共同

繁荣发展新格局。2013 年 12 月，习近平在中央城镇化工作会议上发表重要讲话，明确了我国城镇化"正确的方向就是新型城镇化"，阐明了推进新型城镇化的指导思想、重点目标、基本原则和主要任务。习近平强调，"城镇化是城乡协调发展的过程。没有农村发展城镇化就会缺乏根基。""我们必须坚持把解决好'三农'问题作为全党工作重中之重，坚持工业反哺农业、城市支持农村和多予少取放活方针，不断加大强农惠农富农政策力度，始终把'三农'工作牢牢抓住、紧紧抓好。"① 因此，必须推动新型城镇化与新时代乡村振兴融合发展，在新型城镇化高质量发展中实现乡村振兴，在快速振兴乡村中提升城镇化的质量（方创琳，2019）。一方面，推进新型城镇化是实现新时代乡村振兴的基础条件。乡村振兴并非就地固化农民，而是要实现城乡资本、资源、人口的自由流动、平等交换和公共资源合理配置，通过城镇化转移农村人口，增加农村人均经济密度，并最终解决"三农"问题。另一方面，实施乡村振兴战略是提高城镇化质量的关键条件。新时代乡村振兴必然会发展乡村产业、改善乡村风貌、优化乡村公共服务，进而影响农民进城落户的抉择，这将促使城镇化方式加快转变。总之，新型城镇化与新时代乡村振兴融合发展是破解社会主要矛盾的关键抓手，是全面建设社会主义现代化强国的必然选择。

三、我国城乡关系演进的理论逻辑

城乡关系是人类社会的一种基本关系，城乡关系演变的背后必然蕴含着特定的理论逻辑。对于新中国城乡关系而言，社会主义基本经济制度理论为探究其演进规律提供了一个基本的逻辑框架。

从抽象层面看，城乡关系本质上是一种生产关系，是广泛存在于城市和乡村之间的生产关系总和；从具体层面看，城乡关系是一定社会条件下经济关系、政治关系、文化关系、社会关系、生态环境关系等诸多因素在城市和乡村普遍联系与互动关系上的集中体现。在马克思主义政治经济学视阈下，基本经济制度是一定社会占统治地位的生产关系总和，它规定着该社会生产、分配、交换的基本原则和生产关系的性质，在社会制度体系中具有基础性和决定性地位。根据历史唯物主义生产力与生产关系的辩证原理，生产力是城乡关系发展的物质基础和最终决定力量（李红玉，2018），而基本经济制度则是城乡关系的社会基础和直接决定力量。基本经济制度的变革，一方面解放和发展了城乡的社会生产力，另一方

---

① 《十八大以来重要文献选编（上）》，中央文献出版社 2014 年版，第 605、658 页。

面推动着城乡关系的持续演变。由此可见，城乡关系是一个社会总体生产关系的重要组成部分，其性质和发展趋势取决于该社会的基本经济制度。换言之，我国基本经济制度的变迁决定着新中国城乡关系演进的轨迹。

2019 年，党的十九届四中全会拓展了社会主义基本经济制度的内涵，建构起所有制、分配制度和经济运行体制"三位一体"的基本经济制度体系，这为分析经济运动规律建立了更加全面和科学的"坐标系"（朱鹏华、王天义，2020）。我国社会主义基本经济制度的成熟定型经历了一个曲折的改革探索过程，其核心是公有和私有、公平和效率、政府和市场"三维坐标"方向，从形成"二元对立"，到打破"二元对立"，实现"二元并存"，再到向着"二元融合"的方向发展（朱鹏华等，2020）。社会主义基本经济制度在社会主义初级阶段的总体生产关系中，建立健全了关于社会主义制度与市场经济有机统一的制度规定性，并将其在中国特色社会主义制度体系中定型化。本书在社会主义基本经济制度理论的基础上，构建一个理解新中国城乡关系演进的逻辑框架（见表 3-5）。从微观上看，城乡关系的演变离不开城乡之间要素的流动和配置，但是要素的流动取决于体制机制，"对称性"的制度体系对于城乡要素平等交换至关重要；从宏观上看，我国的城乡二元结构并非单纯的资源禀赋问题，也是一个国家发展战略的选择问题，根据社会主要矛盾的转变主动调整生产关系（姚毓春等，2020），其中，基本经济制度改革是最根本的。因此，理解不同时期我国城乡关系的演进必须从基本经济制度的变迁出发。

表 3-5　　　　　　　　　　新中国基本经济制度的变迁

时期（时间）	基本经济制度	主要特征	国家发展战略
改革开放前 （1949~1978 年）	苏联模式的基本经济制度（通过社会主义改造迅速实现了变革）： ①建立社会主义公有制（国家所有和集体所有）； ②实行按劳分配制度（后趋向平均主义）； ③形成高度集中的计划经济体制	形成"二元对立"：公有消灭私有、效率让位公平（平均）、计划（政府）取代市场	实行计划经济，工业化优先战略，构建完整的经济体系
改革开放之初 （1979~1992 年）	过渡型（渐进改革）基本经济制度： ①打破单一的公有制，非公有制经济作为"补充"允许发展； ②打破平均主义，回归按劳分配，允许其他分配方式存在； ③打破高度集中的计划经济体制，逐步引入市场机制，实行有计划的商品经济	打破"二元对立"：公有为主、私有补充，两者互不影响；促进效率的前提下体现社会公平；计划（政府）为主、市场为辅，市场的作用依赖于政府	发展有计划的商品经济，调动各方面积极性和创造性，以经济增长为主导

时期（时间）	基本经济制度	主要特征	国家发展战略
社会主义市场经济初期（1993~2012年）	过渡型（渐进改革）基本经济制度：①逐步形成公有制为主体、多种所有制经济共同发展的所有制结构；②逐步建立按劳分配为主体、多种分配方式并存的分配制度；③逐步建立并完善社会主义市场经济体制	实现"二元并存"：公有与私有并存，私有的实力增大，公私开始交流互动、混合发展；从效率优先、兼顾公平，两者此消彼长，到初次分配注重效率，再次分配注重公平，扭转公平不足；在政府宏观调控下，市场起基础性作用，市场配置资源的力量逐渐加强	建立社会主义市场经济，推进市场化转型，从注重经济增长转向注重经济发展
中国特色社会主义新时代（2013年至今）	社会主义基本经济制度（成熟定型、坚持完善）：①公有制为主体、多种所有制经济共同发展；②按劳分配为主体、多种分配方式并存；③社会主义市场经济体制	走向"二元融合"：公有与私有、公平与效率、政府与市场开始由并存走向融合、共同变强	全面深化改革，推进国家治理体系和治理能力现代化，突出可持续、均衡和高质量发展

资料来源：笔者整理。

四、我国城乡融合发展的基本规律

新中国城乡关系的演进是社会主义革命、建设和改革的重要组成部分，是中国特色社会主义现代化进程的一个缩影（孔祥智，2019）。新中国城乡关系演进的轨迹具有连续的阶段性特征，且与基本经济制度的变迁历程完全契合。这充分证明，新中国城乡关系演进遵循着基本经济制度与城乡关系辩证统一的规律，两者的演变统一于中国特色社会主义现代化道路探索之中。一方面，基本经济制度决定着城乡关系的演进。改革开放前的城乡关系在整体计划体制下发展，整体型城乡关系是苏联斯大林模式下基本经济制度的产物；改革开放打破了基本经济制度的"二元对立"，城乡关系自然向分化型演进；社会主义市场经济改革，基本经济制度形成了"二元并存"的格局，分化型随之向统筹型城乡关系演进；社会主义基本经济制度成熟定型，向着"二元融合"的方向发展，也推动着城乡统筹向着城乡融合发展。另一方面，城乡关系也反作用于基本经济制度的变迁。改革开放前，整体型城乡关系强化了"二元对立"的基本经济制度；改革开放后，分化型城乡关系加快了所有制结构、分配制度和经济运行体制的变革；统筹型城乡关系促进了基本经济制度从外在的"二元并存"，到实现内在有机结合的转变；

中国特色社会主义新时代，建立健全城乡融合发展体制机制和政策体系，对坚持和完善社会主义基本经济制度发挥着重要作用。从发展趋势来看，新中国城乡关系的演进符合否定之否定规律，蕴含着前进行与曲折性的统一。分化型城乡关系是对整体型城乡关系的否定，统筹型城乡关系是对分化型城乡关系的否定，融合型城乡关系是对统筹型城乡关系的否定。每一次否定都不是对上一阶段城乡关系简单的割除和抛弃，而是变革与继承相统一的扬弃。这一否定之否定的过程，使得我国在变得更加现代化的同时又维持了自己的"中国性"和"中国特色"，也为提炼我国城乡融合发展的规律奠定了基础。

众所周知，经济规律是指在一定社会中经济现象之间普遍的、本质的、必然的联系，反映着经济发展过程的本质。在中国特色社会主义政治经济学的视阈下，新中国城乡关系的演进是以解放和发展生产力为基础主动进行生产关系的变革，不断探索城乡生产力与生产关系有机统一的过程。新中国基本经济制度的变迁是城乡关系演进的内在逻辑，但是新中国基本经济制度的变迁和城乡关系的演进并不是一个自发的过程，而是中国共产党领导人民实现的伟大创造。在这个过程中坚持党的领导、坚持人民主体地位、坚持科学的发展理念、坚持改革创新始终贯穿其中，并已成为新中国城乡关系连续的阶段性演进中普遍的、本质的、必然的联系，彰显着中国特色社会主义城乡融合发展的本质。其中，坚持党的领导，把握中国特色社会主义城乡关系的正确方向，是推进城乡融合发展的最大优势；坚持人民主体地位，体现中国特色社会主义城乡关系的发展本质，是推进城乡融合发展的根本立场；坚持科学的发展理念，确保中国特色社会主义城乡关系的发展质量，是推进城乡融合发展的基本遵循；坚持改革创新，激发中国特色社会主义城乡关系的发展动力，是推进城乡融合发展的基本途径。

（一）坚持党的领导：把握中国特色社会主义城乡关系的正确方向

新中国成立以来，我国城乡关系的发展取得了巨大成就，根本原因就是在中国共产党的领导下，通过不断调整生产关系激发了社会生产力发展活力，通过不断完善上层建筑适应了经济基础发展要求。在新中国城乡关系的演进轨迹中，不论是自下而上的实践探索，还是自上而下的制度创新和理论创新，党的领导无疑都起到了十分关键的作用。在新中国城乡关系发展的每一个阶段，党都能从基本国情出发，准确把握我国现代化和城乡关系主要矛盾及矛盾的主要方面，推动城乡关系向着正确的方向演进（鲍宗豪等，2019）。事实证明，从完成社会主义改造，建立苏联斯大林模式的社会主义基本经济制度，形成整体型城乡关系；到突破基本经济制度"二元对立"，逐步确立"二元并存"格局，分化型城乡关系持续发展，并向统筹型城乡关系演进；再到社会主义基本经济制度成熟定型，统筹型向融合型城乡关系发展。坚持党的领导已内化于新中国城乡关系的理论创新、实践创新、制度创新之中，成为中国特色社会主义城乡关系的必然和本质的联系，并决定着其发展的趋势。习近平总书记强调，"中国特色社会主义最本质的特征是中国共产党领导，中国特色社会主义制度的最大优势是中国共产党领导"①。"三位一体"的社会主义基本经济制度的内核是坚持党的领导，它决定着所有制、分配制度和经济运行体制的发展方向，也是推进新时代城乡融合发展的最大优势。要毫不动摇地坚持和加强党的领导，确保党在推进城乡融合工作中始终总揽全局、协调各方，协同推进新型城镇化和乡村振兴战略，加快建立健全城乡规划布局、基层治理、要素配置、产业发展、文化传承、基础设施、公共服务、生态保护等相互融合与协同发展的制度框架和政策体系。

（二）坚持人民主体地位：体现中国特色社会主义城乡关系的发展本质

新中国城乡关系演进的轨迹表明，坚持人民主体地位，维护人民根本利益，激发全体人民积极性、主动性、创造性，促进社会公平，增进民生福祉，始终是我国城乡关系的发展本质。改革开放前，"二元对立"的基本经济制度决定着城乡关系中的人民主体地位呈现整体性、计划性和兼顾性的特征。在国家战略层面，中国共产党认为只有加快工业化才能从根本上解决我国的落后问题，也才能最终消除城乡不平衡、实现城乡融合发展。国家主导工业化的发展战略，在整体型城乡关系中，通过有计划地统购统销转移农村农业积累支持城市工业发展。改革开放后，基本经济制度的变革使得城乡关系中的人民主体地位发生了重大变化，具有自上而下与自下而上相结合的特征。分化型城乡关系突出自下而上，不断向城乡居民特别是农民赋权，释放了他们的积极性和创造性；统筹型城乡关系强化自上而下，以工促农、以城带乡，重点增加农民收入和保障农民权益，同时开启了从"物本"向"人本"城乡关系的转变；融合型城乡关系突出科学定位、上下互补、有机结合，促进城乡要素自由流动、平等交换和公共资源合理配置，不断实现人民对美好生活的向往，促进人的全面发展、全体人民共同富裕，实现了从工具性向价值性城乡关系的转变，将中国特色社会主义城乡关系的发展本质全面彰显出来。新时代坚持人民主体地位就是坚持以人民为中心的发展，这是我

---

① 习近平：《决胜全面建成小康社会　夺取新时代中国特色社会主义伟大胜利》，载于《人民日报》2017 年 10 月 28 日。

国国家治理的核心价值，也是推进城乡融合发展的根本立场。

（三）坚持科学的发展理念：确保中国特色社会主义城乡关系的发展质量

习近平总书记指出："理念是行动的先导，一定的发展实践都是由一定的发展理念来引领的。"① 新中国城乡关系的演进始终服从中国共产党的发展理念和发展战略，这是基本经济制度决定着城乡关系从整体型向分化型、统筹型，再向融合型演进的逻辑主线。新中国成立后，党中央确立加快实现社会主义工业化的发展理念，通过工业化特别是重工业化实现富国强兵成为国家的主要战略指向，因而形成了计划经济体制下的整体型城乡关系；改革开放之初，党的发展理念突出以经济建设为中心，发展才是硬道理。通过主动调整生产关系解放和发展生产力成为国家的新战略方位，所有制结构、分配制度和经济运行体制不断变革，推动着城乡关系由整体型向分化型演进；党的十四大提出建立社会主义市场经济体制改革目标后，党的发展理念从强调转变经济增长方式、实施可持续发展战略到提出转变经济发展方式、贯彻落实科学发展观。发展理念的内涵不断丰富和深化，推动城乡关系由分化型向统筹型演进；党的十八大以来，在中国特色社会主义新时代的历史方位上，习近平总书记提出新发展理念，强调重塑新型城乡关系，走城乡融合发展之路。实践证明，只有坚持科学的发展理念，才能确保中国特色社会主义城乡关系的发展质量。新发展理念将党的发展理念推到了新高度，强化了城乡发展的顶层设计和制度供给，引领城乡关系向着更高质量、更有效率、更加公平、更可持续、更为安全的方向发展，是推进城乡融合发展的基本遵循。

（四）坚持改革创新：激发中国特色社会主义城乡关系的发展动力

新中国城乡关系的演进轨迹表明，改革创新始终是我国城乡关系的发展动力。整体型城乡关系能将有限的经济资源快速集中于工业化建设，对建立起相对完整、独立的工业体系和国民经济体系发挥了历史性作用。但是随着时代的变迁，这种城乡关系与生产力发展之间的矛盾日益突出，弊端也逐渐显现。党的十一届三中全会作出实行改革开放的历史性决策，开启了基本经济制度和城乡关系从实践到理论和制度的改革创新。实践证明，坚持改革创新是决定我国城乡关系发展命运的"关键一招"，也是推进城乡融合发展的基本途径。一是坚持改革创

---

① 《习近平谈治国理政》第2卷，外交出版社2017年版，第197页。

新的渐进性。一方面，从整体型到分化型、统筹型，再到融合型城乡关系是一个由易到难的改革过程，也是一个不断积累实践经验和推进理论创新的过程。城乡关系的制度创新和认识深化来自人民群众的实践和智慧，要给改革创新留有充足的空间，渐进式的改革创新能降低风险、减少阻力。另一方面，不同地区城乡关系发展阶段和基础具有差异性，应坚持问题导向，把握改革创新的节奏和步骤，分类施策、梯次推进。二是坚持改革创新的全面性。城乡关系涉及经济社会诸多领域、方面和环节，推动城乡关系发展是一个系统工程，零敲碎打的改进不行，碎片化的改革也不行，必须强化统筹谋划和顶层设计，增强改革创新的系统性、整体性、协同性。三是坚持改革创新的持续性。改革创新的目的在于破除制约城乡融合发展的制度性障碍，推动城乡融合发展的体制机制不断成熟定型。但是城乡融合是一个长期、互动的发展过程，且在改革创新过程中风险与机遇并存。因此，必须保持战略定力、持续改革创新，强化有利于提升城乡资源配置效率、调动城乡居民积极性、缩小城乡差距的重大改革举措，探索形成工农互促、城乡互补、共同繁荣的城乡融合发展模式。

第四章

新时代城乡融合发展的机理与测度

　　新时代城乡融合发展与新型城镇化（2012）和乡村振兴（2017）两大战略密切相关。2012 年 12 月，中央经济工作会议首次提出"走新型城镇化道路"，强调"着力提高城镇化质量"和"有序推进农业转移人口市民化"，这标志着我国城镇化战略的重大转变。2013 年 11 月，党的十八届三中全会将"健全城乡发展一体化体制机制"列为全面深化改革的重大战略任务之一，并明确将推进"城乡一体"作为"坚持走中国特色新型城镇化道路"的重要抓手。2013 年 12 月，习近平总书记在中央城镇化工作会议上发表重要讲话强调，要正确理解城镇化和城乡一体化的关系，"城镇化是城乡协调发展的过程。没有农村发展，城镇化就会缺乏根基"①。随后，2014 年 3 月，中共中央、国务院印发了《国家新型城镇化规划（2014－2020 年）》，将"推动城乡发展一体化"列为新型城镇化的四大战略任务之一。习近平总书记指出，"把城镇和乡村贯通起来。推进新型城镇化，一个重要方面就是要以城带乡、以乡促城，实现城乡一体化发展"②。2017 年 10 月，党的十九大提出实施乡村振兴战略，将"城乡一体化"深化为"城乡融合发展"，并明确要"建立健全城乡融合发展的体制机制和政策体系"。2019 年 4 月，《中共中央国务院关于建立健全城乡融合发展体制机制和政策体系的意见》强调，以新型城镇化为趋势，"把握城乡融合发展正确方向"，"加快形成工农互促、城乡互补、全面融合、共同繁荣的新型工农城乡关系，加快推进农业农村现代化。"③ 由此可见，协调推进新型城镇化战略与乡村振兴战略，重塑新型工农

---

　　① 《十八大以来重要文献选编》（上），中央文献出版社 2014 年版，第 605 页。

　　② 习近平：《做焦裕禄式的县委书记》，中央文献出版社 2015 年版，第 53 页。

　　③ 《中共中央　国务院关于建立健全城乡融合发展体制机制和政策体系的意见》，中华人民共和国中央人民政府网，http：//www.gov.cn/zhengce/2019－05/05/content_5388880.htm。

城乡关系，走新时代城乡融合发展之路，已成为推动新型城镇化高质量发展、促进乡村振兴、实现农业农村现代化的理论定位和基本方略。本章将从新时代城乡融合发展的内涵和特征出发，系统研究新时代城乡融合发展的机理。在此基础上，建立新时代城乡融合发展的指标体系，构建测评模型，并对我国城乡融合发展质量和速度进行测评。

第一节　新时代城乡融合发展的内涵和特征

党的十九大指出："经过长期努力，中国特色社会主义进入了新时代，这是我国发展新的历史方位。"[①] 进入新时代，以习近平同志为核心的党中央团结带领全党全军全国各族人民，不断深化对共产党执政规律、社会主义建设规律、人类社会发展规律的认识，取得重大理论创新成果，形成了习近平新时代中国特色社会主义思想，这是研究和实践城乡融合发展的根本遵循。因此，新时代城乡融合发展的内涵与特征，必须充分体现中国特色社会主义的时代特征。

一、新时代城乡融合发展的基本内涵

本书第一章导论已指出，城乡融合发展（urban-rural fusion development）是把城市与乡村的各种要素作为一个整体统筹规划和整体推进，通过城乡空间结构优化和建立健全相关制度，让要素对流畅通、产业联系紧密、功能互补互促，并最终融为一体的动态过程。城乡融合发展是城市和乡村之间各种要素的互动过程，既是一个新事物形成的过程，也是一个旧事物转换的过程。叶兴庆等（2019）认为城乡融合发展是将城市和乡村放在平等地位，全面推动城乡经济、社会、文化、生态、治理各领域的制度并轨、体制统一，加快城乡要素市场一体化，让公共资源在城乡之间均衡配置，生产要素在城乡之间双向流动，生产力在城乡之间合理布局，治理资源在城乡之间科学调配，充分发挥城乡各自的功能，形成工农互促、城乡互补、全面融合、共同繁荣的新型工农城乡关系。高帆（2019）认为新时代城乡融合发展内涵体现在城乡要素流动性和再配置功能的增强，城乡产业多样化特征的增强，城乡空间交错化程度的攀升，以及城乡居民社

---

① 习近平：《决胜全面建成小康社会　夺取新时代中国特色社会主义伟大胜利》，人民出版社 2017 年版，第 11 页。

会福利均等化程度的提升四个方面。城乡融合发展重在城市与乡村的共通互融，在更高层次上实现城乡平衡发展，在城乡良性互动中实现城乡融合共生共荣。杨志恒（2019）认为城乡融合发展是将城乡看成一个有机整体，以城乡之间资源要素流动为主线，通过产业、设施、制度与生态环境这4个方面的融合建立起有效的城乡联系，表现为经济上的协作联合、社会阶层上的相互认同、生态环境上的本底约束以及空间上的平等有序发展。韩文龙和吴丰华（2020）认为新时代城乡融合发展的核心要义是统筹处理好工农关系、城乡关系、农民与市民的关系以及农村市场与城市市场4种关系，其中前两对关系是核心，后两对关系是重要补充。魏后凯（2020）认为城乡融合是一个多层次、多领域、全方位的全面融合概念，它包括城乡要素融合、产业融合、居民融合、社会融合和生态融合等方面的内容，其本质就是通过城乡开放和融合，推动形成共建共享共荣的城乡生命共同体。综合来看，目前学术界对新时代城乡融合发展内涵界定的角度和侧重点虽然各不相同，但可以大体总结出其基本包括的内容：城乡要素双向流动、城乡制度统一协调、城乡公共基础设施与公共服务一体化、城乡产业融合发展以及城乡生态环境协同保护治理。

科学界定一个概念要首先选择一个学科范畴，城乡关系是具有明显交叉学科特性的复杂系统，其至少与经济学、社会学、地理学、人口学、城市规划学等学科直接相关。这里在马克思主义政治经济学的视阈下，按照生产力和生产关系、经济基础与生产建筑辩证关系原理，结合我国城乡融合发展的基本规律，对新时代城乡融合发展（urban-rural fusion development in the New Era）进行界定：新时代城乡融合发展是以进一步解放和发展城乡社会生产力为基础，以全面建设社会主义现代化国家为主题，以城乡居民的权益为核心，通过综合创新、协调、绿色、开放和共享的发展模式，不断破除阻碍城乡融合的体制机制弊端，促进城乡要素双向流动、平等交换和公共资源合理配置，加快形成工农互促、城乡互补、协调发展、共同繁荣的新型工农城乡关系的改革发展过程。本书认为深刻把握城乡融合发展的内涵，至少还需要考虑以下几个方面。

（一）新时代城乡融合发展本质上是构建新型生产关系

马克思主义认为，城乡关系是生产关系一种系统性的反映，是生产关系的一种具体化形态。生产关系是人们在物质资料和服务产品的生产过程中形成的社会关系，主要包括生产资料的所有制、新价值的分配关系、经济运行体制等。城乡关系是在城乡物质资料和服务产品的生产，特别是空间生产过程中，形成的一种社会关系。透过城乡关系（更本质地讲是生产关系）来看，城镇化和乡村振兴不仅是一种经济社会现象，而且是一个经济社会过程，是一个生产关系、社会关系再生产的过程，也是社会利益再分配的过程（武廷海，2013）。在中国特色社会主义新时代，我国城乡关系中仍然存在许多不合理的因素，这些因素正是源于生产关系的不合理。新型工农城乡关系本质上就是新型的城乡生产关系，归根结底是社会主义基本经济制度的问题。根据生产力和生产关系、经济基础和上层建筑辩证统一关系的原理，形成工农互促、城乡互补、协调发展、共同繁荣的新型工农城乡关系，实现城乡融合发展有助于社会生产力的进一步解放与发展。甚至可以说，到21世纪中叶，我国城乡融合发展体制机制将成熟定型，新时代城乡融合发展的根本任务将逐步由解放生产力变为在新型工农城乡关系下发展生产力。

（二）新时代城乡融合发展是解放和发展城乡社会生产力的改革过程

解放和发展社会生产力是人类一切活动的基础，是社会主义的本质，新时代城乡融合发展也不例外。新时代城乡融合发展是一场深刻的变革，它必然引致人们特别是农村居民思想观念、生产方式、生活方式和行为方式等一系列的转变。城乡关系的改革要用科学的方法来研究、探索城乡融合的规律，既不能放任由市场机制支配着城乡关系的演进，也不能完全由政府规划设计城乡融合具体进程。从社会主义基本经济制度出发，新时代城乡融合发展从改革相对"过时"的上层建筑入手，推进城乡治理体系和治理能力现代化，进而激发城乡社会生产力的活力；从建立新的经济基础入手，解放、发展和保护城乡社会生产力。总体来看，改革的核心是更好地贯彻落实以公有制为主体，多种所有制共同发展的所有制结构；以按劳分配为主体，多种分配方式并存的分配制度；以市场在城乡资源流动中发挥决定性作用，更好发挥政府作用的社会主义市场经济体制。

（三）新时代城乡融合发展必须坚持以人民为中心

坚持以人民为中心的发展思想，体现了习近平新时代中国特色社会主义思想的人民立场。我们国家强调人是新型城镇化的核心，同样人也是新时代城乡融合发展的核心。中国特色社会主义进入新时代，我国社会主要矛盾已经转化为人民日益增长的美好生活需要和不平衡不充分的发展之间的矛盾，城乡要素流动不顺畅、公共资源配置不合理等问题比较突出。在推进城乡融合发展的过程中，要始终坚持以人民为中心的发展思想，充分尊重城乡居民的意愿，切实保护城乡居民的权益，调动广大人民群众的积极性、主动性、创造性，推动新型城镇化高质量发展和全面乡村振兴，不断提升城乡居民的获得感、幸福感、安全感（朱鹏华，2020）。坚持以人民为中心推进新时代城乡融合发展，主要体现在以下三个方面：一是将人民群众作为城乡融合发展的服务对象。城乡融合发展的根本目的在于服务人民群众，虽然城乡融合的主要矛盾或矛盾的主要方面在乡村，但这并不代表仅仅将农村居民作为服务对象，而是将服务全体人民作为城乡融合发展的出发点和落脚点。二是从人民群众中汲取城乡融合发展的智慧和力量。推进城乡融合发展，必须充分发挥人民群众的主体作用。要推动城乡各类人才的有序流动，寻得施展才干的舞台，特别是要畅通智力、技术、管理下乡途径，引导城市人才参与乡村振兴。三是让人民群众共享城乡融合发展成果。城乡融合的重要任务就是要缩小城乡收入分配差距，将提升乡村经济密度放在重要位置。不同地区的城乡融合发展政策应充分尊重历史文化传统和人民群众现实需要，科学把握区域城乡的差异性和发展走势分化特征，注重规划先行、突出重点、分类施策、典型引路，坚持因地制宜、循序渐进。特别是距离城镇较远的农村，要着重提高他们的经济多元化发展能力，切实提高农民收入。

（四）新时代城乡融合发展是过程和目标的统一

就内涵而言，新时代城乡融合发展既是改革发展过程，也是发展追求的目标，是目标与过程的有机统一。以过程而论，城乡融合发展是在党的集中统一领导下，通过主动调整上层建筑促进生产关系变革，进而构建促进城乡规划布局、要素配置、产业发展、基础设施、公共服务、生态保护等相互融合和协同发展体制机制的过程。这一过程的抓手是协调推进乡村振兴战略和新型城镇化战略，核心是城乡居民的权益，基本定位是让市场在城乡要素流动中起决定性作用，让社会力量充分参与到城乡融合的进程中来，同时更好地发挥政府的作用。从目标来看，城乡融合发展旨在集成城乡各自优势使其成为一个有机联系的整体，从而创造区域经济、政治、文化、社会和生态环境持续协调发展的最大化效益。具体而言，城乡融合发展的目标就是缩小城乡发展差距和居民生活水平差距，促进城乡要素自由流动、平等交换和公共资源合理配置，加快形成工农互促、城乡互补、全面融合、共同繁荣的新型工农城乡关系。

（五）新时代城乡融合发展要综合创新、协调、绿色、开放和共享的发展模式

第一，创新是破解我国城乡关系所面临的难题，走城乡融合发展之路的动力

源。改革开放以来，城镇化始终是城乡关系发展的主导力量，而城镇化的快速发展主要依赖于相对廉价的土地、劳动力等生产要素的贡献。新时代城乡融合发展要从"要素驱动"转向"创新驱动"。城乡融合发展是城市和乡村两大系统融合的复杂系统工程，涉及经济社会的各个领域。因此坚持创新推动城乡融合，既要坚持全面系统的观点，又要抓住关键，以重要领域和关键环节的突破带动全局。要通过科学规划和制度创新，优化城乡发展空间结构，提高土地资源利用效率，增强城乡市场活力和社会创造力。

第二，协调是新时代城乡融合发展的内在要求和关键方法。根据唯物辩证法的基本原理，城市和乡村是普遍联系的，城乡之间各要素相互影响、相互制约，整个城乡社会是相互联系的整体，也是相互作用的系统。城乡融合发展是一个巨大的系统性工程，牵动着全社会的各个方面，关系到我国社会主义现代化的全局，必须协调推进，着力增强城乡发展的整体性协调性。例如，城市和乡村产业发展相协调、各级城市之间相互协调、政府和市场作用相协调、城镇化和乡村历史文化传承相协调、城乡规划上下相协调、城乡公共资源配置相协调、有形的城乡融合和无形的城乡融合相协调等。当前，推进城乡融合发展要从"五位一体"的总体布局出发，协调推进城乡经济、政治、文化、社会和生态环境各个子系统的交流互动与融合发展。

第三，绿色是新时代城乡融合发展的必要条件和重要体现。城乡融合坚持绿色发展，就是在新型城镇化和乡村振兴进程中解决好人与自然和谐共生问题。习近平总书记指出："人因自然而生，人与自然是一种共生关系，对自然的伤害最终会伤及人类自身。只有尊重自然规律，才能有效防止在开发利用自然上走弯路。"① 事实证明，在城市和乡村发展过程中，必须尊重自然、顺应自然、保护自然，否则就会遭到大自然的报复②。新时代城乡融合发展必须节约利用资源、保护生态环境，坚持可持续发展，形成人与自然和谐发展的新格局。摆脱传统城乡关系中只追求城镇化的速度与数量、忽略质量的发展模式，全面推动基于绿色发展的新型城镇化和新时代乡村振兴。推动城乡融合绿色发展、循环发展、低碳

---

① 习近平：《深入理解新发展理念》，载于《求是》2019 年第 10 期。

② 20 世纪，发生在西方国家的"世界八大公害事件"对生态环境和公众生活造成巨大影响。其中，洛杉矶光化学烟雾事件，先后导致近千人死亡、75% 以上市民患上红眼病。伦敦烟雾事件，1952 年 12 月首次暴发的短短几天内，致死人数高达 4 000，随后 2 个月内又有近 8 000 人死于呼吸系统疾病，此后 1956 年、1957 年、1962 年又连续发生多达 12 次严重的烟雾事件。日本水俣病事件，因工厂把含有甲基汞的废水直接排放到水俣湾中，人食用受污染的鱼和贝类后患上极为痛苦的汞中毒病，患者近千人，受威胁者多达 2 万人。美国作家蕾切尔·卡逊的《寂静的春天》一书对化学农药危害的状况作了详细描述。参见习近平：《深入理解新发展理念》，载于《求是》2019 年第 10 期。

发展，逐步形成绿色环保的城乡建设运营模式和生产生活方式。

第四，开放是新时代城乡融合发展的必然要求。就开放的内涵而言，这里至少包括三个层面：一是城市和乡村彼此相互开放，这是实现城乡要素平等交换、双向流动的前提，也是打破城乡二元体制、实现城乡融合发展的必要条件。二是区域之间相互开放，即国内各地区之间进一步打破地区和部门的界限，建立全国统一开放、竞争有序的现代市场体系，最大限度地让市场在城乡经济资源配置中发挥决定性作用。事实上，城乡融合发展不仅仅与城市和乡村有关，还与区域经济社会发展密切相关。区域之间相互开放、经济交往日益密切、区域分工趋于合理，既保持区域经济整体高效增长，又把区域之间的经济发展差距控制在合理、适度的范围内并逐渐收敛，达到区域之间经济发展的正向促进、良性互动的状态和过程。三是对外开放，这是我国经济社会发展取得巨大成就的关键一招，也是新时代城乡融合发展的基本遵循。当前，经济全球化是时代潮流，代表着世界先进生产力的发展方向。要实现城乡融合发展，建设社会主义现代化强国，就必须主动顺应经济全球化潮流，坚持对外开放，充分运用人类社会创造的先进科学技术成果和有益管理经验。

第五，共享是新时代城乡融合发展的本质要求。城乡融合发展的成果由全体城乡居民共享，体现了中国共产党全心全意为人民服务的根本宗旨，体现了人民是推动发展的根本力量的唯物史观。在推动城乡融合发展的进程中，要坚持人民主体地位，顺应人民群众对美好生活的向往，不断实现好、维护好、发展好城乡居民的各项权益，做到发展为了人民、发展依靠人民、发展成果由人民共享。一方面，要通过深化改革、创新驱动，提高城乡特别是乡村经济发展质量和效益，生产出更多更好的物质和精神产品，不断满足城乡居民日益增长的美好生活需要；另一方面，要坚持社会主义分配制度，调整收入分配格局，完善以税收、社会保障、转移支付等为主要手段的再分配调节机制，维护社会公平正义，解决好城乡收入差距问题，使发展成果更多更公平惠及全体人民。

二、新时代城乡融合发展的逻辑框架

在我国社会主义现代化进程中，处理好城乡关系始终是经济社会建设的核心问题。习近平总书记强调，"在现代化进程中，如何处理好工农关系、城乡关系，在一定程度上决定着现代化的成败""要走城乡融合发展之路，向改革要动力，加快建立健全城乡融合发展体制机制和政策体系"①。在新时代城乡融合发展内涵界定的基础上，梳理其演化的逻辑框架（见图4－1），为探析其机理奠定基础。

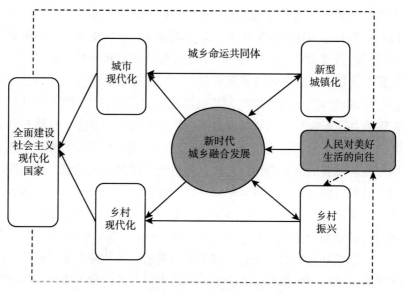

图4－1　新时代城乡融合发展的逻辑框架

资料来源：笔者绘制。

（一）城乡命运共同体：新时代城乡融合发展的逻辑基础

城市与乡村是一个相互依存、相互融合、互促共荣的生命共同体。乡村现代化是城市现代化的基础，城市现代化是乡村现代化的保障，新型城镇化和新时代乡村振兴也是休戚与共的命运共同体。从新中国城乡关系演进的历程来看，我国城镇化取得了巨大成就，其中重要的原因就是在城乡一盘棋理念的引领下，坚持处理好城乡关系，以利于城镇化水平和质量的提高。毛泽东曾强调，"城乡必须兼顾，必须使城市工作和乡村工作、使工人和农民、使工业与农业紧密地联系起来。决不能丢掉乡村，仅顾城市"②。城市是引领、辐射和带动乡村发展的发动机，乡村则是支撑城市发展的重要依托和土壤，二者之间的互补、互促、互利

① 《把乡村振兴战略作为新时代"三农"工作总抓手　促进农业全面升级农村全面进步农民全面发展》，载于《人民日报》2018年9月23日。

② 《毛泽东选集》第4卷，人民出版社1991年版，第1427页。

和互融是形成这一生命共同体的基础。因此，在城乡命运共同体理念的引领下，推进新型城镇化高质量发展和全面推进乡村振兴必须走新时代城乡融合发展之路。

（二）人民对美好生活的向往：新时代城乡融合发展的逻辑起点

党的十八届一中全会后，习近平总书记首次面对中外媒体记者就郑重宣示，"人民对美好生活的向往，就是我们的奋斗目标"①。城市和乡村是两种异质的聚落空间形态，城市生产生活方式与乡村生产生活方式表面来看是一对矛盾，二者很难兼得。城市生产方式要求精细化分工、制度化管理和密集型劳动，但其也为城市人们带来了很多生活问题，"我们变得精打细算，以至于不再关心事物的运作方式，而只关心他们给人的速度和外在印象"（雅各布斯，2020）。相比之下，乡村的生活方式能让人们更加亲近自然，为人们提供了更好的生活质量和更安定的内心价值。"人们正从村庄迁移到城市。而在那里，他们梦想乡村生活。"（Schönfelder，2018）在这样两种不同的生活图景下，一方面，人们需要城镇化的过程，让自己不断融入城市中、参与到现代社会的分工中去，提升自己为社会创造价值的能力；另一方面，由于自身生活品质的追求和文化归属的需要，人们也对乡村产生着持续的渴望，城市和乡村彼此的优点成为城乡居民对美好生活的向往。当前中国特色社会主义已进入新时代，我国社会主要矛盾转化为人民日益增长的美好生活需要与不平衡不充分的发展之间的矛盾。破解社会主要矛盾、实现人民对美好生活的向往是全面建设社会主义现代化国家的目标，也是新时代城乡融合发展的逻辑起点。

（三）全面建设社会主义现代化国家：新时代城乡融合发展的逻辑主线

当前，我国已全面建成小康社会，并开启了全面建设社会主义现代化国家新征程。全面建设社会主义现代化国家必然要求城市现代化与乡村现代化协同共进，两者并非是一个独立的过程，而是互为补充、相互促进、协调发展、共同繁荣的过程。因此，中国特色社会主义现代化道路，必然是城乡融合发展之路。一方面，良好的工农城乡关系是城市和乡村发展的重要条件，城乡融合发展可直接推动城市现代化和乡村现代化；另一方面，城乡融合发展既是新型城镇化高质量发展和全面推进乡村振兴的重要内涵，也是推动新型城镇化高质量发展和全面推

---

① 《十八大以来重要文献选编》（上），中央文献出版社2014年版，第70页。

进乡村振兴的重要举措。因此，城乡融合发展也是城市现代化和乡村现代化的重要举措。在全面建设社会主义现代化国家的进程中，加快建设现代化经济体系，构建以国内大循环为主体、国内国际双循环相互促进的新发展格局，推进国家治理体系和治理能力现代化，这些都需要以良好的城乡关系为支撑，同时也交织成为新时代城乡融合发展的逻辑主线。

三、新时代城乡融合发展的主要特征

当前，我国还处在城镇化较快发展阶段的中后期，农民进城、市民化仍是大趋势。同时，我国也已经到了工业反哺农业、城市支持农村的整体现代化发展阶段，这是把握新时代城乡融合发展特征的逻辑前提。在对新时代城乡融合发展内涵和逻辑框架阐述的基础上，这里从"五位一体"总体布局（经济建设、政治建设、文化建设、社会建设和生态文明建设）的角度，对新时代城乡融合发展的主要特征展开分析。

（一）经济层面：城乡要素自由流动、产业协同发展

在社会主义市场经济中，要素的流动和配置主要依靠市场机制。在此基础上，形成统一开放、竞争有序的要素市场，进而实现城乡产业协同发展。因此，城乡要素自由流动和城乡产业协同发展，是建设现代化经济体系和发展现代产业体系的必要条件，也是新时代城乡融合发展的主要特征。在城乡要素自由流动方面，打通城乡要素自由流动制度性通道十分关键，通过全面深化制度改革，建立健全有利于城乡要素合理配置的体制机制。特别地，城乡融合发展是乡村振兴的重要抓手，要促进各类要素更多向乡村流动，在乡村形成人才、土地、资金、产业、信息汇聚的良性循环。在城乡产业协同发展方面，搭建城乡产业协同发展平台十分重要，通过培育发展城乡产业协同发展先行区，推动城乡要素跨界配置和产业有机融合。城乡产业协同发展需要有若干种类型的空间载体作为支撑，其中小城镇、特色小镇就是城乡要素融合和产业协同的重要载体。以小城镇为连接城乡的空间载体，实现城乡产业链条的对接，推动乡村经济多元化发展；以特色小镇为空间载体，打造集聚特色产业的创新创业生态圈，推动乡村一二三产业融合发展。

（二）政治层面：城乡基层治理体系和治理能力现代化

城乡基层治理是国家治理的细胞和基石，国家治理体系和治理能力现代化，

必然要求城乡基层治理体系和治理能力现代化。因此，城乡基层治理体系和治理能力现代化是新时代城乡融合发展的重要图景和主要特征。根据历史唯物主义生产力决定生产关系、经济基础决定上层建筑原理，城市和乡村迥异的生产方式，决定了各自治理体系和治理方式的差异性，但这并不代表城乡治理是分割的、孤立的，相反在城乡经济融合发展的基础上，城乡治理体系和质量方式也要实现融合发展。城乡基层治理体系是城乡治理制度体系的统称，是一整套紧密相连、相互协调的制度，包括基层党的领导制度，国家关于基层的根本政治制度、基本政治制度、基本经济制度，以及建立在这些制度基础之上的关于基层的经济、政治、文化、社会、生态文明等各方面重要制度和法律体系。城乡基层治理能力是运用相关制度管理城乡基层各方面事务的能力。综合来看，健全城乡基层治理制度体系，以"制"激发城乡基层治理效能。一方面，建立灵活的城乡基层治理体制机制，形成党政部门、社会组织、公众等治理主体积极参与的多元共治网络；另一方面，加快形成并完善相关治理活动的法律法规和政策体系，以法治保障城乡基层治理的有序实施。

在城乡基层治理体系方面，基层党组织核心领导作用充分发挥，以城乡基层党的建设引领社会治理的有效路径逐渐形成；基层政府主导作用有效发挥，职责明确、依法行政的政府治理体系基本建立，街道办事处（乡镇政府）和基层群众性自治组织权责边界逐渐依法厘清，城乡社区公共服务体系和城乡社区服务机构逐步健全；基层群众性自治组织的基础作用凸显，法治、德治、自治有机融合的格局逐步形成；社会力量参与城乡治理机制健全、通道畅通，多方共同治理的城乡基层治理体系逐步建成。

在城乡治理能力方面，党领导城乡治理能力不断增强，治理水平持续提高；基层政府的服务供给能力不断提升，城乡服务项目、标准有机衔接，基本实现均等化；在城乡基层党组织、基层群众性自治组织的领导和组织下，城乡居民参与治理的意识和能力不断增强；城乡基层利益表达机制、心理疏导机制、人民调解组织网络、社区治安防控网基本健全，社区矛盾预防化解能力不断提升，社区治安综合治理水平全面提高；在城乡统一规划和建设的基础上，城乡社区信息基础设施和技术装备水平大幅提高，社区信息化应用能力持续增强。新时代城乡融合发展破除制约城乡政治文明建设的体制机制障碍，保证党领导人民有效治理自己的家园，是实现城乡基层治理体系和治理能力现代化的重要举措。

（三）文化层面：城乡文化互动交融、社会主义精神文明广泛弘扬

文化是一个国家、一个民族的灵魂。文化兴、国运兴，文化强、民族强。坚持中国特色社会主义文化发展道路，建设社会主义文化强国，在新时代城乡融合发展中要推动城乡文化互动交融，弘扬社会主义精神文明。因此，城乡文化互动交融、社会主义精神文明广泛弘扬是新时代城乡融合发展的重要图景和主要特征。城乡文化融合既是建设社会主义精神文明的重要举措，也是提升新型城镇化质量和全面推进乡村振兴的内在要求。文化是人类在适应自然和改造自然过程中的实践产物，受其所依托的自然环境的影响。城市和乡村由于所处环境各异，形成了各自独特的文化，城市文化和乡村文化都是我国社会主义优秀文化的重要组成部分。当前城镇化和工业化仍是先进生产力的发展方向，我国仍处于快速城镇化的区间（城镇化率为30%～70%）内。在快速城镇化过程中，城市文化的泛滥和扩张势必会吞噬或消亡乡村文化，文化矛盾或冲突的危害不可小觑！因此，推进城乡文化融合是中国特色社会主义文化发展道路的基础，是实现城乡优秀文化的创新性转型和创造性发展的重要保障。与此同时，"人"的城镇化或农民市民化也伴随着文化理念的转变，在城乡文化融合中，有序促进农民的市民化是提升新型城镇化质量的关键环节。在全面推进乡村振兴中，文化振兴是重要的组成部分。挖掘乡土文化资源，延续乡村文化脉络，是实现乡村文化振兴的重要前提。在推进城乡融合发展中，构建城乡文化互动、互哺、互融机制，让乡村文化在现代文明体系当中找到自己的位置，是实现乡村文化振兴的重要途径。乡村文化是在农村由农民创造的，又是为农民所用的文化。唯有在城乡融合发展中，激发农民的自尊和自信，才能塑造适应现代社会、具有内在动力的乡村文化。新时代的乡村文化既有传统乡村文化的元素，也有现代城市文化的元素，是城乡文化互动融合的优秀成果，也是新时代城乡融合发展的乡村名片。

人民有信仰，国家有力量，民族有希望。大力弘扬社会主义精神文明，培育和践行社会主义核心价值观，是新时代城乡融合发展的重要议题。城乡融合发展的核心是"人"，新时代的城市居民和农村居民是城乡融合发展的主体。在中国特色社会主义道路自信、理论自信、制度自信和文化自信的指引下，在城市和乡村激发和保护企业家精神，鼓励更多社会主体投身创新创业，特别是投身于乡村经济发展中。建设知识型、技能型、创新型劳动者大军，弘扬新时代劳模精神、工匠精神、农民精神，营造劳动光荣的社会风尚和精益求精的敬业风气。以培养担当民族复兴大任的时代新人为着眼点，强化教育引导、实践养成、制度保障，发挥社会主义核心价值观对国民教育、精神文明创建、精神文化产品创作生产传播的引领作用，把社会主义核心价值观融入经济社会发展各方面，转化为人们的情感认同和行为习惯。坚持城乡一体、全民行动，深入挖掘中华优秀传统文化蕴含的思想观念、人文精神、道德规范，结合时代要求继承创新，让中华文化展现出永久魅力和时代风采。

（四）社会层面：城乡基本公共资源普惠共享

全面建设社会主义现代化强国的进程中，我国社会文明要达到新高度。从城乡关系的视角来看，主要表现为城乡基本公共资源普惠共享。在此基础上，城乡居民精神文化生活日益丰富，思想道德素质、科学文化素质和身心健康素质明显提高，城乡社会的凝聚力进一步增强。因此，城乡基本公共资源普惠共享是新时代城乡融合发展的重要图景和主要特征，是中国特色社会主义社会文明建设的重要成果。当前，城乡之间不平衡最突出的表现在于基本公共服务发展水平的不平衡，这种不平衡表现在资源布局、供给能力和服务质量上。城乡基本公共资源普惠共享，首先要建立健全有利于城乡基础设施一体化发展的体制机制，加快推动乡村基础设施提档升级，实现城乡基础设施统一规划、统一建设、统一管护。在此基础上，建立健全有利于城乡基本公共服务均等化的体制机制，推动公共服务向农村延伸、社会事业向农村覆盖，健全全民覆盖、普惠共享、城乡一体的基本公共服务体系，推进城乡基本公共服务标准统一、制度并轨。在教育方面，建立城乡教育资源均衡配置机制。优先发展农村教育事业，促进各类教育资源向乡村倾斜，建立以城带乡、整体推进、城乡一体、均衡发展的义务教育发展机制；在医疗卫生方面，健全乡村医疗卫生服务体系。建立完善相关政策制度，统筹加强乡村医疗卫生人才和医疗卫生服务设施建设，并通过鼓励县医院和乡村卫生所建立医疗共同体，鼓励城市大医院对口帮扶或者发展远程医疗来缓解农村看病难、看病贵问题；在公共文化服务方面，健全城乡公共文化服务体系。统筹城乡公共文化的设施布局、服务提供、队伍建设，推动文化资源重点向农村倾斜，提高服务的覆盖面和适用性；在社会保障方面，完善城乡统一的社会保险制度，统筹城乡社会救助体系。加快实现各类社会保险标准统一、制度并轨，充分发挥社保对保障人民生活和调节社会收入分配的重要作用。做好城乡社会救助兜底工作，织密兜牢困难群众基本生活的安全网。

（五）生态环境层面：城乡空间布局不断优化、生态环境持续改善

社会主义现代化国家的现代化是人与自然和谐共生的现代化，既要创造更多物质财富和精神财富以满足人民日益增长的美好生活需要，也要提供更多优质生态产品以满足人民日益增长的优美生态环境需要。生态文明、美丽中国是城乡融合发展的重要目标之一，其中城乡空间布局不断优化、生态环境持续改善是新时代城乡融合发展的主要特征之一。坚持节约优先、保护优先、自然恢复为主的方

针，形成节约资源和保护环境的城乡空间格局、产业结构、生产方式、生活方式。城市和乡村是两种异质的聚落空间形态，空间布局优化是城乡关系演进的重要内容，城市和乡村均要立足资源环境承载能力，发挥各地比较优势，形成布局合理的城镇化地区、农村居民点、农产品主产区、乡村产业聚集区、生态功能区等空间格局。推进城乡融合发展，形成城乡优势互补、主体功能明显、高质量发展的城乡空间布局优化新格局。加快城镇化地区高效集聚经济和人口，科学管控城镇发展的边界，提高农业转移人口市民化质量；提高农村居民点生活便利化，保护和传承农村优秀传统文化；保护基本农田和生态空间，让农产品主产区增强农业生产能力；有序转移生态功能区的人口，将其发展重点定位于保护生态环境、提供生态产品。实践证明，绿水青山就是金山银山理念，守住自然生态安全边界是新型城镇化和乡村振兴的基本要求。新时代城乡融合发展要深入实施可持续发展战略，完善生态文明领域统筹协调机制，构建生态文明体系，不断改进生态环境，促进经济社会发展全面绿色转型，建设人与自然和谐共生的现代化。

第二节　新时代城乡融合发展的机理

机理是指为实现某一特定功能或目标，一定的系统结构中各要素的内在运动方式，以及诸要素在一定环境条件下相互联系、相互作用的运行规则和原理。由此出发，我们可以界定新时代城乡融合发展的机理：在中国特色社会主义新时代，为了实现城乡融合发展，新型城镇化和新时代乡村振兴两大系统中各要素（子系统）的运动方式（特定的系统结构），以及各要素（子系统）在一定初始条件下相互联系、互动融合的原理。作为理论性研究，本书重点分析在新型城镇化和新时代乡村振兴两大战略背景下，城乡系统中各子系统相互联系、互动融合的原理，以及这种融合运动的规律和趋势。特别地，本书是在中国特色社会主义政治经济学的视阈下研究新时代城乡融合发展的机理，同时借鉴地理学、经济地理和社会学的相关研究方法和成果。重点借鉴陆大道（1986）的点轴开发理论，岸根卓朗（1990）突出"城乡融合"的系统发展理论，吴传钧（1991）的人地关系地域系统理论，迈克·道格拉斯（Mike Douglass，1998）强调城乡相互依赖的"区域网络"模型，肯尼斯·林奇（Kenneth Lynch，2005）的"城乡动力"学理论，以及刘彦随（2017，2018）的城乡融合系统和城乡融合体理论。

一、新时代城乡融合发展的系统与子系统

系统方式是现代一般科学研究的方向之一，系统思想已成为现代科学的基本特征（萨多夫斯基，1974）。本节将运用系统论的方法分析新时代城乡融合发展的机理。城市和乡村是人类两种异质的聚落空间系统，它们均由经济（economic）、政治（political）、文化（cultural）、社会（social）、生态文明（ecological）5个子系统或亚系统（简称EPCSE，也可以看成是五类要素集）组成。新型城镇化（new urbanization）和新时代乡村振兴（rural revitalization in the New Era）也是两大战略系统[①]，分别由五个子系统（EPCSE）组成。新型城镇化与新时代乡村振兴融合发展（N－UR）是新型城镇化的五个子系统（N－U·EPCSE）和新时代乡村振兴的五个子系统（N－R·EPCSE）通过相互交流、影响和调整，打破彼此间的封闭、隔离与分散的格局，形成一个新的新型城镇化与新时代城乡融合发展系统（N－UR·EPCSE）的过程。

下面将5类子系统进行阐述，为后文的进一步分析做好准备。事实上，同一个子系统在不同的地区或时期具有不同的特征，这里仅仅从我国宏观的角度来阐述城市和乡村子系统的主要特点。

（一）城市和乡村经济系统

城市和乡村的资源禀赋和生产方式不尽相同，从系统论的视角，我们可选取若干关键的要素进行比较分析，如表4－1所示。

表4－1　　　　　　　　　　　城市经济与农村经济对比

项目	农村经济	城市经济
所有制结构	公有制为主体（土地集体所有、国有农场等），集体经济相对薄弱。私有经济成分经营规模普遍很小，主要是小农户	公有制为主体（国有企业、集体企业等），多种所有制共同发展。民营经济已占城市经济的"半壁江山"
分配制度	按劳分配比重大，按要素分配快速增长。城乡居民收入差距持续缩小	多种分配方式并存，按劳分配为主体，按要素分配持续增长

---

① 本书不特别指明也使用城市系统和乡村系统，新型城镇化系统和新时代乡村振兴系统，只是为了强调城乡融合发展的时代背景为"新时代"。

项目	农村经济	城市经济
商品和要素市场	商品化进程仍未结束，要素流动性正在加速。商品市场和要素市场还不完备	商品化基本结束，要素流动较为畅通。商品市场基本完备，要素市场正在健全
产业结构	以农业为绝对主体，工业和服务业正在快速发展。农业结构正在优化调整，由增产导向转向提质导向	几乎均为工业和服务业，其中服务业比重占比超过60%①，且在加速增长。战略性新兴产业（包括服务业）和高技术制造业增长速度较快
经济组织	整体组织化程度不高，小农户占比大，新型农业经营主体逐步增多。大宗农产品以分散农户为生产主体，逐步向优势产区集中。园艺产品和畜禽等产品生产主体逐步向专业化规模化农户转变	组织化程度高。大部分大中型企业建立起现代企业制度。商事制度改革持续深化，创业方便快捷
劳动力	劳动力持续转移。劳动力相对过剩，且年龄偏大、受教育程度低	人力资源总体丰富，但结构性短缺。高科技、高技能人才需求旺盛
资金	公共财政向"三农"倾斜力度逐年增大，资金结构性短缺，适合农业农村特点的农村金融体系正在健全	资金相对充裕，城市金融体系基本健全
科技	经济领域的科技发展依附于城市，自主创新能力不足	经济领域的科技创新体制机制比较健全，但仍需要继续深化改革
土地	土地集体所有，农户具有承包权、经营权。农户承包的土地经营权可依法流转，农村集体经营性建设用地可入市，并与国有土地同地同权	土地国家所有，城市土地使用权出让市场和转让市场基本健全
国家政策	建立农业支持保护制度，工业反哺农业，城市支持农村	市场在资源配置中起决定性作用，同时更好地发挥政府作用。对接国家的"三农"政策
其他	国际化程度逐渐增大，农产品进出口贸易增多，外资进入农业领域加快，但总体比重仍很低。农业贸易政策体系逐步健全；乡村消费增长较快，但占比仍不高；农村经济的可控性相对较低，系统不稳定性风险较高	国际化程度高，对外贸易是城市经济的重要组成部分；城市消费占比高，但增速慢于乡村；城市经济的可控性相对较高，系统的稳定性风险比农村低

资料来源：笔者总结。

---

① 根据国家统计局年度数据，2020年我国第一产业增加值占国内生产总值比重为7.7%，第二产业增加值比重为37.8%，第三产业增加值比重为54.5%。由此可见，在城市经济中服务业（第三产业）占比已超过60%。

1. 城市经济系统的要素

城市经济的所有制结构不断变化，从 2019 年规模以上工业的经济类型来看，国有控股企业增加值增长 4.8%；股份制企业增长 6.8%，外商及港澳台商投资企业增长 2.0%；私营企业增长 7.7%。总体来看，目前我国民营经济（私营和个体经济）已占据半壁江山。当前，我国工业化和城镇化还在快速增长。比如，2019 年全年全部工业增加值 317 109 亿元，比上年增长 5.7%；年末常住人口城镇化率达 60.6%，比上年末提高 1.02 个百分点。户籍人口城镇化率为 44.38%，比上年末提高 1.01 个百分点。随着我国城镇化的快速推进，建筑业也在快速增长。比如，2015～2019 年建筑业增加值从 47 761 亿元增至 70 904 亿元，年均增长 10.4%。服务业也在快速增长，且整体增长速度快于工业，比如，2019 年全年批发和零售业增加值 95 846 亿元，比上年增长 5.7%；交通运输、仓储和邮政业增加值 42 802 亿元，增长 7.1%；住宿和餐饮业增加值 18 040 亿元，增长 6.3%；金融业增加值 77 077 亿元，增长 7.2%；房地产业增加值 69 631 亿元，增长 3.0%；信息传输、软件和信息技术服务业增加值 32 690 亿元，增长 18.7%；租赁和商务服务业增加值 32 933 亿元，增长 8.7%[①]。

分配制度方面，按劳分配为主体，按要素分配快速发展，城市的金融市场、房地产市场、技术市场、信息市场、产权市场等要素市场发展迅速。城市的市场体系已相对比较健全，经济结构也在持续优化升级。在城市经济结构中，战略性新兴产业（包括服务业）和高技术制造业增长速度较快。比如，2019 年战略性新兴产业增加值比上年增长 8.4%，战略性新兴服务业企业营业收入比上年增长 12.7%；高技术制造业增加值增长 8.8%，占规模以上工业增加值的比重为 14.4%。

城市经济是高度组织化的现代经济，大部分大中型企业均建立起现代企业制度。党的十八大以来，商事制度改革持续深化，创业方便快捷。城市整体人力资源丰富，就业状况良好。2019 年末全国就业人员 77 471 万人，其中城镇就业人员 44 247 万人，占全国就业人员比重为 57.1%，比上年末上升 1.1 个百分点。虽然我国每年有近 1 000 万的高校毕业生，但是高科技、高技能人才需求仍然十分旺盛。城市的资本、科技和土地市场已基本建成，基本形成了市场在资源配置中起决定性作用，同时更好地发挥政府作用的格局。

我国城市经济总体来看是偏外向型经济，国际化程度不断提升。从消费来

---

① 资料来源：国家统计局年度数据，https：//data. stats. gov. cn/easyquery. htm？cn = C01。不特别说明，本节数据均来自此。考虑 2020 年新冠肺炎疫情的影响，本节主要选取 2019 年的统计数据。

看，城市消费仍占绝对优势。比如，2019年城镇消费品零售额351 317亿元，增长7.9%，占全年社会消费品零售总额（411 649亿元）的85.3%。

2. 农村经济系统的要素

从所有制结构角度来看，我国农村经济系统的最大的特点就是小农经济比重很高，农业的规模化程度较低，集体经济相对薄弱。整体来看，我国农业生产效率在逐年提高，国家粮食安全有充分保障。例如，2019年全年粮食种植面积11 606万公顷，比上年减少97万公顷；全年粮食产量66 384万吨，比上年增加594万吨，增产0.9%；全年新增耕地灌溉面积27万公顷，新增高效节水灌溉面积146万公顷。

分配制度方面，按劳分配比重大，按要素分配快速增长。在"三权分置"的框架下，农地流转提高了农业生产率的同时，也增加了农民的收入，城乡居民收入差距持续缩小。商品市场和要素市场还不完备，商品化进程仍未结束，要素流动性正在加速。产业结构上，以农业为绝对主体，工业和服务业正在快速发展。农业结构正在优化调整，由增产导向转向提质导向。虽然农村经济整体组织化程度不高，但是新型农业经营主体正逐步增多。大宗农产品以分散农户为生产主体，逐步向优势产区集中。园艺产品和畜禽等产品生产主体逐步向专业化规模化农户转变。

劳动力持续向城市转移，但总体上劳动力仍相对过剩，且年龄偏大、受教育程度低。2019年，全国农民工总量29 077万人，比上年增长0.8%。其中，外出农民工17 425万人，增长0.9%；本地农民工11 652万人，增长0.7%。农村居民人均可支配收入11 567元，比上年增长11.5%，扣除价格因素，实际增长8.0%。进入21世纪以来，我国公共财政向"三农"倾斜力度逐年增大，但是农业农村经济发展的资金仍结构性短缺。从总量上来看，我国农村农业金融服务发展迅速，但总体比重仍较低。比如，2019年末主要农村金融机构（农村信用社、农村合作银行、农村商业银行）人民币贷款余额190 688亿元，比年初增加20 866亿元，占全国各项贷款总额（1 417 516亿元）的13.5%。特别地，适合农业农村特点的农村金融体系尚未健全，农村金融机构的业务结构中"三农"比重有待于提高。

当前，我国工业反哺农业，城市支持农村的政策体系已经建立起来，乡村振兴战略已全面展开。但是农村经济领域的科技发展仍依附于城市，自主创新能力不足。农村的土地制度仍需深化改革，特别是农户承包的土地经营权可依法流转和农村集体经营性建设用地入市问题。

随着我国改革开放的深入推进，农村经济国际化程度正在逐渐增大，农产品进出口贸易增多，外资进入农业领域加快，但总体比重仍很低。相对于城市，外商直接投资所占的比重非常小。比如，2019 年外商直接投资（不含银行、证券、保险领域）中农、林、牧、渔业实际使用金额为 38 亿元，仅占外商直接投资总额（9 415 亿元）的 0.4%。从消费来看，农村消费所占比重较低。乡村消费品零售额60 332 亿元，增长 9.0%，仅占全年社会消费品零售总额（411 649 亿元）的 14.7%。

（二）城市和乡村政治系统

从我国政治制度来看，城市和乡村是一体化的，城市管理或领导着乡村。从城市到乡村，社会主义制度、人民代表大会制度、民族区域自治制度、基层群众自治制度、中国共产党领导的多党合作和政治协商制度等根本或基本政治制度一以贯之。从国家机构体系来看，省（自治区、直辖市）、县、市、市辖区、乡、民族乡、镇设立人民代表大会和人民政府，城市的居民社区、乡村的自然村均实行基层群众自治。在基层党组织的领导下，由居民（村民）选举的成员组成居民（村民）委员会，实行自我管理，自我教育，自我服务，自我监督。

法律、制度和政策是城市和乡村政治系统中重要的要素，制度变革是推动新时代城乡融合发展的关键举措。比如，土地制度、财税制度、金融制度、户籍制度、社会保障制度、公共服务政策等，是城乡行政管理体制的重要组成部分。在社会主义市场经济体制下，依法行政是城乡政治系统融合的重要特征，也是推进城乡治理体系和治理能力现代化的必然选择。

从城乡治理的角度来看，城市和乡村政治系统中的要素，仅仅是治理的要素组成部分，并且发挥着主导作用。除了党组织、政府部门机构、党和国家的法律制度等之外，城乡居民、社会组织、社会道德习俗等均在城乡治理中发挥着重要作用。

（三）城市和乡村文化系统

城市和乡村不同的生产生活方式，造就了不同的文化和理念。当前，我国已由乡土中国迈入城乡中国的新时代，城市文化和乡村文化不断碰撞交融构成了中华文化。

城市是现代工业文明和商业文明的载体，工商业文化是其主体[1]。当前，全

---

① 我国是四大文明古国之一，也是最早出现城镇的国家之一，自古以来就有非常发达的城市文明和独树一帜的城市文化，直到工业革命前我国的城市发展都始终领先。参见于云瀚：《城居者的文明》，中国社会科学出版社 2011 年版，第 1 页。

球化和信息化时代的到来，使得城市文化呈现多元化的特点。其中，外来文化（特别是提倡工具理性的西方文化）对城市文化影响深远，通过城市体系，从东部大城市，到中小城市、西部城市、小城镇，再到乡村，不断扩散传播，与我国传统文化碰撞、互动、交融。整体来看，我国城市文化具有创新性、现代化、集聚性、辐射性、开放性、兼容性等特点。

乡村仍然承袭了我国几千年的农耕文明，是农耕文化的载体，也是我国传统文化的主要淀积地和保留地。传统文化重视以人为本、天人合一、道德约束，强调人文精神、伦理本位、人与自然的和谐统一，追求和谐和宽舒。以血缘关系为纽带，传统的乡规民俗和宗法制社会关系对乡村社会发挥着基本的整合作用。在城镇化的进程中，我国农耕文化不断吸收现代城市文明，藉以丰富自身内容。其中，乡村的贫富观念、就业观念、婚恋观念、生育观念、消费观念等都发生了巨大变化。当前，我国乡村文化仍具有乡土性、封闭性、分散性、不平衡性等特点，这需要在城乡融合发展和乡村文化振兴中不断变革。

在城市和乡村文化系统的融合发展中，教育和公共文化服务起到了十分重要的作用。一方面，教育和公共文化服务加速了城乡文化融合的速度，减少了文化冲突，增加了理解和包容、学习和借鉴；另一方面，教育和公共文化服务增进城乡文化融合的效果，剔除为了各自文化中糟粕，并将精髓和优秀的文化发扬光大，形成现代中华文化。

（四）城市和乡村社会系统

从社会发展的视角来看，城市和乡村还存在较大的差距。城市的公共基础设施和公共服务比较健全，城市居民的收入、消费、教育、医疗和社会保障水平相对较高。因此，在新时代城乡融合发展中，城市和乡村两个社会系统的融合关键就是彼此的公共资源和社会事业的一体化和均等化。

从收入来看，2019 年城镇居民人均可支配收入 39 251 元，比 2018 年增长7.8%，扣除价格因素，实际增长 5.6%。城镇居民人均可支配收入中位数 36 413元，增长 7.6%。从消费来看，2019 年城镇居民人均消费支出 26112 元，增长6.8%，扣除价格因素，实际增长 4.6%，比全年全国居民人均消费支出（19 853元）多 6 259 元。2019 年城镇恩格尔系数为 27.7%，低于全国居民恩格尔系数（28.4%）0.7 个百分点。目前，城市全民社保体系已基本建成，参保的范围在不断扩大，保障水平也在持续提高。比如，2019 年参加职工基本医疗保险人数31 673 万人，增加 1 351 万人，占城镇就业人员（43 419 万人）的比重为 73%。

从收入来看，2019 年农村居民人均可支配收入 14 617 元，比 2018 年增长

8.8%，扣除价格因素，实际增长 6.6%。农村居民人均可支配收入中位数 13 066 元，增长 9.2%。2019 年全国农民工人均月收入 3 721 元，比 2018 年增长 6.8%。按全国居民五等份收入分组①，我国农村居民平均处于中间偏下收入组。从消费来看，2019 年农村居民人均消费支出 12 124 元，增长 10.7%，扣除价格因素，实际增长 8.4%，比全年全国居民人均消费支出（19 853 元）多 7 729 元。2019 年农村恩格尔系数为 30.1%，高于全国居民恩格尔系数（28.4%）1.7 个百分点。目前，我国农村社会保障体系基本建成，但总体保障水平还不高。农民工群体的社会保障快速发展，保障比例逐年提高。以工伤保险为例②，2019 年参加工伤保险的农民工 8 085 万人，增加 278 万人，仅占全国农民工总量（28 836 万人）的 28%，其中新增人数（278 万人）比农民工增长人数（173 万人）更快。特别是，农村脱贫取得历史性成就，按照 2010 年不变价计算的贫困标准（每人每年 2 300 元），2020 年末我国已基本消除绝对贫困，目前已完成全面建成小康社会第一个百年奋斗目标。

（五）城市和乡村生态环境系统

生态系统是指在自然界的一定的空间内，生物与环境构成的统一整体，在这个统一整体中，生物与环境之间相互影响、相互制约，并在一定时期内处于相对稳定的动态平衡状态。

城市生态系统与一般自然生态系统不同，人是其绝对的主体，是一个高度人工化的系统。生态系统中的能量流动遵循着"生态学金字塔"规律，而在城市生态系统中，其食物链营养级上端的消费者（主要是人）远远超出作为初级生产者的绿色植物的数量。这样，城市生态系统中的消费者有机体和生产者有机体呈倒金字塔结构（见图 4-2）。城市的建筑物、道路设施、地下管道等人工环境改变了生态环境的自然属性，产生了"城市热岛"等特殊气候。同时，大量废水、废气、固体废弃物、噪声、光源的产生，对城市的环境造成严重污染。这些特点决定了城市生态系统必然是一个能量、物质、信息的全方位开放系统，也是一个不完全、不独立、不稳定的生态系统，它所需要的大量营养物质和能量，需要从乡村生态系统人为地输入，这也是城乡生态环境融合的自然基础。此外，城市生态

---

①　根据国家统计局 2019 年统计分组标准，低收入组人均可支配收入 6 440 元，中间偏下收入组人均可支配收入 14 361 元，中间收入组人均可支配收入 23 189 元，中间偏上收入组人均可支配收入 36 471 元，高收入组人均可支配收入 70 640 元。

②　在各社会保险险种中，农民工参与工伤保险的比例最高。

系统所产生的各种废物，也不能靠城市生态系统的分解者有机体完全分解，更多地需要人为地降解或转移到乡村生态系统中。由此可见，城市生态环境系统其能量与物质的输入、输出密度高且周转快，对整个生态环境产生着很大影响，其稳定性主要取决于经济、政治、社会、文化亚系统的调控能力和调控水平。

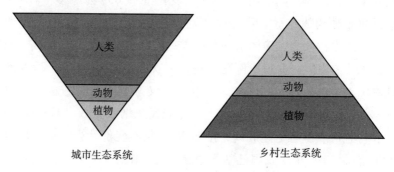

图 4 - 2　城市和乡村生态系统

注：与自然生态系统相比，城市生态系统和乡村生态系统均是自然—人工复合生态系统，只不过城市的人工化程度高于乡村。

资料来源：笔者绘制。

新中国成立以来，我国乡村进入一个由传统农业向现代农业，由自给、半自给经济向商品经济转化的过程。这一过程对乡村生态环境系统产生了巨大影响，一方面，我们要利用现代农业科技，提高农产品的生产能力，繁荣乡村经济，消除贫困；另一方面，资源的超负荷利用也导致了资源枯竭、环境恶化、人地关系失调的困境。乡村生态系统的主体是土地①，土地是人类进行植物种植和动物养殖的场所。虽然农村的植物大多数也是人类的杰作，人化自然的比例很高，但是相比较城市乡村生态系统与自然生态系统更接近，受自然环境变化的影响或约束更大。同时，农村生态系统的生物多样性也比城市生态系统复杂。从生态环境负面影响来看，当前乡村生态环境被城市工业和乡村经济（不仅仅是农业，还包括乡村的工业和服务业）污染的状况比较严重。比如，工业的"三废"污染了农村的空气、水源和土壤，过度开垦、开发引起的水土流失问题，畜禽粪便污染问题，化肥、农药以及地膜污染危害问题，农作物秸秆焚烧的废气污染问题。党的十八大以来，我国虽然更加自觉地推进绿色发展，但是由于发展阶段的限制，乡村环境污染治理仍面临巨大挑战。

_____

① 这里的土地是一个广义的概念，包括耕地、草地、林地、山地、滩涂、渔业水域等。

二、新时代城乡融合发展的层次

从系统论的要素理论和层次理论分析，城市和乡村系统均是一个多层次的开放系统，它可分为物质、制度和精神三大亚系统（层次）。根据辩证唯物主义原理，物质、制度和精神3个系统具有依赖关系，即物质是制度的基础，而制度又是精神的基础。比如，城市和乡村经济系统的融合，如图4-3所示。

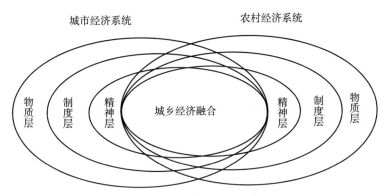

图4-3　城乡经济系统融合层次

资料来源：笔者绘制。

从马克思主义政治经济学的基本原理出发，按照生产力（物质层）→生产关系（经济制度①，即制度层）→上层建筑（社会意识形态②，即精神层）的逻辑次序，依次分析3个层次融合的特征。

（一）物质层面的城乡融合发展

物质层面的城乡融合发展是新时代城乡融合发展的基础，决定着城乡融合发展的水平。从城市和乡村的五个子系统来看，均要有生产力（物质层）发展的支撑，这是各个子系统演进的决定性力量。经济方面，生产力的发展需要城市和乡村生产要素和劳动力的双向自由流动，一方面，城市工业和服务业的扩大再生产需要更多的乡村的资源和劳动力；另一方面，乡村农业现代化需要城市工业与服

---

①　这里的经济制度包括抽象层面（生产关系）和具体层面（具体的经济制度）（洪银兴，2016）。

②　这里的上层建筑主要是指与经济基础（制度）相适应的社会意识形态，即思想上层建筑（洪银兴，2016）。

务业的支撑，需要城市提供科技和智力支持。政治方面，生产力的发展为城乡治理体系和治理能力现代化奠定了物质基础，比如信息技术的发展普及，为智慧执政、简政放权、"放管服"结合提供了物质条件。文化方面，生产力的发展为文化的发展和传播奠定了基础。城市文化主体就是现代的科技文化，比如，娱乐方式随着科技的发展而不断变革；乡村文化的传承和变革需要现代科技的支撑，比如，农村的一些糟粕文化的革除需要现代科技文化推动。社会方面，生产力的发展为城乡居民的生活水平的提升提供了前提，不论是交通出行、购物消费，还是教育培训、医疗卫生、社会保障，都需要有充足的物质前提。城市居民的整体生活水平高于农村居民，其中最主要的原因就是城乡物质基础的差异，城市的生产能力更强，乡村的生产和再生产从属于城市。生态环境方面，一方面，生态环境本身就是物质层面的内容；另一方面，人类的生产生活不可避免地对生态环境产生负面影响，生态环境的治理需要物质基础作保障，比如，良好的城市或乡村环境，往往是经济发展起来之后的目标追求。经济发展后，人们对环境的投资力度会逐渐增加。

（二）制度层面的城乡融合发展

制度层面的城乡融合发展是新时代城乡融合发展的关键，决定着城乡融合发展的方向。经济制度是一定社会的生产关系的总和（张卓元，1998），一定社会的生产关系总和又称为该社会的经济基础。因此，制度在这里首先代表是抽象层面的生产关系，同时还表示上层建筑层面的具体法律、制度、政策等。主动对制度的改革、生产关系的调整，是我国改革开放以来经济社会发展取得巨大成就的法宝。与此同时，这也是城乡融合发展的制度逻辑。党的十八大以来，以习近平同志为核心的党中央提出了走中国特色新型城镇化道路、实施乡村振兴战略、建立健全城乡融合发展体制机制和政策体系，逐渐开启了新时代城乡融合发展的新征程（朱鹏华，2020）。经济、政治、文化、社会和生态文明各个子系统的制度既相互重叠、关联，又各自独立，这些制度的集合构成了城乡治理体系。

（三）精神层面的城乡融合发展

城乡融合的观念、精神层面，也就是城乡融合的价值观，是新时代城乡融合发展的灵魂，决定着城乡融合发展的质量。我国是有着五千年文明的大国，不论是城市还是乡村都有着优秀的传统文化、价值观念、精神文明，如爱国精神、民族精神、改革精神、斗争精神、科学精神、时代精神、劳模精神、工匠精神、农民精神、企业家精神等。从目前的城镇化和城乡关系所面临的挑战来看，精神层面的问题是制约城乡融合发展的"卡脖子"难题。如何高质量地实现农业转移人口市民化？如何在经济、政治、文化、社会和生态环境5个方面的精神层面都实行城乡融合？是新时代城乡融合发展需要突破的核心问题。精神的融合或统一不仅需要物质层面和制度层面融合的支撑，它反过来还会促进物质层面和制度层面的融合。

改革开放以来，我国城乡关系的重心曾被转移到物质层次上，抛弃了一些珍贵的社会主义价值观，取而代之的是"符合时代价值"的真实内容，物质文明虽然得以发展很快，但精神文明却遭受重创。这表现在城乡建设实践中往往只注重经济利益，而忽视精神文明的塑造，长此以往，在城市和乡村之间建立了一道无形的屏障。因此，新时代城乡融合发展在考虑物质层面和制度层面建设的同时，也应加强精神文明建设，从而保证城乡融合高质量发展。特别地，城乡居民作为城乡融合的主体，他们的思想意识和价值观念将直接影响着新型城镇化、乡村振兴和城乡融合发展的质量。以社会主义核心价值观为核心的先进观念和时代精神的培养是城乡融合精神层面的重要内容。伴随着我国城市日益走向现代化和国际化，乡村变得越来越美丽宜居，城乡在持续融合发展过程中对居民的素质与城市精神文化的要求就会越高。因此，这就需要将提高城乡居民素质、培养现代化意识以及建设社会主义精神文明等列为一项重要工作，并持久推进。

三、新时代城乡融合发展的动力

目前，学术界对城镇化的动力机制的研究已比较成熟，城乡人口的迁移最根本的动力来自城镇拉力和乡村推力（Lee E. S.，1966；Mabogunje，1970；R. Northam，1979；吴海林和刘韶玲，2001；王建廷，2007），这些城镇化动力是五位一体的众多"分力"，按照"平行四边形法则"形成的"合力"（朱鹏华，2017）。城镇化是城乡由一体走向分离、对立，再由对立走向融合的必然过程，因此城镇化的动力机制对城乡融合发展的动力具有一定的借鉴意义。从经济学的视角看，城乡融合发展是城乡资源、要素双向流动、重组和配置的过程。从系统论出发，这一过程的作用力来自3个方面，即子系统内部的推力、新系统的拉力、子系统外部环境的压力（见图4-4，以经济系统为例）。除此之外，城乡融合还存在着一定的阻力。因此，推力、拉力、压力和阻力共同形成的合力，构成了城乡融合发展动力机制。本书将从这4个方面开展研究，并尝试构建城乡融合发展的动力机制。

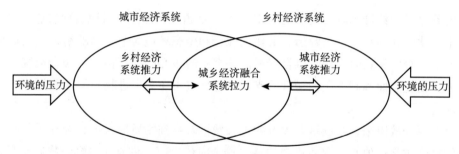

图4-4　城乡经济系统融合的动力机制

资料来源：笔者绘制。

（一）子系统内部的融合推力

城乡为什么要融合发展？城乡融合发展的动力起点是什么？从城乡关系的国际经验和中国实践来看，城镇化初期会引起城乡分离，城镇化的中期城乡会走向对立，城镇化的中后期，城乡关系会趋于协调。城乡关系的"分与合"最终的力量源于生产力的发展，具体来自市场的"无形之手"和政府的"有形之手"。在城镇化的过程中，乡村的资源和要素单向度地向城镇转移，乡村衰落，城乡差距快速扩大。与此同时，城市系统由于其不独立性和脆弱性也普遍出现"城市病"。"乡村病"和"城市病"的反应或"病发"是推动城乡协调发展，即初期融合发展的动力起点。第一，城乡经济系统的融合推力。快速城镇化导致城市经济系统和乡村经济系统的极度不协调，整体效率开始下降（边际递减）。这使得城市经济系统和农村经济系统均产生强烈的融合发展的推动力，即城市的资源和要素开始向乡村流动，乡村也开始主动地引导和承接城市的投资或产业转移。第二，城乡政治系统的融合推力。新中国成立以来，城乡基本处于分治的状态，在行政管理模式上，乡村从属于城市。这导致乡村治理相对松散，城市治理也比较怠惰。因此，城市政治系统和乡村政治系统均有相互交流、融合的需要，形成了系统内部推动融合的动力。第三，城乡文化系统的融合推力。我国的传统文化是农耕文化，城市文化更多的是学习引进了西方的现代工业文化。改革开放以来，很长一段时间城市文化和乡村文化处于封闭隔离的状态，且城市文化单向度地影响着乡村。这使得城市文化系统和乡村文化系统均有打破彼此隔离、相互吸收借鉴的需要，进而形成了推动两个系统融合发展的动力。第四，城乡社会系统的融合动力。新中国成立初期，我国一直处于"乡村支持城市"的格局。改革开放以来，城镇化的快速推进，致使城市社会的生活水平与乡村社会的生活水平差距不断拉大。这使得城市和乡村的社会系统均有彼此互动协调发展的需要，"城市支持乡村"格局的形成就是两个系统推力的具体表现。第五，城乡生态环境系统的融合推力。随着城市规模的扩大，城市生态系统的脆弱性越发显现，同时乡村也不断地承受着来自城市生态环境的压力。这使得城市和乡村生态环境系统均有彼此融合发展的需要，在系统内部推力的作用下，形成越来越紧密的城乡生态环境命运共同体。

（二）新系统内部的融合拉力

拉力是系统开始融合之后才形成的一种动力，且随着融合的深度增加而不断增加。城市和乡村各个子系统开启融合发展模式后，形成的新的融合系统会产生一个正向的拉力。从经济、政治、文化、社会和生态环境 5 个方面将乡村置于和城市平等的地位，把城乡作为一个有机整体，更加充分地立足于城乡要素双向流动、平等交换，进而实现城乡产业融合发展、城乡治理体系一体化、城乡文化交流互动、城乡社会包容和谐、城乡生态环境不断改善。城市和乡村相互融合发展的主动性将进一步激发彼此的发展活力，促使建立更加可持续的内生发展机制。新型工农城乡关系的确立使得城市由原来的机械地支持乡村转变为主动与乡村合作发展，乡村也从过去的被动接收城市反哺转变成主动作为、实现全面振兴。

（三）子系统外部环境的压力

任何系统的融合都存在外部环境，它是系统之外的一切与它相关联的事物构成的集合。比如，城乡经济系统融合过程中，城乡的政治、文化、社会和生态环境等就是其外部环境。外部环境的变化也将给各个子系统融合发展提供一种压力，这也是城乡融合发展的动力来源。例如，城市经济系统和乡村经济系统融合发展过程中，外部环境的压力至少有四个方面：一是政治方面的压力。城乡经济差距和不平衡，使得政府面临着巨大的执政压力，这将会促使政府通过制度的变革，引导城乡经济协调发展。事实上，从世界各国的城乡关系发展实践来看，政府都是城乡融合发展的主要"施力者"，这也是提升其治理能力和治理水平的重要途径。二是文化方面的压力。经济发展是文化繁荣的基础，城乡人们日益增长的文化消费的需要，促使文化创造和文化生产机制的创新。这些也必然会对城乡融合发展产生正面的影响，这种压力将推动着城乡之间生产要素的快速流动，进而促进城乡产业融合发展。三是社会方面的压力。城乡社会发展的不平衡是经济发展不平衡的直接原因之一，因此城乡居民特别是农民对平等的公共服务的要求，将成为推动城乡经济融合发展的动力。比如，乡村交通基础设施的提升，不仅方便了农村居民的出行，同时也会加速商品和要素的流通。四是生态环境方面的压力。生态环境的改善既是经济发展的基础条件，也是经济发展本身。西方发达国家经济发展的教训就是"先发展、后治理"，他们为此付出了巨大代价。我国的发展要超越这种发展模式，其中关键就是以生态环境的压力倒逼经济发展方式的转变。

（四）城乡融合发展的阻力

唯物辩证法表明，任何事物的发展都是积极（前进性）和消极因素（曲折性）辩证统一的过程。同样，城乡融合发展也存在诸多阻碍因素，并共同构成了城乡融合发展的阻力。从阻力的来源来看，与动力相对应，主要来源于三个方面：一是子系统内部的阻力。这主要源于对发展路径的依赖，从眼前利益出发，旧有的生产关系对转变城乡关系的发展模式产生一些抵触。比如，在城乡经济融合发展中，某些部门或地方为了自身的既得利益，故意拒绝或延缓实施相关改革，为城乡要素双向、平等交换设置障碍。二是新系统内部的阻力。新事物的诞生和发展都要经历一定的成长期，城乡融合发展也不例外。融合形成新的城乡关系系统，内部也可能产生阻碍融合继续进行的力量，这些新系统内部的阻力也不可小觑。比如，城乡产业融合中形成的一些经济组织，为了保住自身先行进入的优势地位，故意设置障碍阻碍新的同行进入。三是子系统外部环境的阻力。子系统外部环境变化既会产生促进系统融合压力，同时也可能会产生相反的阻力。比如，生态环境作为城乡经济系统的外部环境因素，有些城乡产业融合发展的项目可能会因为生态环境的阻力而无法推进。因此，必须将生态环境与经济发展统一起来，才能变阻力为动力。

城乡融合发展动力虽然是各种力的结合，但是从源头来看，这些力均可以归结为两个方面。一是市场机制"看不见的手"，二是政府作用"看得见的手"。其中，城乡经济系统相关的推力、拉力和压力，市场"看不见的手"发挥着决定性的作用，更好发挥政府"看得见的手"作用；城乡政治系统相关的推力、拉力和压力政府"看得见的手"起决定性作用；城乡文化、社会和生态环境系统相关的推力、拉力和压力均以政府"看得见的手"作用为主，市场"看不见的手"的作用为辅。从阻力的角度来看，市场和政府均有可能形成阻力，对此需要具体问题具体分析。

四、新时代城乡融合发展的载体

城市和乡村各个子系统之间的融合还需要有效的载体才能展开，不论是物质层面、制度层面，还是精神层面，城乡之间的融合都依赖于人口、资源、要素、商品、服务、文化、信息等的双向流动。综合来看，本书认为城乡融合的载体可分为核心载体、组织载体和空间载体三种基本类型。

（一）核心载体：城乡间流动的人口

前文对新时代城乡融合发展内涵的分析已经指出，城乡融合发展的核心是人，要以人民为中心。事实上，城乡之间物质、服务、能量、信息等的流动都依靠人的流动来带动，人是城乡之间互动、交流和融合的核心载体。在经济、政治、文化、社会和生态环境各个子系统间的融合过程中，人都是核心的载体。

其一，人是城乡经济融合的核心载体。城乡流动人口特别是劳动者（包括科技人员、管理人员、普通的农民工、创业者等）的流动对城乡经济融合发挥着核心载体的作用。比如，农民工的流动促进了乡村收入水平的提升。现实中我们发现，外出务工的农民大多数将挣到的钱寄回家，购买化肥、农药、农用薄膜、农业机械或饲料等，改善自家的生产条件，提高农户的劳动生产率。在众多的外出务工农民中，涌现出一大批有知识懂技术的人才，其中一部分利用积累的经验、资金、技术开始了回乡的第二次创业。在他们的带领和影响下，农村二三产业开始普遍发展起来。同时，部分外出务工人员开始回乡创业，又新增了许多就业岗位，使广大农村剩余劳动力就业不充分的矛盾得到了有效缓解，农民工资性收入也大幅增加。再比如，农民工的流动促进了乡村产业结构的优化。实践证明，乡村传统产业的升级，现代农业产业、特色主导产业的兴起，都与农民工的流动密切相关。农业生产力水平的提高要以劳动者素质提高为前提，其中包括劳动者要有开拓进取精神，树立竞争意识、科技意识和法律意识，具有经营现代农业、驾驭农业市场的能力，要有正确的人生观、价值观，具有实施科学种田、科学养殖的能力。农业劳动力在不同地区、不同行业间的流动，可以促进他们更新观念，学到先进技术和管理经验。而打工赚得的钱为增加农业投入提供了资金，这就为优化农村产业结构提供了前提条件。

其二，人是城乡政治融合的核心载体。所有政治活动和城乡社会治理都以人为中心，城乡治理体系和治理能力的现代化需要政府公务人员的轮岗交流和经验交流。比如，大学生村官提升了乡村治理水平。20世纪90年代中期以来，我国各地为了提升农村治理能力，每年选派一定数量具有大专以上学历的应届或往届毕业生，到农村（或社区）中担任党支部书记助理、村委会主任助理或其他村（社区）"两委"职务，俗称大学生村官。现实中，大学生村官在基础党建、发展经济、新农村建设、脱贫攻坚、服务群众、传播文化、环境治理等方面都发挥了重要作用，起到了城乡基层治理的纽带作用，大学生村官政策与村民自治制度对接，成为城乡政治融合的有效途径。

其三，人是城乡文化融合的核心载体。文化融合的范围十分广泛，内容也非常丰富，但任何一种文化观念的传播、扩散和融合都需要人的核心作用。比如，城乡融合发展改变农民工的价值观，进而又会影响到农村传统思想观念。进城务工的农业转移人口，在生活和工作中感受到现代城市文明，对传统的小农经济生产方式、生活方式、乡风民俗、价值观念形成了巨大冲击。在长期的务工生活中，他们不仅学到了知识，开阔了眼界，掌握了技能，积累了资金，自己的世界观、人生观、价值观在现代城市文明的熏陶下也得以重构。农民工个人文化价值观的改变会影响其家人、亲戚、朋友等，这种影响会通过接力的方式扩散开来，进而影响到乡村文化的发展，实现城乡文化融合。

其四，人是城乡社会融合的核心载体。城乡社会的方方面面，都需要人口的流动、互动和交流来加强彼此的融合。例如，城市学校教师下乡支教。近年来，我国农村学校的硬件设施已经逐步跟上了城市学校的步伐，互联网信息畅达，多媒体等信息化教学设备普及。然而在软件方面，农村学校的师资老化严重，新鲜血液相对不足，大部分年轻的骨干教师不愿留在农村教书。为解决这种困境，很多县市采取了县域（市域）内轮岗交流制度，强化农村学校师资力量①。我国教育部还出台了系列政策措施，推进城镇教师下乡，提升农村学校的师资质量②。这种形式有效提升了乡村整体教育教学质量，是城乡教育融合发展的重要方式。

其五，人是城乡生态环境治理融合的核心载体。马克思主义认为，就人与自然的关系而言，无论人是作为自然界产物的客体，还是作为认识开发利用自然的主体，也体现为价值关系，这是人类社会关系的基础，同时也是整个生态系统得以维系的核心。人虽然不是生态环境本身，但在城乡生态环境系统融合中发挥着核心的作用，是城乡生态环境治理融合的核心载体。比如，在城乡联合生态环境治理中发动群众的力量。一方面，发动群众从生活中的小事做起，关注生态环境、节约能源资源、践行绿色消费、选择低碳出行、分类投放垃圾、减少污染产生，养成绿色低碳的生活方式，树立良好的生态价值观，提升自身生态环境保护意识和生态文明素养；另一方面，发动群众参加环保实践、参与监督举报、共建

---

① 根据笔者的调查，大部分老师都是愿意支教的。一方面有额外补助，另一方面可以换个工作环境。

② 《教育部六举措促进城镇教师下乡》，中华人民共和国教育部网站，http://www.moe.gov.cn/s78/A10/moe_601/tnull_14197.html。

美丽中国。当前，我国地方政府均将人民群众的信访举报当成发现环境问题、解决环境问题的"金矿"，让人民群众成为环境监督队伍中的一员。

（二）组织载体：城乡间各类组织

组织是指人们为实现一定的目标，互相协作结合而成的集体或团体，如党团组织、工会组织、企业、医疗组织、军事组织等。组织既是社会的细胞、社会的基本单元，而且也是社会的基础。在城乡融合发展过程中，业务同时涉及城市和乡村的各类组织是融合发展的重要载体。一是企业、商业组织、农场、农民合作社等各类经济组织是城乡经济融合发展的重要载体，城乡之间要素的双向流动、平等交换，商品的生产储存、流通交换，产业的相互对接等，都需要有经济组织的生产和经营。二是政府部门、党团组织、工会组织等各类政治组织是城乡政治融合发展的载体。比如，2007年以来，山东省诸城市推行的城乡党组织联建，以组织体制创新推进城乡融合发展并取得了显著的成效[1]。三是学术机构、科研单位、文艺组织、宗教组织等文化组织是城乡文化融合发展的重要载体，城乡之间科学技术、文化艺术的交流大多是各类文化组织的工作内容。四是教育组织、医疗组织、社会团体、福利机构等社会组织[2]是城乡社会融合发展的重要载体。比如，当前我国很多地方通过建设城乡医联体、联村卫生室、健康大数据等举措，形成城乡医疗卫生均衡发展新机制，促进优质医疗资源、城市医疗机构向农村下沉，提升基层医疗服务能力。国家卫生健康委公开数据显示，我国医联体建设从大面积试点开始进入全面推开阶段，所有三级公立医院均参与医联体建设，这其中也包括联合县乡医疗机构。五是环保组织以及与生态环境建设有关的各类社会组织是城乡生态环境融合发展的载体。比如，城市环卫公司将业务扩展到乡村，促进了环境卫生治理和管理的城乡一体化，这对于提升乡村的生活环境和生态环境发挥了重要作用。

（三）空间载体：小城镇和城市郊区

小城镇和城市郊区是城乡结合的地理单元，也是城乡融合发展的空间载体。这里仅从经济和文化两个方面来阐述小城镇作为空间载体的重要意义。从经济方

---

[1] 《以城乡党组织联建推动城乡融合发展的探索实践》，中国共产党新闻网，http：//dangjian. people. com. cn/n1/2019/0917/c429005 - 31358091. html。

[2] 社会组织这一概念范围比较宽泛，从广义上看所有的组织都属于社会组织的范畴。本书在这里并不做类型学的划分，仅强调教育组织、医疗组织、福利机构等对城乡社会融合的意义。

面来看，小城镇是农村剩余劳动力的主要集散地和乡镇企业规模经营的基地。一方面，加快小城镇建设可以促进农村二三产业的发展，提高农村人口的城镇化水平。从当前我国新型城镇化的现状来看，加快小城镇发展，实现农村劳动力就地转移，是实现新型城镇化高质量发展的重要举措。另一方面，加快小城镇建设还可以促进农业的规模化和现代化。通过小城镇建设的集聚效应，大力发展小城镇的第三产业，活跃农村市场，带动农村经济协调发展，为广大农村劳动力转移提供更多的岗位。从文化方面来看，小城镇是城乡文化交流的中介，是城乡两大社区碰撞的缓冲区。随着城乡交流的深入，将会形成兼具城乡文化特色的小城镇文化。这种文化是一种城市文明和乡土气息交融的新型城镇文明，是一种"融合型"文化。

除了小城镇之外，城市郊区也是城乡融合发展的主要空间载体。现实中，很多地区城乡融合的难点是：城市郊区的城乡分割严重，城郊或城中村人口多（特别是农民工聚集）、卫生不洁、道路狭窄、消防设施缺乏、生活品质差，这也是城市环境改善的痛点。城市中心整洁现代、郊区乡村却贫穷不堪成为城乡差距大的最明显的景象。与此同时，城市郊区还是农村集体经营性建设用地入市，城乡基础设施统一规划、建设和管护，城乡基本公共服务的普惠共享等方面改革和实践的前沿"阵地"。因此，改变城市郊区的发展格局是推进新时代城乡融合发展的重要任务。

五、新时代城乡融合发展的趋势

从马克思主义城乡关系理论和我国城乡融合发展实践来看，新时代城乡融合发展的方向是高质量融合发展。高质量的城乡融合发展是指将城市和乡村的各自优点有机地结合起来并实现彼此共享，而不是抹煞各自的特点或是把各自的缺点"传染"给对方。新时代城乡融合发展的真正目标，是让所有的居民，无论是来自城市或乡村，都可以既享受到城市所带来的机遇、财富以及种种现代化的便利、娱乐，也可以享受到乡村所提供的自然、恬静、优美的田园风光（岸根卓朗，1990）。

从发展趋势上看，城乡融合发展伴随着工业化、城镇化和乡村振兴，是经济发展方式和质量的重要体现。在这个过程中，城乡融合发展将经历三个阶段，如图4-5所示。

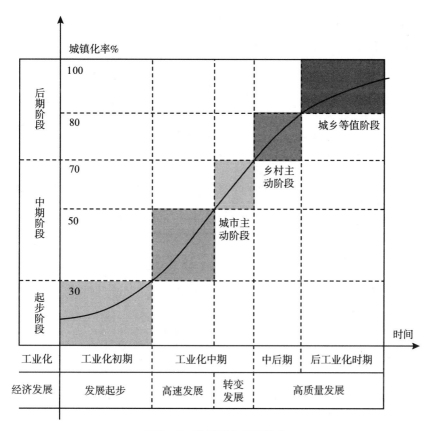

图4-5 我国城乡关系演进

资料来源：笔者绘制。

第一，城市主动而乡村被动阶段。在新时代城乡融合发城的初期阶段，城市无疑处于主动地位，而乡村则处于被动地位。这也就意味着，新型城镇化是城乡融合发展的主导，新时代乡村振兴处于从属地位。在这一阶段，城镇化处于中期阶段（快速城镇化阶段中后期，即城镇化率50%~70%），工业化处于中期阶段，经济发展处于转变发展方式阶段。在这一阶段，党和国家的政策定位是：新型城镇化→新时代城乡融合发展→新型工农城乡关系→新时代乡村振兴。从表4-2来看，城市和乡村5个子系统中，经济、政治、文化和社会4个系统都是城市处于主动地位，乡村的要素流动大多需要城市要素流动的驱动。比如，工业产品生产的原料大多来自乡村，城市经济系统中工业的发展必然会带动乡村原材料的生产；城市工商业的繁荣发展，提供大量的就业岗位，吸纳农业转移人口（农业和其他农村经济的剩余劳动力）；城市现代发达的金融服务体系也逐渐向乡村延伸，服务于乡村经济的发展。这些都说明，目前我国正处于"城市主动而乡村被动"的城乡融合发展阶段。

表4－2　　　　　　城乡融合发展各子系统的主要功能与特征

子系统	城市系统（新型城镇化）	乡村系统（新时代乡村振兴）
经济	提供商品：生产工业产品和服务商品； 增加就业：吸纳农业转移人口； 金融服务：发达的金融服务体系	提供商品：生产农产品、手工产品等； 提供原料：为工业提供原材料； 提供就业：农业和其他农村经济
政治	城乡治理：政府负责城市和乡村治理； 制度供给：政府部门制定法律制度； 基层治理：城市社区居民自治	基层治理：农村村民自治
文化	现代文化：现代化、多样性的娱乐和文化； 文化传播：城市文化的交流与扩散； 科技创新：科学技术的研发和应用	乡土文化：传统性、民俗性的农耕文化； 文化习俗：宗族意识、家庭意识； 文化传承：乡村文化的传承，留住乡愁
社会	教育培训：提供高等教育、职业教育； 医疗卫生：发达的医疗卫生系统； 交通运输：飞机、火车、汽车、港口等； 购物娱乐：丰富、方便、多样化； 社会保障：健全的社保体系，保障水平高； 城市旅游：人工化的城市景观	基础教育：提供义务教育； 医疗卫生：基本的门诊医疗； 社会保障：新农合、新农保，保障水平低； 乡村旅游：自然、田园、民俗风光，农家乐； 乡村养老：提供现代、田园、自然式的养老
生态环境	承载人口：2020 年常住人口 90 220 万人	承载人口：2020 年常住人口 50 992 万人； 改善环境：转化"废物"，净化环境； 自然观光：自然景观的旅游

资料来源：笔者整理。

　　第二，乡村主动而城市被动阶段。到新时代城乡融合发展的中期阶段，同时城镇化进入后期，城镇化率增长趋缓，且驱动力的中心由城市转向乡村。此时，工业化进入中后期，信息化和工业化深度融合，经济发展也正式步入高质量发展阶段。经过前一个阶段的城乡融合发展，我国的城镇化率超过 70%，整体性的城镇化和局部性的"逆城镇化"并存。同时，乡村在经济、政治、文化、社会和生态环境方面取得了很大发展，乡村振兴基本实现。因此，城市对乡村发展的带动作用变小，乡村对城市发展的依赖程度也变小。人们对美好生活向往的需要，使得乡村的经济、文化、生态环境等成为驱动进一步城乡融合发展的主要动力。如果把第一个阶段比作"乡村城市化阶段"，那么这一阶段就是"城市乡村化阶段"。

第三，城市和乡村等值化阶段。进入新时代城乡融合发展的后期，城市和乡村的界限已经变得非常模糊，在空间上也逐渐趋于一体化。在城市和乡村等值化阶段，城镇化率进入平稳期（城镇化率超过或接近80%），城镇化和"逆城镇化"并存；工业化进入后工业化时期，信息化引领工业化，智能化水平快速提升；经济发展的质量持续提高，城市和乡村要素自由流动，产业充分融合，城乡居民收入水平、公共服务水平、生活水平、社会保障水平、文化素质等值化。此时，新型城镇化已实现高质量发展，乡村也已经实现全面振兴。

第三节　城乡融合发展的指标体系

前文的分析已明确指出，新时代城乡融合发展是新型城镇化与新时代乡村振兴两大战略的交融过程，城镇化的质量和乡村振兴的质量也是衡量新时代城乡融合发展的重要内容。从系统论的角度来看，新时代城乡融合发展是城市和乡村的经济、政治、文化、社会和生态环境五对子系统融合的"有机合成"。本书第二章对城乡关系（协调、统筹、一体化或融合）评价指标体系研究的代表性文献梳理发现，至少存在三个方面的问题：一是指标体系缺乏理论支撑。相当一部分研究仅仅是为了建立可以测评（数量化）的一个指标体系，而忽视了对城乡协调度（一体化、融合水平或质量）内涵及其构成要素的理论分析。因此，造成了部分学者对城乡融合发展的理解偏差较大，忽视了城乡融合发展的本质意义。比如，有学者仅仅把城乡融合等价于城市和乡村综合实力均衡，忽视了城乡差别以及现阶段仍是城镇化主导阶段的现实；大多数学者没有考虑城乡融合发展是全方位的，片面地强调了城市和乡村经济、社会、生态环境发展的均等化，而忽略了政治和文化的互动融合。二是指标体系的科学、合理性问题。一方面，有些指标体系不完善，所选择的指标过于简单，不能表征城乡融合发展质量（水平）内涵的主要内容。从现有的文献来看，少的不足 10 个指标[1]，有些超过 10 个指标[2]，

---

① 王艳飞、刘彦随、严镔、李裕瑞：《中国城乡协调发展格局特征及影响因素》，载于《地理科学》2016 年第 1 期，第 20 ~ 27 页。该文的评价指标体系共 6 个具体指标。

② 王磊、李涛、曹小曙：《基于 ESDA – GIS 的广东省城乡统筹发展空间分异》，载于《经济地理》2012 年第 9 期，第 44 ~ 50 页。该文的评价指标体系共 15 个指标；窦旺胜、王成新、蒋旭、刘日庆：《基于乡村振兴视角的山东省城乡融合发展水平研究》，载于《湖南师范大学自然科学学报》2019 年第 6 期，第 1 ~ 8 页。该文的评价指标体系共 15 个指标。

多的也不足 30 个指标①；另一方面，有些指标体系设计了一些无意义，甚至与城乡融合发展的本质相左的指标。比如，有些指标体系设置了各地区铁路营运里程、各地区长途光缆线路长度、城市空间扩张、城乡用电量之比、城乡居民储蓄存款余额之比、限额以上批发零售市场个数等指标，这些指标用来衡量城乡融合发展都值得商榷。三是评价指标体系的创新问题。绝大部分文献设计的具体指标都是各种统计部门发布的指标，因为指标的发布方并非是为城乡融合发展评价而统计数据，许多指标的适用性较低。由于现实统计数据的限制，评价指标体系的具体指标并不能随意选取，如何利用现有的统计数据，经过适当处理创造出合理的评价指标是构建城乡融合发展评价指标体系普遍面临的难题。因此，本书将在评价指标体系的构建中尽量克服以上问题，构建一个相对科学合理的新时代城乡融合发展的指标体系。

一、城乡融合发展质量

根据新时代城乡融合发展的内涵可知，城乡融合发展质量应由 3 个部分组成，即城镇化质量、乡村振兴质量和城乡协同质量。从当前相关研究文献来看，几乎所有的学者都仅仅将城乡融合发展质量②看成城乡在经济、社会、生态等方面发展的一致性，而忽视了城市和乡村本身的发展质量。鉴于此，本书重新界定了城乡融合发展质量体系，如图 4-6 所示。

在城乡融合发展质量体系中，还应注意以下三个方面：

（一）"人"是城乡融合发展质量的核心

城乡融合发展最终的目的是不断满足城乡居民对美好生活的向往，让所有人都能共享经济社会发展带来的现代文明成果。在城乡融合发展过程中，城市和乡村经济、政治、文化、社会、生态环境系统中的各种要素质量，都要集中反映在人的生存和生活质量上。事实上，不论是从城乡融合发展的过程和结果，还是从

---

① 郭岚：《上海城乡一体化测度研究》，载于《上海经济研究》2017 年第 7 期，第 93~104 页。该文的评价指标体系共 25 个指标；周佳宁、秦富仓、刘佳、朱高立、邹伟：《多维视域下中国城乡融合水平测度、时空演变与影响机制》，载于《中国人口·资源与环境》2019 年第 9 期，第 166~176 页。该文的评价指标体系共 29 个指标；赵德起、陈娜：《中国城乡融合发展水平测度研究》，载于《经济问题探索》2019年第 12 期，该文的评价指标体系共 28 个指标。

② 很多学者称之为城乡融合（发展）水平、城乡融合协调度、城乡一体化水平等，本书称之为"质量"，重点强调的是城乡协同发展的效益，而非仅仅追求城乡平等。事实上，城乡关系演进的历程是城市率先发展，然后乡村在城镇化的带动下逐步也发展起来，并最终一起实现现代化。

城镇化质量、城乡协同质量以及乡村振兴质量三个方面来看，它们都是以"人"为核心，脱离了这一核心，城乡融合发展质量就无从谈起。

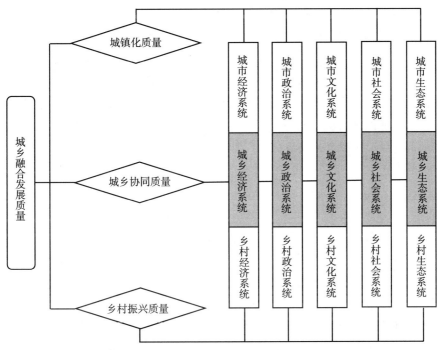

图4-6　城乡融合发展质量体系

资料来源：笔者绘制。

（二）城镇化质量和乡村振兴质量

本书以系统论的观点来分析城乡融合发展，核心就是将城市和乡村看成一个整体，城乡融合不仅能促进城镇化进一步提高质量，更能推动乡村振兴，实现城乡等值化发展。因此，城乡融合发展是城市和乡村的经济、政治、文化、社会和生态环境5个子系统的融合过程，其质量首先取决于城镇化质量和乡村振兴质量。在理论上，城镇化质量和乡村振兴质量应处于同等重要的地位。从实践来看，当前我国处于以工哺农、以城支乡的阶段，城乡融合发展被视为乡村振兴的重要举措，因此乡村振兴质量更能体现城乡融合发展的质量。城镇化质量和乡村振兴质量的评价，应分为五个方面。一是经济系统的发展质量，主要包括人均GDP（量是质的基础和前提）、经济密度、经济发展能耗、经济发展科技含量（农业机械化程度）、人均可支配收入等；二是政治系统的发展质量，即城市和乡村政府治理的效能，主要包括政府的执政效率、居民参政的积极性、公共服务的质量等；三是文化系统的发展质量，既要反映城市和乡村文化资源和活动的质量，也要反映城市和乡村居民精神状态，主要包括文化、文物、文艺机构的数量（文化文物机构数量、文艺团体数量）、人均文化资源（人均公共图书资源）、居民文化文艺活动的参与度（文艺活动参与人次）、城乡精神文明建设（文明城市占比、文明村镇的占比）等；四是社会系统的发展质量，反映社会发展质量的因素十分广泛，在考虑到评价可操作性的前提下，主要包括居民的就业质量、消费水平，反映城市和乡村居民生活质量的基础设施状况，以及教育、医疗、社会保障等公共服务供给状况；五是生态环境系统的发展质量，城市系统主要包括环境污染的治理状况、循环经济和人工绿地的情况，乡村系统主要包括农业生产和农村生活的绿色发展状况。

（三）城乡协同质量

城乡要素双向流动、平等交换和公共资源合理配置，形成工农互促、城乡互补、协调发展、共同繁荣新型工农城乡关系，是城乡融合发展的主体内涵。城市和乡村融合发展形成新的城乡融合系统，在城乡完全彻底地融合之前[①]，新系统并不能脱离城市和乡村独立存在。因此，我们可以将这种城乡融合发展的状态称为城乡协同质量。根据城乡融合发展的机理，测度城乡协同质量也要从五个子系统展开。一是城乡经济系统融合质量，主要包括城乡经济的整体效率（要素的效率）、城乡经济发展均衡程度、城乡居民收入和消费（价格）的平均化程度、工业对农业发展反哺的状况等；二是城乡政治系统融合质量，主要包括城乡政府的执政效率对比、城乡公共服务的质量对比、城乡社区整体治理效能等；三是城乡文化系统融合质量，主要包括城乡科技投入和发展情况、技术交易的活跃程度、城乡文化服务机构数量、艺术表演团体机构数、群众参与的积极性、政府相关支持的力度等；四是城乡社会系统融合质量，主要包括城乡人口流动性水平和质量（特别是户籍城镇化率和农民工落户率）、城乡居民消费水平和质量（总量和结构）、城乡教育、医疗、社会保障等公共服务对比状况等；五是城乡生态环境系统融合质量，主要包括城乡节能减排状况、生态产品的供给能力、环保的投入力度等。

---

① 有些国家或地区在城镇化过程中，城市完全把乡村"吞并"，这本质上并非是一种完全彻底的城乡融合。例如，新加坡和我国的深圳市。

二、指标体系构建的基本原则

构建城乡融合发展质量评价指标体系，总体上要求评价指标均能科学、客观、准确地反映新时代城乡融合发展（质量）的内涵。在前文对新时代城乡融合发展进行科学界定并借鉴学术界相关研究成果的基础上，将城乡融合发展质量的主要内涵分三层展开，以此构成城乡融合发展质量评价体系。在具体指标的选取中，这里还综合考虑了以下几个方面。

（一）方向明确

城乡融合发展是城乡居民双向流动的过程，当前农业转移人口市民化是主体，城乡融合发展质量应从城镇化质量、乡村振兴质量和城乡协同质量3个方面进行表征。城乡融合发展质量评价指标体系的目的是指导今后的城乡融合发展，各具体指标对未来新型工农城乡关系的形成要有正确的导向性。从而既能比较科学地评价新型城镇化、乡村振兴、城乡融合发展等战略的成效，又能在时间序列上相互对比、寻找变化规律，进一步指导未来城乡关系的发展。特别地，这里将构建一个全国城乡融合发展质量评价指标体系，用于测评我国年度城乡融合发展质量。

（二）科学实用

城乡融合发展质量评价指标体系的设计既要具备充足的理论依据和严谨、合理的逻辑结构，又要能客观地反映我国城乡关系演进的现实状况。科学性主要体现在要抓住城乡融合发展质量构成要素和影响要素最重要、最本质和最具代表性的方面，立足我国城乡关系的实际，从而能够科学、客观而且公正合理地从各个层面上反映客观事实；实用性就是要基于我国现阶段城乡融合发展的特点，根据所要测评的空间尺度和统计数据来设计具体指标，以保证城乡融合发展质量结果真实有效。

（三）系统客观

指标体系是各具体指标的有机集合（整合），既要注重体系的内在联系，又要注重体系的功能和目标，形成一个层次分明的系统，同时具体指标要选择能够直接量化或间接量化的客观性指标。城乡融合发展是一个复杂的多系统融合过程，城市系统、乡村系统和城乡融合新系统之间，以及各个子系统、各类要素之间，都应该分层、分类、目标指向统一。

（四）独立可比

同一层的具体指标之间界限分明、独立互补，尽量避免在经济意义上的重复性。不同地区城乡关系具有差异性，具体指标应能反映不同地区城乡融合发展过程中所表现出来的共性特征，具有较强的可比性。既要便于横向比较，即不同指标间（一般选一级或二级指标相互比较）的相互比较，以反映指标间的差异；又要便于纵向比较，通过不同时点的评价指数来衡量推进城乡融合发展的成效。为满足可比性的要求，各具体指标均采用相对值，原数据是绝对值统一转换为相对值。

（五）数据获取

构建城乡融合发展质量评价体系既是理论问题也是实证问题，因此必须考虑各具体指标数据的测量和数据收集工作的易操作性。原始数据选用国家统计局、各部委、各省市自治区统计局等权威部门通过官方网站或各类统计年鉴公开发布的统计数据，尽量避免定义复杂、计算繁复的指标，对于难以量化、难以获取数据的指标只能舍弃或暂且搁置。同时，这里采用指标设定与数据搜集、整理和计算同步的方法，增强指标体系的可操作性。

三、评价指标体系

根据前文对城乡融合发展质量内涵的界定，以及城乡融合发展质量评价指标体系构建基本原则的分析，结合所梳理的典型文献中相关评价指标体系构建的经验，本书尝试构建一套适合我国城乡融合发展特点的评价指标体系。本书构建的城乡融合发展评价指标体系，一级指标共有 3 个，即城镇化质量、乡村振兴质量和城乡协同质量指标；二级指标共有 15 个，是对一级指标的细分；三级指标共有 107 个，是对二级指标进一步具体化的细分，如表 4 - 3 所示。

表 4 - 3 　　　　　城乡融合发展质量评价指标体系

一级指标	二级指标	三级指标	单位	类型
城镇化质量	经济系统质量	城市人均非农产业增加值	万元/人	正向
		城市经济密度	亿元/平方千米	正向
		工业能耗	吨标准煤/万元	逆向

续表

一级指标	二级指标	三级指标	单位	类型
城镇化质量	经济系统质量	高技术产品占制造业比重	%	正向
		城市人均财政收入	万元/人	正向
		城市居民可支配收入（不变价）	元	正向
	政治系统质量	城区公务员数与常住人口总数之比	—	逆向
		城市社区居民参政率（登记选民投票率）	%	正向
		城市一般公共服务支出	亿元	正向
	文化系统质量	文化文物机构数	个	正向
		每万人文化文物及相关产业从业人员数	人	正向
		人均拥有公共图书馆藏书量	册/人	正向
		全国文明城市（城区）占比	—	正向
	社会系统质量	城镇登记失业率	%	逆向
		城镇恩格尔系数	—	逆向
		建成区人口密度	万人/平方千米	正向
		城市人均住房建筑面积	平方米/人	正向
		人均城市道路面积	平方千米/人	正向
		城市天然气普及率	%	正向
		城市互联网普及率	%	正向
		城市人均快递业务量	件/人	正向
		城市每万人公共交通运营线路总长度	平方千米/万人	正向
		城市教育投入强度（城镇教育投入/非农产业增加值）	—	正向
		每十万人口中在校大学生数	人	正向
		城市每万人拥有卫生技术人员数	人	正向
		城市每万人拥有卫生机构床位数	张	正向
		城市社会保障覆盖率（养老保险为例）	%	正向
	生态环境系统质量	工业污染源治理投入增长率	%	正向
		工业废水排放达标率	%	正向
		单位工业产值 CO_2 和 SO_2 排放量	吨/万元	逆向
		工业（一般、危险）废物综合利用率	%	正向

一级指标	二级指标	三级指标	单位	类型
城镇化质量	生态环境系统质量	城市生活垃圾无害化处理率	%	正向
		城市居民人均绿地面积	平方米/人	正向
乡村振兴质量	经济系统质量	乡村人均国民生产总值	万元/人	正向
		农业单位面积产值	元/公顷	正向
		农民人均纯收入（不变价）	元	正向
		人均粮食产量	千克	正向
		有效灌溉面积	千公顷	正向
		农业机械总动力密度（总动力/耕地面积）	万千瓦/公顷	正向
		农林牧渔业增加值电力消耗	千瓦时/万元	逆向
	政治系统质量	乡村公务员数与人口总数之比	—	逆向
		农村社区居民参政率（登记选民投票率）	%	正向
		乡村一般公共服务支出	亿元	正向
	文化系统质量	县、市及以下艺术表演团体机构数	个	正向
		农村电视人口覆盖率	%	正向
		乡镇文化站数	个	正向
		乡镇文化站参加文艺活动人次	万人次	正向
		文明村镇占比（全国和省级）	—	正向
	社会系统质量	农村恩格尔系数	—	逆向
		农村贫困人口数	人	逆向
		乡村人均道路面积	平方千米/人	正向
		农村互联网普及率	%	正向
		农村自来水普及率	%	正向
		乡村人均快递业务量	件/人	正向
		乡村义务教育普及率	%	正向
		乡村人均教育文化娱乐支出	元	正向
		乡村每万人拥有卫生技术人员数	人	正向
		乡村每万人拥有卫生机构床位数	张	正向
		设卫生室的村数占行政村总数的比率	%	正向
		新农保覆盖率	%	正向
		新农合覆盖率	%	正向

续表

一级指标	二级指标	三级指标	单位	类型
乡村振兴质量	生态环境系统质量	农业增加值用水量	立方米/万元	逆向
		化肥施用率	千克/公顷	逆向
		农药施用率	千克/公顷	逆向
		农用塑料薄膜施用率	千克/公顷	逆向
		农村卫生厕所普及率	%	正向
		农村生活垃圾无害化处理率	%	正向
城乡协同质量	经济系统质量	劳动效率（不变价 GDP/就业人数）	万元/人	正向
		资本效率（不变价 GDP/资本存量）	—	正向
		能源效率（不变价 GDP/能源消耗量）	元/千瓦时	正向
		城乡固定资产投资增长率	%	正向
		城乡人均 GDP 之比	—	适中
		农业产值增长率与非农业产值增长率（工业和服务业）之比	—	适中
		城乡居民人均可支配收入之比	—	适中
		城乡居民消费价格指数之比	—	适中
		农业科技进步贡献率	%	正向
		乡村非农产业增加值占 GDP 比重	—	正向
	政治系统质量	城乡每万人公务员数量之比	—	适中
		城乡一般公共服务支出之比（中央和地方）	—	适中
		城乡社区事务支出占财政总支出比重（中央和地方）	—	正向
	文化系统质量	科技支出占财政支出之比	—	正向
		专利申请受理量	项	正向
		技术市场成交额	亿元	正向
		群众文化服务业机构数	个	正向
		群众文化机构参加文艺活动人次	万人次	正向
		城乡艺术表演团体机构数	个	正向
		政府采购的公益演出活动演出场次	万场次	正向
		艺术表演团体农村演出观众人次	千人次	正向

续表

一级指标	二级指标	三级指标	单位	类型
城乡协同质量	社会系统质量	城乡人口迁移率	%	正向
		城镇户籍人口与常住人口之比	—	正向
		农民工落户数量	人	正向
		城乡居民人均消费支出之比	—	适中
		城乡恩格尔系数之比	—	适中
		城乡居民人均教育文化娱乐支出比	—	正向
		城乡人均教育经费之比（义务教育）	—	适中
		城市义务教育师生比与乡村义务教育生师比之比	—	适中
		城乡每万人拥有卫生技术人员数之比	—	适中
		城乡每万人拥有卫生机构床位数之比	—	适中
		农民工与雇主或单位签订劳动合同比例	%	正向
		农民工社保参保率（养老保险为例）	%	正向
		城乡居民社会养老保险参保人数	万人	正向
		城镇住房保障支出	亿元	正向
		城乡最低生活保障标准之比	—	适中
	生态环境系统质量	绿色能源利用率	%	正向
		造林总面积	千公顷	正向
		国家级自然保护区面积	万公顷	正向
		环保投入增长率	%	正向

资料来源：笔者设计整理。

（一）城镇化质量指标

工业化和城镇化是城乡社会生产力的发展方向，城乡融合发展并非是通过阻碍或延缓城市发展来支持乡村发展，相反是要通过高质量的城镇化带动城乡协同发展，实现城乡融合。因此，新型城镇化是新时代城乡融合发展的重要举措，城镇化质量是衡量城乡融合发展质量的重要方面。作为一级指标，城镇化质量指标下包含5个二级指标：城市经济系统质量、城市政治系统质量、城市文化系统质量、城市社会系统质量和城市生态环境系统质量，以"五位一体"总体布局综合反映城镇化的现实状况。

1. 城市经济系统质量

城市是经济要素的高密度聚集地，是各种非农产业活动的载体。研究表明，经济发展与城镇化具有很高的相关性（Henderson，2007；Douglass，2012），因此经济系统质量是衡量城镇化质量的重要构成要素。反映城市经济系统质量的因素很多，这里选择了城市人均非农产业增加值、城市经济密度、工业能耗、高技术产品占制造业比重、城市人均财政收入、城市居民可支配收入（不变价）6个三级指标。其中工业能耗为逆向指标，其余均为正向指标。首先，城市是非农产业的聚集地，非农产业的发展也是驱动城镇化的主要动力，这里选用城市人均非农产业增加值来表征城市的经济发展实力；城镇化的经济发展质量不能仅看总量，还要看密度，城市经济密度表征了城市单位面积上经济活动的效益和土地利用的密集程度；经济的发展也不能仅看数量，还要关注质量，这里选择工业能耗来反映工业化的质量；衡量经济发展质量既要看投入也要看收入，其中财政收入代表政府的收入。一般地，政府收入越高公共服务水平和均等化程度就越高；城市居民可支配收入代表工作生活在城市的居民的收入水平，这不仅是城市经济系统质量的关键指标，还是农业剩余劳动力向城市迁移的重要因素。这里采用不变价的城市居民可支配收入，能更真实地反映城镇化给城市居民经济收入所带来的变化（实际收入）。

2. 城市政治系统质量

城市人口密集、经济活跃、文化多样，城市政治系统质量是反映城镇化质量的重要方面。城市政治系统质量集中反映了政府对城市社会治理的效能，很多指标量化难度较大，这里选取了城区公务员数与常住人口总数之比、城市社区居民参政率（登记选民投票率）、城市一般公共服务支出3个三级指标。政府治理的规模与人口规模正相关，政府的执政效率与其公务人员的数量成反比，因此城区公务员数与常住人口总数之比是一个逆向指标；居民的参政议政积极性是城市政治系统质量的重要反映，这里通过登记选民投票率来表征城市社区居民的参政率；一般公共服务支出主要用于保障政府部门正常运转，支持各机关单位履行职能，保障各机关部门的项目支出。政府治理效能的发挥需要充足的经费支撑，城市一般公共服务支出规模可以表征这一条件。

3. 城市文化系统质量

城市文化是人们在城市发展和城镇化过程中所创造的物质财富和精神财富的总和。城市文化是一个复杂的系统，具有现代性、开放性、兼容性等特点。城市文化既是城镇化的结果，也是城镇化高质量发展的要求，城市文化系统的质量是城镇化质量的重要方面。同样，城市文化系统质量的大多数指标都难以量化，这里选取文化文物机构数、每万人文化文物及相关产业从业人员数、人均拥有公共图书馆藏书量、全国文明城市（城区）占比4个三级指标，且均为正向指标。文化文物机构是从事城市文化或组织部门，其数量是反映城市文化系统质量的重要指标；文化的生产和传播需要一定的人类劳动，文化文物及相关产业的从业人员数量也是反映城市文化活动繁荣与否的重要方面；公共图书馆是城市文化重要的标签，人均拥有公共图书馆藏书量可以很好地表征城市文化系统质量；相对物质和制度层面的问题，精神层面的文化更为关键，但是也更难测评，这里选用全国文明城市（城区）占比来反映城市精神文明的建设情况。

4. 城市社会系统质量

在五个子系统中，城市社会系统的面更广阔，与之相关的因素更多，考虑到全面而重点突出以及指标数据的可获取性等因素，这里选取了城镇登记失业率、城镇恩格尔系数、建成区人口密度、城市人均住房建筑面积、人均城市道路面积、城市天然气普及率、城市互联网普及率、城市人均快递业务量、城市每万人公共交通运营线路总长度、城市教育投入强度（城镇教育投入/非农产业增加值）、每10万人口中在校大学生数、城市每万人拥有卫生技术人员数、城市每万人拥有卫生机构床位数、城市社会保障覆盖率（养老保险为例）14个三级指标。分别从城市居民的就业、吃、住、用、行、文化、教育、医疗和社保等方面综合反映城市社会系统的状况，其中城镇登记失业率和城镇恩格尔系数为逆向指标，其余均为正向指标。城镇登记失业率反映了城市常驻人口的就业状况，是城市社会系统质量的基础性指标；恩格尔系数能直接反映一个国家或地区的社会富裕程度，随着城镇化进程的不断推进，城镇恩格尔系数呈现下降趋势；人口密度既能直接反映城镇化的土地利用效率，也能间接表征城市社会和谐程度，是城市社会系统质量的重要指标；随着农业人口逐渐向城镇转移，城市规模不断扩大，城镇居民的居住条件也在发生着变化，人均住房面积是表征城镇居民生活质量的重要指标；城市人口具有高流动性的特点，这需要充足的道路资源给予支撑，人均城市道路面积是保障居民出行的重要指标；住房条件和交通改善的同时，各种配套设施也应不断完善，其中对于现代城镇来说城市天然气普及率和互联网普及率是两个重要指标；信息化时代的到来，使得以互联网为代表的信息技术在不断变革着我们的生活，"互联网＋分享经济"是城市社会发展质量的重要趋势，这里选择了人均快递业务量来表征这一趋势；通勤水平是一个城市社会发展质量的重要方面，在众多的影响因素中，这里选择了每万人包括城市公共汽车、电车和轨道交通3种公共交通运营线路总长度来反映城镇居民的出行质量；教育的发展是城市社会进步的重要标志，这里选择了教育投入强度和每10万人口中在校大学生数两个具体指标；医疗卫生水平是城市社会发展实力的重要标志，这里选择了每万人拥有卫生技术人员数和每万人拥有卫生机构床位数两个关键指标；社会保障发展水平是现代城市社会文明程度的直接体现，这里选择了社会保障覆盖率为具体指标，为了简化操作，仅以养老保险参保率的数据为例。

5. 城市生态环境系统质量

良好的生态环境是城镇化质量的重要内容，特别是随着城镇化的推进，城市规模不断扩大，环境污染问题已经成为制约城市发展的主要因素。这里选取了工业污染源治理投入增长率、工业废水排放达标率、单位工业产值二氧化碳（CO_2）和二氧化硫（SO_2）排放量、工业（一般、危险）废物综合利用率、城市生活垃圾无害化处理率、城市居民人均绿地面积 6 个三级指标，其中单位工业产值 CO_2 和 SO_2 排放量为逆向指标，其余均为正向指标。从生态系统角度看，城市是一个高度人工化的系统。自然力不能解决城市居民生产生活带来的废弃物，这需要投入大量的人力物力，建立一个人工的循环发展系统。首先选取了工业污染源治理投入增长率，这是表征城市生态系统质量的关键指标。世界各国城镇化的历程表明，工业污染是城镇生态环境质量下降的主要原因，这里选择了工业废水排放达标率、单位工业产值 CO_2 和 SO_2 排放量和工业废物综合利用率 3 个指标，分别从水体、大气和固体 3 个方面来反映工业污染及治理情况；随着城市人口的增多，城市生活垃圾逐渐成为城市环境的重要污染源，生活垃圾无害化处理率可以直接表征城市生态环境系统质量；城市的绿林地是城市之"肺"，也是一个城市生态环境质量的重要标志，这里选择了城市居民人均绿地面积作为具体指标。

（二）乡村振兴质量指标

前文已强调，城乡融合发展的最终目标是让城市和乡村共同实现现代化。当前，从政策定位上看，我国将促进新时代城乡融合发展作为促进乡村振兴的重要举措，即通加强城乡之间的互动交融，实现以工哺农、以城带乡、城乡共荣。因此，乡村振兴质量是城乡融合发展质量的重要指标。作为一级指标，乡村振兴质量下包含 5 个二级指标：乡村经济系统质量、乡村政治系统质量、乡村文化系统质量、乡村社会系统质量和乡村生态环境系统质量，以"五位一体"总体布局综合反映乡村振兴的现实状况。

1. 乡村经济系统质量

经济发展、效率提升、产业兴旺是乡村经济振兴的目标，也是表征乡村经济系统质量的主要方面。这里重点选取了乡村人均国民生产总值、农业单位面积产值、农民人均纯收入（不变价）、人均粮食产量、有效灌溉面积、农业机械总动力密度（总动力/耕地面积）和农林牧渔业增加值电力消耗7个三级指标，且均为正向指标。在乡村经济多元化发展背景下，通过人均国民生产总值来反映乡村经济发展的整体实力；农业是乡村经济的主体产业，农业单位面积产值是表征农业发展效益的关键指标；"人"是经济发展的核心，这里选取农民人均纯收入（不变价）和人均粮食产量来表征乡村居民收入生活水平的变化，采用不变价的形式更能反映农民的实际收入变化情况；农业科技含量和效率是乡村经济系统质量的重要方面，这里选取了有效灌溉面积、农业机械总动力密度（总动力/耕地面积）和农林牧渔业增加值电力消耗3个指标，分别反映农业的机械化和规模化程度，以及农业生产率的变化。

2. 乡村政治系统质量

与城市政治系统不同，乡镇政府是我国最基层的一级政权，农村基层实行群众自治制度。对于乡村政治系统的测度，这里选取了乡村公务员数与人口总数之比、农村社区居民参政率（登记选民投票率）、乡村一般公共服务支出3个三级指标，其中乡村公务员数与人口总数之比为逆向指标，其余两个为正向指标。乡村公务员数与人口总数之比反映了乡村政府治理的效率，公务员数量减少在一定程度上表明治理效能的提升；农村社区居民参政率用登记选民投票率来表征，既反映了农村居民参政议政的积极性、政府的公信力，也间接反映了乡村政治系统质量；相对于城市，乡村的各种公共服务相对薄弱，一般公共服务支出规模更能体现其政府治理的效能。

3. 乡村文化系统质量

我国的乡村文化以农耕文化、乡土文化、宗族文化、民俗文化等为主要特点，乡村文化系统质量的提升，需要对这些传统文化进行保护、传承与发展，使其与现代文化有机融合，以更好延续乡村文化血脉。鉴于此，这里选取了县、市及以下艺术表演团体机构数、农村电视人口覆盖率、乡镇文化站数、乡镇文化站参加文艺活动人次、文明村镇占比（全国和省级）5个三级指标。乡村文化的传承和创新发展需要文化艺人组织化，其中县、市及以下艺术表演团体机构数可以反映这一要求；乡村聚落分布十分广泛，电视是现代文化在乡村传播的重要渠道，这里选取农村电视人口覆盖率来表征；乡镇文化站是提供公共文化服务、指导基层文化工作和协助管理农村文化市场的公益性组织，乡镇文化站的数量以及其参加文艺活动人次可以直接表征乡村文化系统的质量；文明乡风、良好家风、淳朴民风是文明村镇的特征，这里用文明村镇占比（全国和省级）来反映乡村精神文明建设成效。

4. 乡村社会系统质量

乡村社会是一个十分复杂的系统，在5个子系统中所包含的元素最多。这里选取了农村恩格尔系数、农村贫困人口数、乡村人均道路面积、农村互联网普及率、农村自来水普及率、乡村人均快递业务量、乡村义务教育普及率、乡村人均教育文化娱乐支出、乡村每万人拥有卫生技术人员数、乡村每万人拥有卫生机构床位数、设卫生室的村数占行政村总数的比率、新农保覆盖率、新农合覆盖率13个三级指标，分别从乡村居民的吃、住、用、行、文化、教育、医疗和社保等方面综合反映城市社会系统的状况。其中恩格尔系数和贫困人口数为逆向指标，其他均为正向指标。恩格尔系数反映了农村家庭收入中（或总支出中）用来购买食物的支出比例，是表征乡村居民生活质量的重要指标；农村贫困人口数反映了乡村社会脱贫攻坚的情况，2020年我国已经全面消除绝对贫困；道路、网络、自来水等是乡村的重要基础设施，这里选取了乡村人均道路面积、农村互联网普及率和农村自来水普及率来表征乡村基础设施的发展状况，这是乡村社会系统质量"硬件"部分的代表；信息化时代的到来，对乡村经济社会也产生了巨大影响，"云上"生产、"网上"销售、"线上"生活成为乡村重要的生产生活方式，这里选择了人均快递业务量来表征这一趋势；教育、文化、医疗、社会保障等是乡村社会系统质量的"软件"部分，这些分别选取了乡村义务教育普及率、乡村人均教育文化娱乐支出、乡村每万人拥有卫生技术人员数、乡村每万人拥有卫生机构床位数、设卫生室的村数占行政村总数的比率、新农保覆盖率、新农合覆盖率7个指标来表征。

5. 乡村生态环境系统质量

乡村生态环境系统也是一个人与自然的复合系统，虽然自然的力量处于主体地位，但人的生产生活所产生的废弃物，也需要人为的循环处理。因此，乡村生态环境系统质量仍要从投入和治理效果的角度来评价。这里选取了农业增加值用水量、化肥施用率、农药施用率、农用塑料薄膜施用率、农村卫生厕所普及率、农村生活垃圾无害化处理率6个三级指标，除了卫生厕所普及率和生活垃圾无害化处理率为正向指标，前4个均为逆向指标。首先从农业生产的角度，来测度乡村生态环境系统质量。水是重要的自然资源，也是乡村生态系统的重要元素，农业用水量的节约是乡村生态环境系统质量提升的表现；现代农业生产资料化肥、农药和农用塑料薄膜对于环境均有不同程度的负面影响，这些生产资料使用率的降低也是乡村生态环境系统质量提升的表现；农村"厕所革命"和生活垃圾无害化处理是改善环境、防治疾病的治本之策，有力促进了农村生态文明建设，推动了民众文明卫生素质的提高，保障了民众的健康。这里选用了农村卫生厕所普及率和农村生活垃圾无害化处理率两个指标，从生活方式变革角度来测度乡村生态环境系统质量。

（三）城乡协同质量指标

城乡协同质量是城乡融合发展质量的核心一级指标，它反映了城市和乡村在经济、政治、文化、社会和生态环境 5 个方面发展差距的缩小以及发展质量的提升。作为一级指标，城乡协同质量下包含 5 个二级指标：城乡经济系统质量、城乡政治系统质量、城乡文化系统质量、城乡社会系统质量和城乡生态环境系统质量，以"五位一体"总体布局综合反映城乡协同发展的现实状况。

1. 城乡经济系统质量

城乡经济系统质量的测度包括两个方面，一方面是城乡经济效率的整体提升情况，另一方面是城乡经济发展差距的缩小情况。根据具体指标的选取原则，这里选择了劳动效率（不变价 GDP/就业人数）、资本效率（不变价 GDP/资本存量）、能源效率（不变价 GDP/能源消耗量）、城乡固定资产投资增长率、城乡人均 GDP 之比、农业产值增长率与非农业产值增长率（工业和服务业）之比、城乡居民人均可支配收入之比、城乡居民消费价格指数之比、农业科技进步贡献率和乡村非农产业增加值占 GDP 比重 10 个三级指标，其中前 4 个为正向指标，后6 个为适度指标。劳动、资本和能源作为经济发展的要素，它们的效率是城乡经济发展效率的直接体现，这里采用不变价 GDP 来计算生产要素效率，能更真实地反映城乡经济系统质量的变化情况；在当前新型城镇化和新时代乡村振兴两大战略的背景下，城乡固定资产投资增长率是反映城乡经济发展的状况，也是城乡经济系统质量的重要指标；城乡经济发展差距的变化情况，可以通过许多方面来测度。这里首先选取了城乡人均 GDP 之比，这是反映城乡经济系统质量核心指标；接着，用农业产值增长率与非农业产值增长率（工业和服务业）之比来反映城乡主体经济的发展效率差距；进而，用城乡居民人均可支配收入之比和城乡居民消费价格指数之比来反映城乡居民实际所得的差距；前文已多次强调，当前城乡经济融合发展是乡村产业振兴的重要举措。这里选取了农业科技进步贡献率表征城乡科技互动、以工哺农的效果，同时选取乡村非农产业增加值占 GDP 比重表征农村一二三产业融合发展的状况，这两个方面都是衡量城乡经济系统质量的重要方面。

2. 城乡政治系统质量

对城乡政治系统质量的测度也可分为两个方面，一是城乡治理效能的差距，二是城乡治理效能的整体提升。鉴于此，这里选取了城乡每万人公务员数量之比、城乡一般公共服务支出之比（中央和地方）、城乡社区事务支出占财政总支出比重（中央和地方）3 个三级指标，其中前两个为适度指标，后一个为正向指标。城乡每万人公务员数量之比反映了城乡政府执政效率，一方面比值趋向于 1 是城乡政府效率的均衡，另一方面比值趋向于 1 是城乡治理能效的整体提升；城乡一般公共服务支出之比反映了政府执政效能的趋同，这里将中央和地方两个方面的支出整合起来更加全面；财力的增加是城乡治理效能提升的基础条件，也是城乡政治系统质量的重要方面，这里选取城乡社区事务支出占财政总支出比重作为具体指标。

3. 城乡文化系统质量

城乡文化具有不同的特点，从量上来看均衡毫无意义。因此，这里仅从城乡文化融合整体水平的提升来测度城乡文化系统质量，选取科技支出占财政支出之比、专利申请受理量、技术市场成交额、群众文化服务业机构数、群众文化机构参加文艺活动人次、城乡艺术表演团体机构数、政府采购的公益演出活动演出场次和艺术表演团体农村演出观众人次 8 个三级指标，且均为正向指标。文化特别是科学技术有投入才会有产出，这里选取科技支出占财政支出之比表征政府对科技研发的支持力度，以此来间接反映城乡文化系统质量；专利的数量和技术市场的活跃程度是科技产出的反映，这里选取了专利申请受理量和技术市场成交额表征科技产出的质量；文化机构（艺术表演团体）的数量、演出的频次、城乡群众的参与度等是反映城乡文化品质和城乡文化兴衰的重要方面，也是城乡文化系统质量的重要指标。

4. 城乡社会系统质量

城乡社会系统是复杂、开放、多元的，同样对城乡社会系统质量的测度也分为两个方面。一是城乡居民生活水平的差距的缩小，可以从消费、教育、医疗、社会保障等方面来表征。二是城乡社会整体的互动交融和发展进步的程度，以"人"为核心进行测度。鉴于此，这里选取了城乡人口迁移率、城镇户籍人口与常住人口之比、农民工落户数量、城乡居民人均消费支出之比、城乡恩格尔系数之比、城乡居民人均教育文化娱乐支出比、城乡人均教育经费之比（义务教育）、城市义务教育师生比与乡村义务教育生师比之比、城乡每万人拥有卫生技术人员数之比、城乡每万人拥有卫生机构床位数之比、农民工与雇主或单位签订劳动合同比例、农民工社保参保率（养老保险为例）、城乡居民社会养老保险参保人数、城镇住房保障支出和城乡最低生活保障标准之比 15 个三级指标。城乡之间流动的人口是城乡融合的核心载体，这里用城乡人口迁移率、城镇户籍人口与常住人口之比和农民工落户数量 3 个正向指标来表征核心载体的发展质量。其中农民工落户数量反映了农业转移人口市民化质量，是重要指标之一；城乡居民消费、教育、医疗和社会保障的差距的缩小是城乡社会系统质量提升的重要表征，这里选取了城乡居民人均消费支出之比、城乡恩格尔系数之比、城乡人均教育经费之比（义务教育）、城市义务教育师生比与乡村义务教育生师比之比、城乡每万人拥有卫生技术人员数之比、城乡每万人拥有卫生机构床位数之比和城乡最低生活保障标准之比7个适度指标；此外，城乡居民人均教育文化娱乐支出比和城乡居民社会养老保险参保人数两个指标来反映城乡居民教育、文化和社会保障整体水平的提升；农民工是城乡之间流动人口的主力军，他们在工作中的权益以及在城市中的生活质量是城乡社会系统质量的重要方面。这里选取了农民工与雇主或单位签订劳动合同比例、农民工社保参保率（养老保险为例）两个指标来表征农民工劳动权益的保障情况，选取了城镇住房保障支出来间接地表征农民工住房保障和生活质量的状况。

5. 城乡生态环境系统质量

城市和乡村生态环境系统具有明显的差异，没有对比的意义。因此，需要从整体生态环境的提升来反映城乡生态环境系统质量，这里选取了绿色能源利用率、造林总面积、国家级自然保护区面积和环保投入增长率4个三级指标，且均为正向指标。保护生态环境的首要措施就是减少排放，这其中绿色能源利用率就是一个重要的指标；在减排的基础上，还要创造更多的绿色，造林总面积和国家级自然保护区面积的变化就是很好的表征指标；不论是绿色生产生活、节能减排，还是植树造林、扩大自然保护区，都需要增加投入作为支撑，这里选取了环保投入增长率来表征。

第四节　城乡融合发展的测评模型与实证分析

在城乡融合发展质量评价指标体系构建的基础上，建立城乡融合发展质量和速度测评模型，并对我国1993~2020年的城乡融合发展状况进行实证分析。

一、城乡融合发展评价指标权重

指标权重的赋予是综合评价法的核心问题之一，在评价指标值已经确定的情况之下，权重的变化将不可避免地导致评价结果的变化。指标权重不仅反映了指标之间重要性的差异程度，还反映了评价体系价值的差异程度和指标在不同对象中的表现差异。因此，指标权重是否合理，会直接影响评价的科学性。就理论而言，评价指标赋权方法主要有三种（朱鹏华等，2016）：一是客观赋权法，即利用评价指标数据信息，计算出各指标的权重。比如，主成分分析法（PCA）、因子分析法（FAM）、变异系数法（CPA）、熵值法（Entropy method）、局部变权法（LVWM）、物元分析法（MEA）、灰色关联度法（GRA）、人工智能算法（AIA）等；二是主观赋权法，即利用决策者的经验，通过对评价指标属性的比较而赋权。比如，德尔菲法（Delphi Method）、层次分析法（AHP）、二项系数法（BCM）、环比评分法（DARE）等；三是综合赋权法，即客观赋权法和主观赋权法结合使用。有学者认为客观赋权法要优于主观赋权法，这种观点是欠妥的。主观赋权法和客观赋权法各有优劣，前者主要凭借专家经验，难免存在主观随意性；后者虽然避免了主观随意性，但仅凭借统计数据的特征差异赋权无法真实反映指标的重要性，有时甚至与真实的重要性背道而驰。判断一组权重的合理与否并不能根据其采用哪种赋权方法，而应该根据评价指标体系的背景和目标，看其是否准确反映了各指标的真实重要性。因此，只有根据具体问题的实际状况，运用科学适当的方法得出的权重才是合理的。根据前文对城乡融合发展质量的内涵分析和评价指标体系的构建，这里认为从已有的指标数据值出发，仅使用客观赋权法或主观赋权法不能得出衡量城乡融合发展质量各指标重要性的合理权重。最适合的应该是综合赋权法，既要对统计数据进行特征分析，又要对城乡融合发展质量内涵的正确理解，综合运用客观和主观赋权法才能合理赋予各指标的权重，使城乡融合发展质量的测评具有评价和指导意义。综合各种主观和客观赋权法的优缺点，借鉴学术界已有的研究成果，这里采用熵值法和"德尔菲法＋层次分析法"综合赋权法来确定各指标的权重。

（一）熵值法

熵是源于热力学的一个物理学概念，后由申农（C. E. Shannon，1948）引入信息论，现已广泛运用于社会科学研究领域。在信息论中，熵是系统无序程度的度量，信息则是系统有序程度的度量，两者绝对值相等，符号相反；若某项指标的指标值变异程度越大，熵越小，该指标提供的信息量越大，其权重也应越大；反之，某项指标的指标值变异程度越小，熵越大，该指标提供的信息量越小，其权重也越小（郭显光，1998）。熵值法能够克服人为确定权重的主观性以及多指标变量间信息的重叠，被广泛应用于社会科学研究领域。熵值法用于确定城乡融合发展质量评价指标权重的步骤：

第一步，构建城乡融合发展质量评价指标数据矩阵。设测评我国（或某个地区）$n(n \in N^+)$ 年的城乡融合发展质量，$m(m \in N^+)$ 为评价指标体系的具体指标数，则可以建立一个 $n \times m$ 阶矩阵：

$$X = \{x_{ij}\}_{n \times m}(1 \leqslant i \leqslant n, \ 1 \leqslant j \leqslant m)$$

其中，x_{ij} 为第 i 年第 j 个指标的统计数值。

第二步，城乡融合发展质量评价指标数据标准化。指标数据标准化分为一致化和无量纲化两部分。

首先，对逆向和适中指标进行一致化[①]：逆向指标，令 $x'_{ij} = M - x_{ij}(1 \leqslant i \leqslant n)$，其中 M 是指标 $x_{ij}(1 \leqslant i \leqslant n)$ 的一个允许的上界；适中指标，令 $x'_{ij} = K - |a - x_{ij}|(1 \leqslant i \leqslant n)$，其中 a 是 $x_{ij}(1 \leqslant i \leqslant n)$ 的适度值，K 是 $|a - x_{ij}|$ 的一个允许的上界。（这里可以令 $M = \max(x_{ij})$，$K = \max(|a - x_{ij}|)$，城乡融合发展质量评价指标体系中指标的适度值 $a = 1$）。

然后，对正向、逆向和适中指标进行无量纲化：正向指标，令 $x'_{ij} = x_{ij}$，则指标数据阵变换为：

$$X' = \{x'_{ij}\}_{n \times m}(1 \leqslant i \leqslant n, \ 1 \leqslant j \leqslant m)$$

使用极差化法对指标数据进行无量纲化处理[②]，令 $y_{ij} = \dfrac{x'_{ij} - \min(x'_{ij})}{\max(x'_{ij}) - \min(x'_{ij})}$，则指标数据阵又变换为：

$$Y = \{y_{ij}\}_{n \times m}(1 \leqslant i \leqslant n, \ 1 \leqslant j \leqslant m)$$

第三步，计算指标比重。令 $p_{ij} = \dfrac{y_{ij}}{\sum\limits_{i=1}^{n} y_{ij}}$。

第四步，计算第 j 个指标的熵值。令 $e_j = -\dfrac{\sum\limits_{i=1}^{n} p_{ij}\ln p_{ij}}{\ln n}$，当 $p_{ij} = 0$ 时，令 $p_{ij}\ln p_{ij} = 0$。

第五步，计算评价指标 j 的差异性系数。令 $g_t = 1 - e_j$。

第六步，计算评价指标 j 的权重。令 $w'_j = \dfrac{g_i}{\sum\limits_{j=1}^{m} g_j}$，则权向量为 $w' = \{w'_j\}$。

[①] 常用的一致化处理方法有倒数一致化和减法一致化两种方法，这里采用在线性评价模型中鲁棒性较好的减法一致化。

[②] 无量纲化法包括线性和非线性两大类，其中常用的线性无量纲化法有极差化法、Z – Score 法、极大化法、极小化法、均值化法、归一化法、秩次化法等。

（二）德尔菲法 + 层次分析法

德尔菲法（Delphi Method），又称专家意见法或专家函询调查法，是组织者拟定调查表，按照既定程序，以函件的方式分别向专家组成员进行征询；而专家组成员不相互讨论，独立提交意见。经过几次反复征询和反馈，专家组成员的意见逐步趋于集中，最后获得集体判断结果。层次分析法（Analytic Hierarchy Process，AHP）是将与决策总是有关的元素分解成目标、准则、方案等层次，在此基础之上进行定性和定量分析的决策方法。这里将菲尔德法和层次分析法结合起来使用，即"德尔菲法 + 层次分析法"。"德尔菲法 + 层次分析法"用于确定城乡融合发展质量评价指标权重的步骤：

第一步，用德尔菲法确定判断矩阵。我国城乡融合发展质量评价体系共分为四层：目标层、一级指标层、二级指标层和三级指标层，设第一指标层对目标层的判断矩阵为 $A = (a_{ij})_{3 \times 3}$；第二指标层对第一指标层的判断矩阵为 $A_1 = (b_{ij})_{5 \times 5}$，$A_2 = (b_{ij})_{5 \times 5}$，$A_3 = (b_{ij})_{5 \times 5}$；第三指标层对第二指标层的判断矩阵为 $B_1 = (c_{ij})_{6 \times 6}$，$B_2 = (c_{ij})_{3 \times 3}$，$B_3 = (c_{ij})_{4 \times 4}$，$B_4 = (c_{ij})_{14 \times 14}$，$B_5 = (c_{ij})_{6 \times 6}$，$B_6 = (c_{ij})_{7 \times 7}$，$B_7 = (c_{ij})_{3 \times 3}$，$B_8 = (c_{ij})_{5 \times 5}$，$B_9 = (c_{ij})_{13 \times 13}$，$B_{10} = (c_{ij})_{6 \times 6}$，$B_{11} = (c_{ij})_{10 \times 10}$，$B_{12} = (c_{ij})_{3 \times 3}$，$B_{13} = (c_{ij})_{8 \times 8}$，$B_{14} = (c_{ij})_{15 \times 15}$，$B_{15} = (c_{ij})_{4 \times 4}$ 以上均为正互反矩阵。构造判断矩阵需要定量化的标度，标度的方法众多，比如，1:9 标度法、0:1 标度法、0.1:0.9 标度法、-2:2 标度法、$\frac{9}{9}:\frac{9}{1}$ 标度法、$\frac{10}{10}:\frac{18}{2}$ 标度法、指数标度法等。对比各种标度法，这里选用性能相对较好的 $\frac{10}{10}:\frac{18}{2}$ 标度法（徐泽水，2000）。

本书从两个方面选取专家：一是学术研究的层面，从国务院政策研究室、国家发展和改革委员会、中共中央党校（国家行政学院）、中国社会科学院院、中国人民大学、山东大学等单位选取 15 位长期从事城市经济或农村经济研究的专家（理论专家）；二是城乡治理的层面，从山东省济南市（章丘区、长清区、莱芜区）、临沂市（罗庄区、兰陵县、费县）、聊城市（高唐县、茌平区）、济宁市（汶上县、梁山县）、菏泽市（郓城县）、青岛市（崂山区）、淄博市（沂源县）、滨州市（沾化区）、烟台市（福山区）等政府部门选取 15 位从事城乡治理工作的公务员（城乡治理实践专家）[①]。通过电子邮件给专家发《我国城乡融合发展质量评价指标判断矩阵调查表》（配有详细的说明），让他们用$\frac{10}{10} : \frac{18}{2}$标度法[②]确定各指标的相对重要性。第一轮汇总专家的判断矩阵，并进行一致性检验（根据第二、第三步进行），汇总专家意见并反馈；第二轮让专家进行修改，将没通过一致性检验的判断矩阵特别标注，让专家重点修改。根据专家的经验和学识赋予信任系数，将30位专家的第二轮确定的判断矩阵加权求得最后的判断矩阵。其中，第二轮一致性检验通不过的判断矩阵信任系数直接赋零。

第二步，计算权重向量。权重向量的计算一般可分为最优化排序和近似计算两类方法。这里选用其中的特征向量法，首先用 Mathematica 软件计算判断矩阵 A 的最大特征根 $\lambda_{\max}$，再由 $Aw = \lambda_{\max}w$，求出权重向量 $w = \{w_1, w_2, \cdots, w_n\}^T$。

第三步，一致性检验。单个判断矩阵的一致性检验公式为 $CR = \dfrac{CI}{RI}$，$CI = \dfrac{\lambda_{\max} - n}{n - 1}$；指标层的一致性检验公式为 $CR = \dfrac{\sum\limits_{j=1}^{m} w_j CI_j}{\sum\limits_{j=1}^{m} w_j RI_j}$。其中：$CI$ 为判断矩阵的一般一致性指标，RI 为判断矩阵的平均随机一致性指标（可由表4-4查得），CR 为判断矩阵（或指标层）的随机一致性比率，w_j 为对上一层的权重系数。

表4-4 平均随机一致性指标 RI

n	1	2	3	4	5	6	7	8	9	10	11	12	13	14	15
RI	0	0	0.52	0.89	1.12	1.26	1.36	1.41	1.46	1.49	1.52	1.54	1.56	1.58	1.59

资料来源：许树柏：《实用决策方法——层次分析法原理》，天津大学出版社1988年版，第51~58页。

若 $CR < 0.1$ 时，则通过一致性检验。

第四步，计算组合权重。第一指标层对目标层的权向量为 $w^{(1)} = \{w_1^{(1)}, w_2^{(1)}, w_3^{(1)}\}^T$；第二指标层对第一指标层的权向量为 $w_i^{(2)} = \{w_{i1}^{(2)}, w_{i2}^{(2)}, \cdots,$

[①] 主要包括分管城镇化、"三农"、乡村振兴工作的区县级领导，城市街道和乡镇党委、政府主要负责人。

[②] 标度的通式为 $\dfrac{9+k}{11-k}$，$k = 1, 3, 5, 7, 9$ 时，区分度分别为相同、稍微大、明显大、强烈大、极端大。

$w_{i15}^{(2)}\}^{T}(i=1，2，3)$，以 $w_i^{(2)}$ 为列向量组成组合权向量矩阵 $W^{(2)}=\{w_1^{(2)}，w_2^{(2)}，$ $w_3^{(2)}\}$；第三指标层对第二指标层的权向量为 $w_j^{(3)}=\{w_{j1}^{(3)}，w_{j2}^{(3)}，\cdots，w_{j107}^{(3)}\}^{T}(j=1，2，\cdots，12)$，以 $w_j^{(3)}$ 为列向量组成组合权向量矩阵 $W^{(3)}=\{w_1^{(3)}，w_2^{(3)}，\cdots，$ $w_{15}^{(3)}\}$，则第三指标层对目标层的权向量为：

$$w''=W^{(3)}W^{(2)}w^{(1)}$$

（三）综合赋权法确定指标权重

熵值法充分挖掘了指标统计数据本身蕴含的信息，指标权重客观性强，但缺乏对指标趋势的理性分析，有时所得权重与实际重要程度并不相符；"德尔菲法 + 层次分析法"充分综合了专家（理论和实践）的知识经验，指标权重合理性较强，但是无法克服主观性随意性的缺陷。这里综合以上两类赋权法，最终确定城乡融合发展质量评价指标体系的指标权重。由熵值法计算的指标权向量为 $w'=\{w_i'\}(i=1，2，\cdots，107)$，由"德尔菲法 + 层次分析法"计算的指标权向量为 $w''=\{w_i''\}(i=1，2，\cdots，107)$，设综合权向量为 $w=\{w_i\}(i=1，2，\cdots，107)$，这里采用幂平均合成法。

$$w_i=\left(\frac{\alpha_1\ (w_i')^{k}+\alpha_2\ (w_i'')^{k}}{\alpha_1+\alpha_2}\right)^{\frac{1}{k}}$$

α_1 为熵值法的权重，α_2 为"菲德尔法 + 层次分析法"的权重，且 $\alpha_1+\alpha_2=1$。k 为幂平均阶数，若 $k=1$，则为算数平均合成；若 $k\rightarrow 0$，则为几何平均合成；若 $k=2$，则为平方平均合成；若 $k=-1$，则为调和平均合成（苏为华，2000）。在实际应用中，"取长补短"的算数平均合成使用最广泛，这里也采用算数平均合成，即：

$$w_i=\alpha_1 w_i'+\alpha_2 w_i''$$

根据以上方法及步骤，计算出我国城乡融合发展质量评价指标体系中各项指标的权重，见表 4 - 5。

表 4 - 5　　　　　　　　　　城乡融合发展质量评价指标权重

一级指标	二级指标	三级指标	熵值法权重	德尔菲法 + 层次分析法	综合权重 $\alpha_1=0.3$，$\alpha_2=0.7$
城镇化质量 A_1	经济系统质量 B_1	城市人均非农产业增加值 C_{11}	0.007038	0.00727	0.0072004
		城市经济密度 C_{12}	0.006325	0.00686	0.0066995

一级指标	二级指标	三级指标	熵值法权重	德尔菲法＋层次分析法	综合权重 $\alpha_1 = 0.3$, $\alpha_2 = 0.7$
城镇化质量 A_1	经济系统质量 B_1	工业能耗 C_{13}	0.001541	0.00229	0.0020653
		高技术产品占制造业比重 C_{14}	0.021183	0.00363	0.0088959
		城市人均财政收入 C_{15}	0.005543	0.00453	0.0048339
		城市居民可支配收入（不变价）C_{16}	0.003151	0.00206	0.0023873
	政治系统质量 B_2	城区公务员数与常住人口总数之比 C_{21}	0.003243	0.00161	0.0020999
		城市社区居民参政率（登记选民投票率）C_{22}	0.011684	0.00476	0.0068372
		城市一般公共服务支出 C_{23}	0.012995	0.00119	0.0047315
	文化系统质量 B_3	文化文物机构数 C_{31}	0.013777	0.00021	0.0042801
		每万人文化文物及相关产业从业人员数 C_{32}	0.014789	0.00063	0.0048777
		人均拥有公共图书馆藏书量 C_{33}	0.005451	0.00075	0.0021603
		全国文明城市（城区）占比 C_{34}	0.012949	0.01961	0.0176117
	社会系统质量 B_4	城镇登记失业率 C_{41}	0.002093	0.00297	0.0027069
		城镇恩格尔系数 C_{42}	0.003266	0.00127	0.0018688
		建成区人口密度 C_{43}	0.002783	0.00053	0.0012059
		城市人均住房建筑面积 C_{44}	0.002116	0.00199	0.0020278
		人均城市道路面积 C_{45}	0.004025	0.00338	0.0035735
		城市天然气普及率 C_{46}	0.000713	0.00178	0.0014599
		城市互联网普及率 C_{47}	0.003013	0.00605	0.0051389
		城市人均快递业务量 C_{48}	0.007567	0.00231	0.0038871
		城市每万人公共交通运营线路总长度 C_{49}	0.003749	0.00226	0.0027067
		城市教育投入强度（城镇教育投入/非农产业增加值）$C_{4\,10}$	0.006302	0.00281	0.0038576
		每10万人口中在校大学生数 $C_{4\,11}$	0.015985	0.00562	0.0087295
		城市每万人拥有卫生技术人员数 $C_{4\,12}$	0.118036	0.00379	0.0380638
		城市每万人拥有卫生机构床位数 $C_{4\,13}$	0.004876	0.00253	0.0032338
		城市社会保障覆盖率（养老保险为例）$C_{4\,14}$	0.001012	0.00314	0.0025016

一级指标	二级指标	三级指标	熵值法权重	德尔菲法+层次分析法	综合权重 $\alpha_1 = 0.3$, $\alpha_2 = 0.7$
城镇化质量 A_1	生态环境系统质量 B_5	工业污染源治理投入增长率 C_{51}	0.003059	0.00942	0.0075117
		工业废水排放达标率 C_{52}	0.004002	0.00096	0.0018726
		单位工业产值 CO_2 和 SO_2 排放量 C_{53}	0.002967	0.00035	0.0011351
		工业（一般、危险）废物综合利用率 C_{54}	0.002967	0.00263	0.0027311
		城市生活垃圾无害化处理率 C_{55}	0.001748	0.00184	0.0018124
		城市居民人均绿地面积 C_{56}	0.004255	0.00053	0.0016475
乡村振兴质量 A_2	经济系统质量 B_6	乡村人均国民生产总值 C_{61}	0.007567	0.00037	0.0025291
		农业单位面积产值 C_{62}	0.006256	0.00137	0.0028358
		农民人均纯收入（不变价）C_{63}	0.007383	0.00456	0.0054069
		人均粮食产量 C_{64}	0.002668	0.00074	0.0013184
		有效灌溉面积 C_{65}	0.02668	0.00109	0.008767
		农业机械总动力密度（总动力/耕地面积）C_{66}	0.014743	0.00013	0.0045139
		农林牧渔业增加值电力消耗 C_{67}	0.004209	0.00027	0.0014517
	政治系统质量 B_7	乡村公务员数与人口总数之比 C_{71}	0.002185	0.00188	0.0019715
		农村社区居民参政率（登记选民投票率）C_{72}	0.09177	0.0348	0.051891
		乡村一般公共服务支出 C_{73}	0.012673	0.00246	0.0055239
	文化系统质量 B_8	县、市及以下艺术表演团体机构数 C_{81}	0.001472	0.00046	0.0007636
		农村电视人口覆盖率 C_{82}	0.003243	0.00059	0.0013859
		乡镇文化站数 C_{83}	0.010557	0.00118	0.0039931
		乡镇文化站参加文艺活动人次 C_{84}	0.00966	0.00098	0.003584
		文明村镇占比（全国和省级）C_{85}	0.011109	0.01536	0.0140847
	社会系统质量 B_9	农村恩格尔系数 C_{91}	0.003588	0.00167	0.0022454
		农村贫困人口数 C_{92}	0.003082	0.00102	0.0016386
		乡村人均道路面积 C_{93}	0.002047	0.0009	0.0012441
		农村互联网普及率 C_{94}	0.00437	0.00356	0.003803
		农村自来水普及率 C_{95}	0.000851	0.00109	0.0010183

一级指标	二级指标	三级指标	熵值法权重	德尔菲法+层次分析法	综合权重 $\alpha_1 = 0.3$, $\alpha_2 = 0.7$
乡村振兴质量 A_2	社会系统质量 B_9	乡村人均快递业务量 C_{96}	0.005635	0.00622	0.0060445
		乡村义务教育普及率 C_{97}	0.007406	0.00234	0.0038598
		乡村人均教育文化娱乐支出 C_{98}	0.004554	0.00256	0.0031582
		乡村每万人拥有卫生技术人员数 C_{99}	0.005589	0.00241	0.0033637
		乡村每万人拥有卫生机构床位数 $C_{9\,10}$	0.007935	0.00302	0.0044945
		设卫生室的村数占行政村总数的比率 $C_{9\,11}$	0.003082	0.00331	0.0032416
		新农保覆盖率 $C_{9\,12}$	0.004876	0.00314	0.0036608
		新农合覆盖率 $C_{9\,13}$	0.007912	0.00314	0.0045716
	生态环境系统质量 B_{10}	农业增加值用水量 $C_{10\,1}$	0.003289	0.00047	0.0013157
		化肥施用率 $C_{10\,2}$	0.002967	0.00231	0.0025071
		农药施用率 $C_{10\,3}$	0.003036	0.00231	0.0025278
		农用塑料薄膜施用率 $C_{10\,4}$	0.002507	0.00097	0.0014311
		农村卫生厕所普及率 $C_{10\,5}$	0.007843	0.00335	0.0046979
		农村生活垃圾无害化处理率 $C_{10\,6}$	0.007383	0.00463	0.0054559
城乡协同质量 A_3	经济系统质量 B_{11}	劳动效率（不变价 GDP/就业人数）$C_{11\,1}$	0.013297	0.030534	0.0253629
		资本效率（不变价 GDP/资本存量）$C_{11\,2}$	0.012785	0.033365	0.027191
		能源效率（不变价 GDP/能源消耗量）$C_{11\,3}$	0.012986	0.028812	0.0240642
		城乡固定资产投资增长率 $C_{11\,4}$	0.005469	0.011554	0.0097285
		城乡人均 GDP 之比 $C_{11\,5}$	0.009256	0.015754	0.0138046
		农业产值增长率与非农业产值增长率（工业和服务业）之比 $C_{11\,6}$	0.00674	0.019152	0.0154284
		城乡居民人均可支配收入之比 $C_{11\,7}$	0.017451	0.033108	0.0284109
		城乡居民消费价格指数之比 $C_{11\,8}$	0.006328	0.009578	0.008603
		农业科技进步贡献率 $C_{11\,9}$	0.014743	0.021546	0.0195051
		乡村非农产业增加值占 GDP 比重 $C_{11\,10}$	0.005214	0.011834	0.009848

一级指标	二级指标	三级指标	熵值法权重	德尔菲法+层次分析法	综合权重 $\alpha_1=0.3$, $\alpha_2=0.7$
城乡协同质量 A_3	政治系统质量 B_{12}	城乡每万人公务员数量之比 C_{121}	0.005409	0.016762	0.0133561
		城乡一般公共服务支出之比（中央和地方）C_{122}	0.009761	0.019992	0.0169227
		城乡社区事务支出占财政总支出比重（中央和地方）C_{123}	0.022673	0.034998	0.0313005
	文化系统质量 B_{13}	科技支出占财政支出之比 C_{131}	0.0239	0.021932	0.0225224
		专利申请受理量 C_{132}	0.014879	0.022478	0.0201983
		技术市场成交额 C_{133}	0.001412	0.024956	0.0178928
		群众文化服务业机构数 C_{134}	0.009949	0.009116	0.0093659
		群众文化机构参加文艺活动人次 C_{135}	0.002378	0.024512	0.0178718
		城乡艺术表演团体机构数 C_{136}	0.008789	0.002882	0.0046541
		政府采购的公益演出活动演出场次 C_{137}	0.006455	0.009646	0.0086887
		艺术表演团体农村演出观众人次 C_{138}	0.004947	0.01315	0.0106891
	社会系统质量 B_{14}	城乡人口迁移率 C_{141}	0.009527	0.017014	0.0147679
		城镇户籍人口与常住人口之比 C_{142}	0.007282	0.024284	0.0191834
		农民工落户数量 C_{143}	0.019647	0.02378	0.0225401
		城乡居民人均消费支出之比 C_{144}	0.019309	0.014952	0.0162591
		城乡恩格尔系数之比 C_{145}	0.008851	0.014578	0.0128599
		城乡居民人均教育文化娱乐支出比 C_{146}	0.005905	0.026724	0.0204783
		城乡人均教育经费之比（义务教育）C_{147}	0.024405	0.029828	0.0282011
		城市义务教育师生比与乡村义务教育生师比之比 C_{148}	0.007551	0.018752	0.0153917
		城乡每万人拥有卫生技术人员数之比 C_{149}	0.002989	0.009495	0.0075432
		城乡每万人拥有卫生机构床位数之比 C_{1410}	0.003941	0.011802	0.0094437
		农民工与雇主或单位签订劳动合同比例 C_{1411}	0.003042	0.023607	0.0174375

一级指标	二级指标	三级指标	熵值法权重	德尔菲法+层次分析法	综合权重 $\alpha_1=0.3$, $\alpha_2=0.7$
城乡协同质量 A_3	社会系统质量 B_{14}	农民工社保参保率（养老保险为例）$C_{14\,12}$	0.006809	0.015918	0.0131853
		城乡居民社会养老保险参保人数 $C_{14\,13}$	0.008919	0.010626	0.0101139
		城镇住房保障支出 $C_{14\,14}$	0.013806	0.015099	0.0147111
		城乡最低生活保障标准之比 $C_{14\,15}$	0.008244	0.013288	0.0117748
	生态环境系统质量 B_{15}	绿色能源利用率 $C_{15\,1}$	0.008731	0.039702	0.0304107
		造林总面积 $C_{15\,2}$	0.003548	0.015074	0.0116162
		国家级自然保护区面积 $C_{15\,3}$	0.002853	0.01415	0.0107609
		环保投入增长率 $C_{15\,4}$	0.00549	0.019446	0.0152592

注：层次分析法计算指标权重，各判断矩阵、第一指标层和第二指标层均通过随机一致性检验，表中各项指标原始权重 $w_i \in (0,1)$，$\sum\limits_{i}^{107} w_i = 1$。

资料来源：笔者计算。

二、城乡融合发展测评模型

在科学确立城乡融合发展评价指标权重的基础上，这里分别构建我国城乡融合发展质量和速度测评模型。

（一）指标数据标准化

一般而言，指标可分为三类：一是正项指标，即具有指标值"越大越优"的性质；二是逆向指标，即具有指标值"越小越优"的性质；三是适度指标，即具有指标值"适度为优"的性质。在评价指标体系中，不同的指标具有不同的量纲，为消除量纲的差异所带来的不可公度性，必须对指标进行标准化。因此，指标的标准化包括指标类型的一致化和指标数值的无量纲化两个过程。这里仍然采用与前文熵值法中数据标准化相同的方法：

设指标数据的阵为：

$$X = \{x_{ij}\}_{n \times m}(1 \leqslant i \leqslant n,\ 1 \leqslant j \leqslant m)$$

其中，x_{ij} 为第 i 年城乡融合发展质量评价指标体系中第 j 个指标的统计数值。

第一步，逆向和适中指标的一致化：逆向指标，令 $x'_{ij} = M - x_{ij}(1 \leqslant i \leqslant n)$，

其中 M 是指标 $x_{ij}(1 \leqslant i \leqslant n)$ 的一个允许的上界，令 $M = \max(x_{ij})$；适中指标，令 $x'_{ij} = K - |a - x_{ij}|(1 \leqslant i \leqslant n)$，其中 a 是 $x_{ij}(1 \leqslant i \leqslant n)$ 的适度值，令 $a = 1$。K 是 $|a - x_{ij}|$ 的一个允许的上界，令 $K = \max(|a - x_{ij}|)$。

对于正向指标，再令 $x'_{ij} = x_{ij}$，则指标数据阵变换为：

$$X' = \{x'_{ij}\}_{n \times m}(1 \leqslant i \leqslant n, \ 1 \leqslant j \leqslant m)$$

第二步，指标的无量纲化：使用极差化法对指标数据进行无量纲化处理，令：

$$y_{ij} = \frac{x'_{ij} - \min(x'_{ij})}{\max(x'_{ij}) - \min(x'_{ij})}$$

则标准化后的指标数据阵为：

$$Y = \{y_{ij}\}_{n \times m}(1 \leqslant i \leqslant n, \ 1 \leqslant j \leqslant m)$$

（二）城乡融合发展质量测评模型

根据以上指标权重和指标数据的标准化，可得我国第 i 年的城乡融合发展质量指数为：

$$q_i = y_i w^T = \sum_{j=1}^{m} y_{ij} w_j$$

其中，y_i 为第 i 年标准化后的指标数据集，即 Y 的第 i 行向量；w 为综合权重向量。

（三）城乡融合发展速度测评模型

前文已经指出，我国的城乡融合发展是发展理念和发展战略引领下的主动选择，是政府"有形之手"和市场"无形之手"的共同作用的结果。城乡融合发展也并非短期运动，政府的政策导向在市场上通过传导机制需要一个"内化"的过程。因此，用平均速度来衡量一个城乡融合发展速率更具科学性，本书借助统计学上的代数平均法来确定城乡融合发展的速度。

设基期的城乡融合发展质量为 Q_0，第 j 年的城乡融合发展质量指数为 Q_j，第 i 年的城乡融合发展速率为 v_i，则：

$$\sum_{n=1}^{i} (v_i)^n = \frac{\sum\limits_{j=1}^{i} Q_j}{Q_0}$$

上式有唯一的正根。从中解出其正根（汪琥庭，1995），即为 v_i。显然，v_i 受到前 $(i-1)(i \geqslant 1)$ 年质量的共同影响，这较好地反映了城乡融合发展是一个不断积累的过程。

因为，$v_i > 0$ 体现不出城乡融合发展的方向，令城乡融合发展速度 $v_i' = v_i - 1$（与速率相比，速度含有方向）。若 $v_i' > 0$，则在第 i 年城乡融合发展是正向；若 $v_i' = 0$，则在第 i 年城乡融合发展停滞；若 $v_i' < 0$，则在第 i 年城乡融合发展是反向。

三、城乡融合发展实证分析

根据城乡融合发展测评模型，对我国城乡融合发展质量（1993～2020 年）进行实证分析。这里之所以选择从 1993 年开始测评主要有两个方面的原因：一是指标数据的可获取性①。21 世纪以来，随着我国统计制度体系的健全，各种类型的统计数据逐渐丰富，且全面性、准确性、客观性不断增强；二是城乡关系演进阶段的定位。本书第二章对我国城乡关系演进的历程进行了全面分析，1993 年我国城乡关系由分化型向统筹型演进阶段。城乡统筹是城乡融合的前提和基础，也是城乡关系走向融合发展的起点。因此，选择从 1993 年开始测评更加符合本书对城乡融合发展质量的界定，也更能体现本书所构建的指标体系的优势②。

（一）指标数据的收集和整理

数据的全面、准确是城乡融合发展质量评价研究的基础，也是难点之一。空间尺度对测评城乡融合发展质量的指标设计和数据获取影响较大，这里针对全国城乡融合发展质量进行测评，所用到的数据来源包括：国家统计局网站（数据库）、各部委网站（历年的统计公报或统计年报）以及《中国统计年鉴》《中国城市统计年鉴》《中国科技统计年鉴》《中国高技术产业统计年鉴》《中国社会统计年鉴》《中国人口和就业统计年鉴》《中国文化文物统计年鉴》《中国环境统计年鉴》《中国环境年鉴》《中国教育统计年鉴》《中国教育经费统计年鉴》《国家教育督导报告》《中国卫生统计年鉴》《中国民政统计年鉴》《中国劳动统计年鉴》《中国农村统计年鉴》《国土资源年鉴》《中国人力资源和社会保障年鉴》《中国能源统计年鉴》《中国交通年鉴》《中国城乡建设统计年鉴》等国家统计局或国家有关部门正式发布的统计资料。指标数据以国家统计局数据库和《中国统

---

① 1995 年之后互联网在我国开始走向民用，之前的互联网普及率没有数据；1991 年国务院颁布《关于企业职工养老保险制度改革的决定》，在全国建立实行了社会统筹的制度，自此后才有养老保险的参保统计数据；1995 年之前，高技术产品占制造业比重也没有统计数据；2008 年《中华人民共和国劳动合同法》实施之后，农民工与雇主或单位签订劳动合同比例大幅上升，1992 年之前的数据也没有。大量的数据缺失会失去测评的意义，甚至得出与事实相左的结论。

② 任何指标体系都具有针对性和局限性，刻意扩大测评的范围是不严谨的。

计年鉴》为主要来源，其他数据来源作为补充。在数据的获取过程中，有些数据可以直接搜集到，如城镇恩格尔系数、互联网普及率、城镇登记失业率、乡镇文化站数、专利申请受理量、国家级自然保护区面积等；大部分数据需要将搜集到的相关数据进行整理和计算，如工业能耗、按不变价计算的城镇居民可支配收入、教育投入强度（城镇教育投入/非农产业产值）、劳动效率（不变价 GDP/就业人数）等。这里对非单一来源的数据进行认真核验，数据有冲突的以国家统计局官方公布的数据为准。数据的缺失对于评价测算会有一定的影响，对于因未公布而缺少的数据，本书采取了两种处理方法：一是时间区间两段缺少的数据用线性回归法填补；二是时间区间内缺少的数据用线性插值法填补。特别说明的是，因为数据来源比较广泛，本测评的数据缺失仅是个别现象。

（二）城乡融合发展质量和速率的测算与分析

根据收集和整理的指标数据，运用城乡融合发展质量测评模型，计算了我国1993～2020 年（共 28 年）的城乡融合发展质量指数和 1994～2020 年（共 27年）的城乡融合发展速度指数（见表 4-6）。

表 4-6　　　　　城乡融合发展质量和速度指数（1993～2020 年）

年份	质量指数	速率指数
1993	30.43	—
1994	29.72	-2.33
1995	29.43	-1.89
1996	28.99	-1.75
1997	28.15	-1.82
1998	27.93	-1.78
1999	27.81	-1.7
2000	27.08	-1.69
2001	26.53	-1.69
2002	27.58	-1.57
2003	30.59	-1.27
2004	32.11	-0.97
2005	33.61	-0.68
2006	36.05	-0.37

年份	质量指数	速率指数
2007	38.61	−0.06
2008	38.71	0.17
2009	43.71	0.47
2010	46.51	0.74
2011	50.73	1.02
2012	56.12	1.31
2013	60.51	1.58
2014	60.96	1.79
2015	63.39	1.98
2016	64.48	2.12
2017	65.91	2.24
2018	67.98	2.35
2019	69.3	2.43
2020	69.7	2.44

注：为方便观察，将城乡融合发展质量和速度指数扩大100倍，令 $q_i \times 100$，$v'_i \times 100$ 为新的城乡融合发展质量和速度指数。107项指标数据中共有31项数据有不同程度的缺失，对于缺失的数据，这里均按照前文介绍的两种方法妥善处理。

资料来源：笔者计算，指标数据具体搜集、整理和计算过程略。

1. 城乡融合发展的态势已经形成

从测评的指数看，1993～2020年我国城乡融合发展质量从30.43增至69.7，城乡融合从极低水平（0～50）向中等水平（50～70）迈进，城乡融合发展的态势已经形成。特别地，2013年城乡融合发展质量指数已超过60，这与前文提出的我国已经进入新时代城乡融合发展阶段的定位相互吻合。我国城乡融合发展是党领导政府在社会主义市场经济体制改革中的主动选择，是政府和市场共同作用的结果。根据马克思主义城乡关系理论，城乡关系本质上是一种生产关系，这种生产关系的发展进步集中体现了中国特色社会主义基本经济制度的科学性和优越性。

2. 城乡融合发展呈现阶段性特征

1993～2020年我国城乡融合发展可分为3个阶段（见图4－7）。第一，社会主义市场经济体制改革初期的下滑阶段。1992年，党的十四大提出我国经济体制改革的总目标是建立社会主义市场经济，这也标志着分化型城乡关系进入了新的阶段。社会主义市场经济改革是一个不断探索的过程，市场力量进入和政府作用收缩的度很难把握，这使得1993～2001年我国城乡融合发展质量指数一直下滑，从 1993 年的 30.43 降至 2001 年的 26.53。虽然下降的幅度并不是很大，但是这也充分说明这一阶段我国的城乡融合发展所遇到的挑战在不断增加，城乡之间的差距也在持续扩大。第二，社会主义市场经济体制完善期的快速增长阶段。直面问题、破解难题始终都是中国共产党领导人民开展治国理政所遵循的基本原则，2002 年党的十六大提出统筹城乡发展的新要求。统筹城乡发展针对"三农"问题和城乡差距过大，也在根本上扭转了城乡融合发展质量下降的局面。2002～2012 年城乡融合发展质量指数从 27.58 迅速增至 56.12，增速超过这一时期的城镇化率的增速（见图 4－7，2002～2012 年两条曲线的斜率）。同时也应该看到，虽然城乡融合发展质量快速增长，但是总体的指数仍然不高，这也说明城乡发展不平衡、农村发展不充分的问题还没有得到根本扭转。第三，社会主义市场经济体制深化期的稳态增长阶段。2013 年城乡融合发展指数增至 60.51，首次超过60，我国城乡关系也初步进入城乡融合发展阶段。相比较前一阶段，城乡融合发展质量增速降低，且与城镇化率的增速基本持平。由前文对新时代城乡融合发展机理的分析可知，当前我国处于"城市主动而乡村被动阶段"，城镇化率和城乡融合发展质量指数的增速趋同，说明城乡融合发展已经进入稳态增长的阶段。

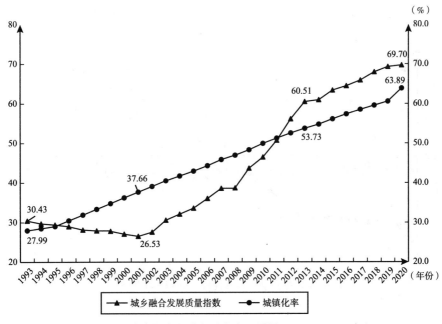

图 4－7　城镇化率和城乡融合发展质量（1993～2020 年）

资料来源：笔者绘制。

3. 城乡融合发展速度规律性明显

城乡融合发展质量指数仅仅反映了城乡融合发展的状态，前文对新时代城乡融合发展内涵的界定已经指出，城乡融合发展是一个改革发展过程。通过对城乡融合发展速度的分析，可以更加全面地把握这一动态过程。从表4-6来看，1994~2007年城乡融合发展的速度一直为"负"，这表明这一时期城乡融合发展处于"倒退期"。倒退期又可以分为两个阶段：一是绝对倒退期（1994~2001年），即城乡融合发展质量指标的绝对降低；二是相对倒退期（2002~2007年），即城乡融合发展质量指标绝对量已经开始增加，但相对量仍然相对减少。2008年城乡融合发展速度为0.17，速度首次由负转正，这具有标志性意义。它表明经过多年统筹城乡发展的努力，终于将前期"欠账"补齐，城乡融合发展开始加速。从图4-8可知，2002年以来，城乡融合发展已呈现稳定加速的态势（曲线的斜率大于零）。这充分说明，党和国家将"三农"工作列为治国理政重中之重以降，在"有形之手"的推动下城乡关系加速改善。2013年以来，城乡融合发展速度虽然在增加，但是加速度趋于下降（曲线的斜率减小）。这也表明经过10多年的城乡统筹发展和一体化发展战略的推进，我国城乡关系也进入了新常态。这种新常态比经济新常态范围更广，也更加复杂。由此可见，新时代城乡融合发展面临的困难和挑战十分艰巨，"绝不是轻轻松松、敲锣打鼓就能实现的"①。

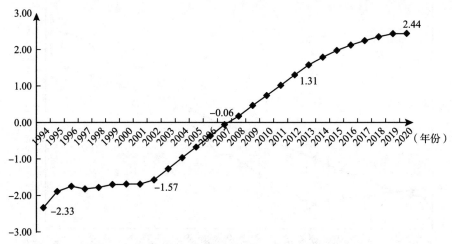

图4-8　城乡融合发展速度（1994~2020年）

资料来源：笔者绘制。

① 习近平总书记在党的十九大报告中指出："中华民族伟大复兴，绝不是轻轻松松、敲锣打鼓就能实现的。全党必须准备付出更为艰巨、更为艰苦的努力。"

4. 城镇化、乡村振兴、城乡协同质量差异显著

城镇化质量、乡村振兴质量和城乡协同质量分别是城乡融合发展质量的 3 个层面，根据各指标数据和综合权重分别计算出城镇化质量、乡村振兴质量和城乡协同质量 3 项指数（见表 4 - 7）。第一，城镇化质量增长最快、水平最高。1993～2020 年我国城镇化质量指数从 22.84 增至 86.57，整体上始终处于单调递增的态势。城镇化质量的提升与我国经济社会发展阶段密切相关，伴随着社会主义市场经济体制的改革和完善，城市经济、政治、文化、社会和生态环境都发生了翻天覆地的变化，以城市群为主体，都市圈为纽带，大城市为中心，中小城市为骨干，小城镇为基础的多层次的大中小城市和小城镇协调发展的现代城镇体系逐渐形成（朱鹏华，2020）。城市市政公用设施服务能力和供给能力增强。城市水、电、路、气、信息网络等基础设施明显改善，教育、医疗、文化体育、社会保障等公共服务水平显著提高，人均住宅、公园绿地面积大幅增加。与此同时，城市建设和社会治理协同推进，让城市更加"宜居"，城镇居民获得感、幸福感、安全感更加充实。第二，乡村振兴质量起步缓慢、水平最低。1993～2020 年乡村振兴质量指数从 13.12 增至 63.51，在 3 个指数中处于最低水平。特别地，1993～2001 年乡村振兴质量处于小幅度的震荡下跌期，这一阶段也是"三农"问题逐渐凸显的时期。造成这一局面的原因众多，其中社会主义市场经济体制建立强化了分化型的城乡关系，伴随着强势的工业化和城镇化，农村、农业和农民的弱质性特点使其逐渐被边缘化。乡村振兴质量指数的水平也说明，我国目前仍处于"城市主动而乡村被动阶段"的城乡融合发展阶段。谋划和制定城乡融合发展路径、方针、政策，都要从这一阶段出发，而不能超越这一阶段。第三，城乡协同质量先降后升、水平处于城镇化质量和乡村振兴质量之间。1993～2020 年城乡协同质量指数从 36.91 先降至 27.39 后又增至 66.89，这种先降后升的发展历程与城乡关系的演进历程密切相关。1993～2002 年城乡协同质量指数下降主要的原因是这一时期城乡差距快速拉大，其与城乡融合发展质量和乡村振兴质量指数的变化呈现相同的趋势。这也充分说明，这一阶段城镇化质量的提升，乡村振兴质量的震荡下滑，是造成城乡协同质量下降，进而导致城乡融合发展质量下降的主要原因。从图 4 - 9 还可以看见，2002～2008 年城乡协同质量的增加率明显慢于 2008～2013 年的增加率。城乡协同质量的提升需要一定的政策积累期，党的十六大提出城乡统筹发展，党的十七大又强调城乡一体化发展，调整城乡关系的政策力度不断增加和积累，是城乡协同质量指数加速上升的主要原因。2013 年以来，城乡协同质量指数的增加率逐渐趋缓，这与城乡融合发展质量指数加速度趋缓（见图 4 - 7）的原因是一致的。

表 4 – 7 城镇化、乡村振兴、城乡协同质量指数（1993～2020 年）

年份	1993	1994	1995	1996	1997	1998	1999	2000	2001	2002
城镇化质量指数	22.84	24.07	25.17	26.45	28.22	30.14	32.29	33.04	35.20	38.37
乡村振兴质量指数	13.12	12.14	15.42	12.98	12.87	10.40	11.92	12.08	12.33	17.41
城乡协同质量指数	36.91	35.75	34.18	33.81	32.09	31.90	30.75	29.41	27.94	27.39
年份	2003	2004	2005	2006	2007	2008	2009	2010	2011	2012
城镇化质量指数	40.44	43.17	45.84	51.97	56.66	56.89	63.51	65.71	67.67	72.28
乡村振兴质量指数	23.84	26.87	29.28	32.17	34.41	34.59	39.31	40.21	46.72	49.87
城乡协同质量指数	29.76	30.57	31.53	32.88	34.97	35.01	39.66	43.11	47.33	53.50
年份	2013	2014	2015	2016	2017	2018	2019	2020		
城镇化质量指数	76.28	77.74	78.42	81.71	83.83	84.56	86.26	86.57		
乡村振兴质量指数	51.63	51.80	54.17	55.83	57.63	59.44	62.56	63.51		
城乡协同质量指数	58.68	58.94	61.84	62.21	63.36	65.85	66.60	66.89		

注：为方便观察，将各指数均扩大 100 倍，令 $a_i \times 100 (i = 1，2，3)$ 为城镇化质量、乡村振兴质量和城乡协同质量指数。

资料来源：笔者计算。

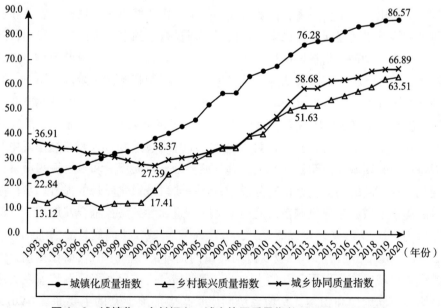

图 4 – 9 城镇化、乡村振兴、城乡协同质量指数（1993～2020 年）

资料来源：笔者绘制。

5. 城镇化主导着城乡融合发展

前文的分析已经强调，当前我国处于城镇化主导下的城乡融合发展阶段。从图 4 - 9 也可以清晰地看到这一格局。本节构建的城乡融合发展评价指标体系将城镇化质量列为一级指标，其权重为 0.1723。虽然权重比例不高，城镇化质量的改变不足以决定城乡融合发展质量的发展，但城镇化的主导作用仍是不可忽视的。首先，城镇化特别是新型城镇化是实现乡村振兴和城乡融合发展的基础。城乡关系的演变本质上是城乡社会生产关系的演变，而城镇化是生产关系改进和重置的主导力量。没有城镇化加快生产力的发展，就无法吸纳足够的多农业转移人口，乡村振兴和城乡融合发展也就无从谈起。其次，我国正处于快速城镇化阶段。1993～2020 年城镇化质量指数增加近似一条直线，质量指数快速提升与城镇化水平快速增加直接相关，快速的城镇化也驱动着城镇化质量的快速提升。同时还应该指出，随着城镇化质量指数的提高，其增加率将逐渐趋缓（从图 4 - 9 就可以看出这一趋势），它对城乡融合发展的主导力也将会下降。再次，城镇化质量、乡村振兴质量和城乡协同质量指数变化率趋于"平行"。2013 年以来，城镇化质量、乡村振兴质量和城乡协同质量指数 3 条曲线几乎平行。事实上，这种趋势的形成是新型城镇化战略实施的结果。新型城镇化更加注重城市"五位一体"全面发展，更加注重以人为本，特别是保护农民工的权益，更加注重城乡一体化发展、缩小城乡差距。

6. 乡村振兴将加速城乡融合发展

目前，3 个一级指标中乡村振兴质量指数最低。整体来看，乡村振兴质量是制约城乡融合发展质量提升的关键环节。从图 4 - 9 可见，2014 年以来，乡村振兴质量呈现加速上升态势，其增速在 3 个指标中最高。一方面，党和国家对"三农"工作的力度始终在增加，特别是脱贫攻坚成果显著，这为进一步的乡村全面振兴奠定了坚实基础；另一方面，城乡融合发展的实践为乡村振兴提供了强大动力，城市和乡村在经济、政治、文化、社会和生态环境 5 个方面的互动融合极大地激发了"三农"的活力。由此可见，乡村振兴将加速城乡融合发展。在未来，城乡融合发展将进入"乡村主动而城市被动阶段"，到那时乡村振兴将取代城镇化成为城乡融合发展的主导。

（三）城乡融合发展测评结果的启示

根据以上分析，这里认为在推进新时代城乡融合发展的过程中应注意下几点：

第一，坚持走中国特色城乡融合发展道路的勇气和自信。事实证明，我国在城乡融合发展方面已经取得显著成绩，城乡融合发展速度也正在快速增加，这得益于党和国家正确的改革方向和政策主张。推进新时代城乡融合发展是我国经济社会发展的客观要求，只有立足新型城镇化和新时代乡村振兴两大战略的现实，抓住重点领域、核心问题，继续坚定不移地深化改革，破除各种体制机制的障碍，充分发挥市场和政府的协同作用，增强市场主体的活力，维护城乡融合发展核心"人"的权益，才能在未来的城乡融合发展中走出成功的中国道路。

第二，坚决战胜城乡融合发展中在经济、政治、文化、社会和生态环境领域面临的困难和挑战。当前，新时代城乡融合发展仍存在诸如城乡收入差距过大、城市生态环境恶化、农民工市民化紧迫、农村基本公共服务短缺等突出问题，因此要有紧迫感和危机意识。提高城乡融合发展质量关键是在新发展理念的引领下，坚持科学合理城乡融合发展路径，改变传统粗放式的城市和农村发展模式。结合本书的测度结果，从新中国城乡关系的实践来看，新时代城乡融合发展所面临的诸多问题，主要是没有完全摆脱发展路径的依赖，没有彻底破除束缚城乡融合发展的各种体制机制。对此，全国上下不论是在思想上，还是在行动上均需要进一步坚定深化改革的决心。进一步强化以工哺农、以城支乡力度，促进乡村一二三产业融合发展，多渠道增加农民收入，进而缩小城乡收入差距；转变经济发展方式不断优化产业结构，区域统筹发展加快调整产业布局，提高城市和乡村的绿色发展能力，破除生态环境问题；通过实施诸如户籍管理、土地管理、社会保障、财税金融、行政管理等体制改革，加速推进农民工市民化，建立惠及城乡居民的基本公共服务体系，实现"五位一体"的城乡融合发展。

第三，提高城乡融合发展质量是一个系统工程，要从城镇化、乡村振兴和城乡协同三个方向同时发力，但又要有所区别。首先，城乡融合发展绝不是单纯的城乡均衡或平等，而是城市和乡村两大体系的互动交融、协同发展。从系统论出发，将城乡融合发展解析为城市和乡村的经济、政治、文化、社会和生态环境5个子系统的融合发展过程，在这一过程中新型城镇化和新时代乡村振兴两大战略都将起到十分关键的作用。因此，在构建城乡融合发展评价指标体系时，将城乡融合发展质量分解为城镇化质量、乡村振兴质量和城乡协同质量3个部分（一级指标）。其次，提高城乡融合发展质量是一个系统工程，着力增强城市和乡村改革系统性、整体性、协同性。通过指标体系的构建、测评模型的建立、指标数据的收集和整理、我国城乡融合发展的实证分析（1993~2020年）不难发现，城乡融合发展质量的提升并非由一个或几个因素所决定，任何一个因素都与其他因素有着直接或间接的联系，唯有所有指标普遍提升，城乡融合发展质量才能快速提升。这也说明，不论从哪一个角度来解读城乡融合发展，都应该加强顶层设计和系统设计。再次，从城镇化、乡村振兴和城乡协同 3 个方向来看，不同的阶段要侧重不同的发展。1993 年以来，我国历经了社会主义市场经济的建立、完善和深化改革 3 个时期，每个时期都大约 10 年的时间。这 3 个时期，也是我国工业化和城镇化的快速发展期，因此城镇化始终是城乡融合发展的主导力量。2002年，党的十六大直面日益凸显的"三农"问题，将其列为全党工作的重中之重，同时提出城乡统筹发展的新方略；2007 年，党的十七大又进一步深化为城乡一体化发展。这些都是在城镇化的主导下对乡村发展地位和能力的提升，也促进了城乡协同质量的持续提高。2012 年党的十八大以来，以习近平同志为核心的党中央相继提出新型城镇化、乡村振兴和城乡融合发展，这又是对城镇化、乡村振兴和城乡协同三者的重新定位。城镇化和乡村振兴置于平等地位的同时，将城乡协同定位于加快乡村振兴，促进城市和乡村同步建设社会主义现代化强国的位置。未来，我国城镇化率超过 70% 以后，将进入城镇化的后期阶段。到那时，乡村振兴将超越城镇化成为城乡融合发展的新主导。特别地，我们对城乡融合发展质量和速度的测度都是一个相对的数值，对指标数据的整理和计算仅仅能反映这一时间区间内的城乡融合发展的相对变化。事实上，城乡融合发展、城镇化、乡村振兴都是永无止境的发展过程，在科学的发展理念引领下，它们质量的提升也是永无止境的。

第五章

新时代城乡融合发展的路径

新时代城乡融合发展是党领导人民在城乡关系发展实践中的主动选择，这条道路的选择是否正确，也同样需要在实践中解答。理论是实践的指南，在实践中，如何基于我国新型城镇化、新时代乡村振兴以及城乡关系的现实基础，遵循新时代城乡融合发展的科学内涵、运行机理、发展趋势，强化以工补农、以城带乡，推动形成工农互促、城乡互补、协调发展、共同繁荣的新型工农城乡关系，是理论所必须首先回答的问题。因此，在前文研究的基础上，探索新时代城乡融合发展的路径意义重大。新时代城乡融合发展是全面建设社会主义现代化国家的系统工程，世界尚无先例可循，在实施过程中必须突出中国特色，解决中国问题，实践中国道路。

第一节　新时代城乡融合发展路径的内涵

何为路径？何为新时代城乡融合发展的路径？是必须明确的首要问题。

路径（path）在不同的学科领域含义也不尽相同。在这里，路径是指实现目标的策略或方法①。因此，新时代城乡融合发展的路径就是实现城乡融合发展目标所应采取的策略或方法。显然，新时代城乡融合发展的目标并非一个或几个策略或方法就能实现，这需要一系列的策略或方法共同完成，并且这些策略或方法之间应相互配合、形成合力，并能根据形势的变化不断调整。因此，城乡融合发

---

① 路径＝策略的集合＋策略的结构，结构是指策略的组合方式、衔接方式、实施方式等。

展的路径具有策略的准确性、层次性、系统性、动态性等特征①。在分析新时代城乡融合发展路径时，首先要分析新时代城乡融合发展的内涵，在此基础上形成推进新时代城乡融合发展的策略体系，进而分析确定出新时代城乡融合发展路径的构成。

一、相关文献的评述

本书第二章对城乡融合（协调、统筹、一体化等）发展路径的文献研究发现，当前针对城乡融合发展路径的研究主要存在 3 个方面的问题。

一是对城乡融合发展路径的内涵定位不准确。城乡融合发展路径是实现其目标而必需的策略或方法的集合，多数学者仅仅把其看成对某些城乡融合发展问题的解决方案或政策建议。比如，何仁伟（2018）认为应从经济、社会、环境 3 个方面基于空间布局优化和制度供给创新推进城乡融合发展。张明斗和赵满满（2019）提出城乡融合发展必须从高质量破解城乡二元结构体制、建立城乡要素合理流动机制、优化公共资源配置、弘扬乡村优秀文化 4 个角度推进。蒿慧杰（2019）认为城乡融合发展要突破制度困境，建立健全城乡要素双向流动制度、城乡产业融合发展制度、城乡基本公共服务普惠共享制度、城乡生态环境共治制度、城乡收入公平分配制度。涂圣伟（2020）将"城乡要素配置合理化、产业发展融合化、公共服务均等化、基础设施联通化、居民收入均衡化"视为城乡融合发展实现的 5 条路径。

二是对城乡融合发展路径的分析层次不明确。有些学者甚至将某些推进城乡融合发展的策略就看成一个城乡融合发展路径，城乡融合发展路径必须是系统化和结构化的策略或方法（集），特别是新时代城乡融合发展路径更需要分清其结构的层次性。只有系统化且结构层次分明的策略或方法集合，才能在实践中形成合力，实现新时代城乡融合发展的目标。比如，卓玛草（2019）认为新时代乡村振兴与新型城镇化融合发展要遵循统筹融合式、共生可持续、包容一体化、高效高质量的实现路径。李爱民（2019）将城乡融合发展路径列为五个方面：将城市群地区作为城乡融合发展的主战场，提高城市群外区域性中心城市对乡村地区辐

---

① 新时代城乡融合发展的路径 = 推进新时代城乡融合发展的策略 + 新时代城乡融合发展策略的结构。

射带动力，提升小城市周边整体发展能力，释放偏远农村地区发展活力，推动城乡融合模式创新。曲延春（2020）认为城乡融合发展的具体路径包括城乡产业融合、农民增收，基本公共服务均等化，实现城乡资源要素双向流动，补齐农村生态环境短板。文丰安和王星（2020）提出包括四个方面的城乡融合高质量发展基本路径：通过市场化提升要素配置效率，完善地方政府激励机制和创新财政支农机制，加快推进农村信息化等基础建设和农村产业技术进步，推进城市"扩散效应"和乡村内生动力融合发展。

三是对城乡融合发展路径的构建体系不全面。某些学者是针对某个具体地区或城市提出了城乡融合发展路径，而某些学者则是在宏观上提出了城乡融合发展路径，没有形成宏观到微观、理念到策略、原则到方法的系统化的城乡融合发展路径体系。比如，许彩玲和李建建（2019）提出通过建立城乡统一市场、促进城乡资源优化配置，深化城乡分工协作、增强城乡产业融合，推动城乡双向变革、增强城乡功能互补，构建城乡融合发展体制机制、保障城乡平等发展四条路径来推进城乡融合发展。李后强等（2020）认为城乡融合路径要通过生态标度、形态标度、业态标度、文态标度、人态标度五个方面来实现城乡之间的连通性。韩文龙和吴丰华（2020）提出新时代城乡融合发展路径包括：思想路径是坚持"以人民为中心"，方法论路径是坚持"两个结合"，生产力路径是在城市和农村合理布局生产力，制度路径是破除城乡二元的体制机制障碍，权利路径是"还权赋能"。何永芳等（2020）将构建"双融合"的城乡产业体系，健全城乡要素双向流动的体制机制，构建城乡空间高度协同的发展格局，助推城乡居民生活水平同步提升，促进城乡生态治理体系融合发展，共五个方面并列为新时代推进城乡融合发展的实施路径。

二、新时代城乡融合发展目标体系

路径是从起点到目标的策略或方法，因此科学界定新时代城乡融合发展路径的内涵，必须要厘清其目标体系。由本书第四章的分析可知，新时代城乡融合发展最终目标是提高城乡融合发展质量，全面建设社会主义现代化国家，而这一目标又由若干分目标所构成（见表5-1）。

表 5 - 1　　　　　　　　　　　　新时代城乡融合发展目标体系

总目标	子目标	具体目标
提升城乡融合发展质量	提升经济系统质量	坚持创新驱动城乡融合发展，提升科技、制度、管理等创新供给能力； 推动城乡商品、要素自由流动、平等交换，形成统一开放、竞争有序的国内大市场，建设高标准市场体系； 加快城市经济转型升级、农业现代化，发展现代产业体系； 提升城乡产业融合水平、以工哺农力度； 增强乡村经济多元化发展能力，推进一二三产业融合发展、确保农村收入持续增长； 提高城乡居民收入水平，缩小收入差距
	提升政治系统质量	建立健全城乡融合发展的体制机制和制度体系； 协同推进新型城镇化和新时代乡村振兴； 提升城乡基层治理能力和效能
	提升文化系统质量	推动城乡文化事业和文化产业繁荣发展； 加强城乡精神文明建设，提升社会文明程度； 加强城乡文化交流互动，保护优秀乡土文化
	提升社会系统质量	提高城乡居民生活质量，破解就业、消费、住房等民生难题； 提升农业转移人口市民化质量，提高农民工的落户比例； 推进城乡教育、医疗、社会保障等基本公共服务普惠共享； 优化城乡空间结构布局和治理格局； 强化城乡基础设施一体化发展、以城支乡的力度
	提升生态文明系统质量	推动绿色低碳发展，提高资源利用效率，强化绿色生产生活方式； 加强城乡环境治理一体化水平，持续改善城乡环境质量； 提升生态系统的质量和稳定性

资料来源：笔者整理。

　　通过对城乡融合发展目标体系的分析不难发现，各个层级的目标都是相互关联和影响的。一方面，许多目标是直接相关联的。比如，在政治上"建立健全城乡融合发展的体制机制和制度体系"，这关切到城乡各个方面的融合发展，可以说与任何一个目标都直接相关；另一方面，一些目标是间接相关联的。比如，推动绿色低碳发展，需要通过创新驱动发展，进而更好实现城乡产业融合。否则，城乡产业融合在实践中极易造成将城市污染向乡村转移的情况。有时如果仅从单个目标来看，而不从整体系统来分析某个目标的实现，就会造成策略之间的相互矛盾或抵触。比如，提升以工哺农的力度，直接选择放开城市工商资本下乡，这容易造成城市资本对乡村劳动的盘剥，进一步增加城乡收入差距。由此可见，仅仅从目标体系出发还无法形成科学合理的实现路径，必须根据目标体系将新时代城乡融合发展路径体系化、层次化、具体化。

三、新时代城乡融合发展路径的层次

前文曾多次强调，城乡融合发展是一个多学科的研究课题，不同的学科对其实现路径分析的侧重点也不尽相同。鉴于此，本书在马克思主义政治经济学的视阈下，以中国特色社会主义政治经济学理论构建的视角，从整体上研究新时代城乡融合发展的路径。

城乡融合发展最终还是一个实践问题，不论对新时代城乡融合发展的研究定位在哪个层面，最终的实践都要落实到每一个地区或城市，即不同的地区有不同的新时代城乡融合发展路径。因此，整体性分析是基于对微观发展现状的分析而展开的，"自下而上"将新时代城乡融合发展分成共性策略和特性策略两大部分，共性策略是指每个地区或城市在城镇化过程中都必须实施的策略，特性策略是指不同地区或城市实施不尽相同的策略。事实上，共性策略和特性策略在某些方面也具有一定的相对性，这里根据前文分析的新时代城乡融合发展目标和策略体系，来确定新时代城乡融合发展最终的路径层次。当然，这个层次并非固定不变，随着现实条件的变化始终处于动态的变化之中。为了使新时代城乡融合发展路径更具实践意义，这里将共性层面的策略再分成两个部分，一部分是基础性的，发挥着基础保障性作用；另一部分是方向性的，承担着发展导向性作用。

根据以上分析和论述，这里将新时代城乡融合发展的路径分成基础性、方向性和差异性 3 个层次，为了便于表述和理解，分别命名为新时代城乡融合发展的"路基"、新时代城乡融合发展的"路标"和新时代城乡融合发展的"路型"。

第二节　新时代城乡融合发展的"路基"

从城乡融合发展的角度来看，城乡要素流动不顺畅、公共资源配置不合理、空间布局不合理等问题形成的主要原因是支撑城乡融合发展的"路基"不够坚实。作为新时代城乡融合发展基础性的共性策略，城乡融合发展的"路基"是任何地区实现城乡融合发展都必须贯彻和实践的。在我国城乡融合发展的主要经验、基本规律和对新时代城乡融合发展机理分析的基础上，按照"五位一体"总体布局，将"路基"分为五个方面。

一、经济融合发展"路基"：城乡要素平等交换、双向流动的体制机制

城乡要素平等交换、双向流动，是增强城乡产业发展活力和经济融合发展的基础条件。"城乡要素平等交换、双向流动"是指拥有不同要素禀赋的地域（城市、乡村）或经济利益主体（市民、农民），在要素市场上，以平等的地位进行自主交换，以实现要素的效率和效益的最大化。

城乡间流动的要素主要包括劳动力、资本（资金）、技术、土地、信息、数据等方面。在城乡发展差距显著的格局下，土地、剩余劳动力等要素主要集中于乡村，资本、技术、信息、数据等要素主要集中于城市。当前由于以城镇化为导向的要素流动引导机制的驱动，农村生产要素向城市转移已经形成固定机制，但城市生产要素向农村流动的体制机制尚不健全，形成了生产要素从农村流向城市远远大于从城市流向农村的不平衡格局。比如，2019 年，全国农民工总量29 077 万人（全国人户分离的人口2.80 亿人，其中流动人口2.36 亿人），比上年增长0.8%。其中，外出农民工 17 425 万人，增长 0.9%；本地农民工 11 652 万人，增长 0.7%[①]。由于新冠肺炎疫情的影响，2020 年全国农民工总量28 560 万人，比上年下降1.8%。其中，外出农民工 16 959 万人，下降 2.7%；本地农民工11 601 万人，下降 0.4%[②]。可以肯定的是农民工是我国人户分离的主要群体，也是农村劳动力向城市转移的主体。在城镇化的大背景下，乡村劳动力大量向城市转移，而除了返乡农民工之外，城市的技术劳动力、知识分子等向农村长期稳定流入的体制机制基本不存在。在此情况下，与之相关的资本、信息、技术、数据等要素也难以有效地进入农村地区，农村的生产方式和生活方式现代化进程受阻。再从资金的城乡流动现状来看，农村资金流向城镇的规模远远大于城市资金流向农村的规模。目前，城市流向农村的资金主要有三大通道：一是农民工的务工收入通过邮政或银行汇入农村地区，由于农村的资本边际收益率远低于城市，农村金融机构又通过存多贷少、购买债券、拆借和上存资金等方式，使流入农村地区的资金又回流到城市；二是城市工商资本投资农村产业开展农业产业化经

①《中华人民共和国 2019 年国民经济和社会发展统计公报》，国家统计局网站，http://www.stats.gov.cn/tjsj/zxfb/202002/t20200228_1728913.html。

②《中华人民共和国 2020 年国民经济和社会发展统计公报》，国家统计局网站，http://www.stats.gov.cn/tjsj/zxfb/202102/t20210227_1814154.html。

营、旅游开发和商业开发，虽然这方面的投资市场竞争较小，但由于受到土地规模集中不足以及不能改变用地性质两方面的约束，城市资本在农村地区的投资存在较大的风险和较明显的收益天花板，这也是工商资本入乡动力不足的主要原因；三是国家通过扶持"三农"发展和实施乡村振兴的转移支付，这种普惠式和精准式相结合的方式，是城市资金有效回流乡村的方式。

（一）城乡要素双向流动的体制机制

城市资本、技术、信息、数据等要素向农村的流动受到较大限制，城乡要素交换关系不平等是导致城乡差距扩大的根本原因，要实现城乡要素的平等交换，首先要实现生产要素的双向流动。打通城市要素向农村流动的通道，重点是要建立健全相应体制机制，解决"人地钱技"实现双向流动和平等交换问题。

1. 人：城乡身份平等转换，重点加快农业转移人口市民化

从农村向城市，健全农业转移人口市民化的体制机制。一是继续深化户籍制度改革，全面放开放宽除个别超大城市外的城市落户限制；二是加快实现城镇基本公共服务常住人口全覆盖，确保以农民工为主体的新城镇人口平等享受基本公共服务；三是以城市群为主体形态促进大中小城市和小城镇协调发展，增强中小城市人口承载力和吸引力；四是建立健全由政府、企业、个人共同参与的农业转移人口市民化的成本分担机制，全面落实支持农业转移人口市民化的财政政策、城镇建设用地增加规模与吸纳农业转移人口落户数量挂钩政策，以及中央预算内投资安排向吸纳农业转移人口落户数量较多的城镇倾斜政策；五是维护进城落户农民土地承包权、宅基地使用权、集体收益分配权，支持引导其依法自愿有偿转让上述权益；六是提升城市包容性，推动农民工特别是新生代农民工融入城市。

从城市向农村，建立城市科技型劳动力入乡的体制机制。要消除城镇人口向农村流动的各种制度性障碍，鼓励有意向到农村发展的城镇人口向农村流动，进而使其所承载的资本、信息、技术技能、数据等要素协同向农村流动。一是制定财政、金融、社会保障等激励政策，吸引各类人才特别是科技型劳动力返乡入乡创业。同时，通过选调生、大学生村官等机制，鼓励引导高校毕业生到村任职、扎根基层、发挥作用。二是鼓励原籍普通高校和职业院校毕业生、外出农民工及经商人员回乡创业兴业。三是建立城乡人才合作交流机制，探索通过岗编适度分离等多种方式，推进城市教育、医疗、文化、规划、建筑、园林等工作人员定期服务乡村。推动职称评定、工资待遇等向乡村教师、医生倾斜，优化乡村教师、医生中高级岗位结构比例。

2. 地：城乡地权平等交易，建立集体经营性建设用地入市制度

继续改革完善农村承包地和宅基地制度，进一步放活农地的经济权。一是完善农村承包地"三权分置"制度（所有权、承包权、经营权）和宅基地"三权分置"制度（所有权、资格权、使用权）①，在依法保护集体所有权和农户承包权、资格权和农民房屋财产权前提下，平等保护并进一步放活土地经营权、宅基地和农民房屋使用权；二是在保持农村土地承包关系稳定并长久不变的基础上，加快完成农村承包地确权登记颁证，以及房地一体的宅基地使用权确权登记颁证；三是健全土地流转规范管理制度，强化规模经营管理服务，允许土地经营权入股从事农业产业化经营；四是在符合规划、用途管制和尊重农民意愿前提下，允许县级政府优化村庄用地布局，有效利用乡村零星分散存量建设用地，探索对增量宅基地实行集约有奖、对存量宅基地实行退出有偿。

建立集体经营性建设用地入市制度，城乡统一的建设用地市场。构建城乡统一的产业发展建设用地市场，给予城乡人口平等地权，既可以为农村进城人口提供资金，也可为城市进村人口提供稳定居住条件和资本积累。一是加快完成农村集体建设用地使用权确权登记颁证，为城乡地权平等交易提供前提条件；二是在符合国土空间规划、用途管制和依法取得前提下，允许农村集体经营性建设用地入市，允许就地入市或异地调整入市；三是允许村集体在农民自愿前提下，依法把有偿收回的闲置宅基地、废弃的集体公益性建设用地转变为集体经营性建设用地入市；四是推动城中村、城边村、村级工业园等可连片开发区域土地依法合规整治入市；五是推进集体经营性建设用地使用权和地上建筑物所有权房地一体、分割转让；六是完善农村土地征收制度，缩小征地范围，规范征地程序，维护被征地农民和农民集体权益。

3. 钱：完善乡村金融服务体系，促进工商资本入乡

完善乡村金融服务体系，确保其真正服务"三农"发展。一是分类推进金融机构改革，推动农村信用社和农商行回归本源。改革村镇银行培育发展模式，丰富农村金融服务主体，创新中小银行和地方银行金融产品提供机制。在符合条件的农民合作社和供销合作社基础上培育发展农村合作金融组织，加大开发性和政策性金融支持力度。二是依法合规开展农村集体经营性建设用地使用权、农民房屋财产权、集体林权抵押融资，以及承包地经营权、集体资产股权等担保融资。三是支持通过市场化方式设立城乡融合发展基金，建立健全农业信贷担保体系，

---

①　"三权分置"改革，是继家庭联产承包责任制后我国农村改革的又一重大制度创新，是农村基本经营制度的自我完善。

鼓励有条件有需求的地区按市场化方式设立担保机构。四是加快完善农业保险制度，推动政策性保险扩面、增品、提标，降低农户生产经营风险，完善农村金融风险防范处置机制。

实现城乡资本双向流动，建立工商资本入乡促进机制。一是深化"放管服"改革，打造法治化、便利化基层营商环境，稳定市场主体预期，引导工商资本为城乡融合发展提供资金、产业、技术等支持；二是完善融资贷款和配套设施建设补助等政策，鼓励工商资本投资适合产业化规模化集约化经营的农业领域；三是支持城市搭建城中村改造合作平台，探索在政府引导下工商资本与村集体合作共赢模式，发展壮大村级集体经济；四是通过政府购买服务等方式，支持社会力量进入乡村生活性服务业；五是建立工商资本租赁农地监管和风险防范机制，严守耕地保护红线，确保农地农用，防止农村集体产权和农民合法利益受到侵害。

在完善乡村金融服务体系，建立工商资本入乡促进机制的同时，还要健全财政投入保障机制。首先，调整土地出让收入使用范围，提高农业农村投入比例。2020年9月，中共中央办公厅、国务院办公厅印发《关于调整完善土地出让收入使用范围优先支持乡村振兴的意见》。其次，发挥财政资金四两拨千斤作用，各级政府支持城乡融合发展及相关平台和载体建设，撬动更多社会资金投入。最后，允许地方政府在债务风险可控前提下发行政府债券，用于城乡融合公益性项目。

4. 技：加强科技支农力度，建立科技成果入乡转化机制

如何让城市的科技支持农业农村发展是城乡融合发展的关键一环。一是政府发挥引导推动作用，建立有利于涉农科研成果转化推广的激励机制与利益分享机制；二是健全涉农技术创新市场导向机制和产学研用合作机制，鼓励创建技术转移机构和技术服务网络；三是建立科研人员到乡村兼职和离岗创业制度，探索其在涉农企业技术入股、兼职兼薪机制；四是建立健全农业科研成果产权制度，赋予科研人员科技成果所有权，允许农技人员通过提供增值服务合理取酬。

（二）城乡产业融合发展

在城乡要素平等交换、双向流动机制的作用下，城乡产业要实现融合发展。首先，农业现代化最根本是要靠农业科技，通过城市科技成果入乡提高农业科技创新水平是发展现代农业的内在要求。2019年，农业科技进步贡献率达到59.2%，主要农作物耕种收综合机械化率超过70%，化肥农药使用量保持负增长，秸秆、畜禽粪污利用率分别达到85%、74%，西北地区农膜回收利用率超过

80%，农产品质量安全例行监测合格率保持在97%以上①。这说明中国农业发展方式正在发生转变，由过去主要依靠增加资源要素投入逐渐转向主要依靠农业科技进步的现代农业发展方式。一是加大对农业基础性科技研发的投入力度，增强源头创新能力。二是重点突破农业产业关键技术。比如，现代种业、农机装备产业、农业重大病虫害监测预警与防控、新型缓控释肥、现代农产品加工业、业物联网等。三是加大农业科技的推广和应用范围，提高农业资源利用效率。比如，农业信息技术、农作物秸秆综合利用技术、节水农业技术等；四是培育现代新职业农民。大规模开展农民培训，培养适应农业现代化建设需要的懂技术、会经营、善管理的新职业农民。

加快发展现代服务业，推动城市和乡村产业融合。从经济发展的历史规律来看，三大产业在经济总量中的比重反映了经济体的发展程度。全球产业结构的特征为农业和工业比重持续下降，同时服务业的比重强势上升，三大产业结构调整速度加快。目前，一些发达国家服务业占比高达70% ~80%（见表5-2），但这并不是最终的极限。发展中国家的服务业比重正加速快速上升，比如，2019年，第三产业增加值534 233亿元，增长6.9%（第一、二产业分别增长3.1%、5.7%），增加值占国内生产总值比重为53.9%（第一、二产业增加值占比分别为7.1%、39.0%）；2020年受新冠肺炎疫情影响，第三产业增加值553 977亿元，增长2.1%（第一、二产业分别增长3.0%、2.6%），增加值比重为54.5%（第一、二产业增加值占比分别为7.7%、37.8%）②。当前，生产性服务业的强势崛起，经济"服务化"和"软化"趋势日渐显著。同时，在整个产业链条中，对创新、信息、科技、人才、文化、生态和制度等软要素的依赖程度不断加深。因此，未来城市经济由工业主导型向服务业主导型的转变会更加明显，服务业的繁荣发展是城市产业新体系的重要标志。一方面表现为生产性服务业的强势崛起，不断向专业化和价值链高端延伸；另一方面表现为传统的服务产业的扩大和发展，不断向精细和高品质转变（朱鹏华，2016）。相对于工业，服务业就业吸纳能力强（2011年中国服务业就业人数占全社会就业人数比重达到35.7%，首次超过农业34.8%，2019年服务业就业人数占全社会就业人数比重达到47.4%，已成为吸纳就业主渠道③。），将为城乡融合发展提供主要的就业支撑。特别是生

① 《首个乡村振兴战略规划实施报告发布》，中华人民共和国农业农村部网站，http: // www. ltxgbj. moa. gov. cn/lgbydqk/2010qklb1/202003/202007/t20200716_6348791. htm。

② 笔者根据国家统计局年度数据计算得到，http: //data. stats. gov. cn/easyquery. htm? cn = C01。

③ 国家统计局年度数据，http: //data. stats. gov. cn/easyquery. htm? cn = C01。

活性服务业，就业门槛相对较低，可以吸纳不同性别、年龄段、文化程度的人就业，对于农村转移人口具有更加重要的现实意义。

表 5-2　　　　　　　　　三次产业构成（2019 年）

指标	美国	英国	德国	法国	意大利	日本	韩国	澳大利亚	高收入国家	中等收入国家
农业增加值占GDP比重（%）	0.92	0.61	0.82	1.6	1.93	1.24	1.69	2.09	1.33	7.9
工业增加值占GDP比重（%）	18.21	17.41	26.82	17.14	21.42	29.07	32.97	25.2	22.7	31.48
服务业增加值占GDP比重（%）	77.37	81.98	72.36	81.26	76.65	69.69	65.34	72.71	75.97	60.62

资料来源：世界银行公开数据库，https：//data.worldbank.org/indicator/NV.AGR.TOTL.ZS。其中，美国为 2017 年数据，日本为 2018 年数据，高收入国家为 2017 年数据。

根据上述分析可知，服务业是城市和乡村产业新体系的主体，服务业的繁荣发展也是新时代城乡融合发展的重要特征。这里认为无论是生产性服务业还是生活性服务业，应主要通过放宽市场准入，扩大开放领域，鼓励社会资本、国际资本依法依规以多种形式投资服务业，鼓励新兴业态发展，进一步活跃服务业微观市场，增强市场竞争力。同时，政府要依法监管，尽快消除不利于医疗、教育、养老、设计、物流等领域优质发展的制度性障碍，推动各类市场主体参与服务供给，确保市场公平竞争。特别地，服务业在乡村振兴和城乡融合发展中将发挥越来越重要的作用，成为农村产业振兴和城乡产业融合的主导力量。

城乡产业融合还表现在城市间产业转移。不同的城市具有不同的产业优势，随着经济的发展，在城市间开展产业转移是产业结构转型升级和提高城乡融合发展质量的必由之路。比如，超大或特大城市拥有丰富的人力资源、资本以及信息方面的优势，生产性服务业在现代制业集中区能创造巨大的规模经济，使得生产和交易成本最小化，因此超大或特大城市和现代制造业密集区域往往是生产性服务业发展的集中地。充分发挥政府发展战略和产业政策的导向作用，积极引导城市间产业转移：一是强化城市群中各城市间专业化分工协作。大城市应重点发展战略性新兴产业和生产性服务业，形成以服务经济为主的产业结构，周边中小城市要主动承接大城市的转移产业，构建大中小城市和小城镇特色鲜明、优势互补的产业发展格局。二是依托相对完善的硬件设施和制度环境，引导生产性服务业在中心城市、制造业密集区域集聚，加快构建中心城市及周边地区的服务经济网络节点，形成对城市与区域功能转型和能级提升的战略性带动效应（邱灵，方创琳，2012）。三是组织开展城市间产业转移对接活动，考虑产业发展的区域差异性、行业异质性和时间波动性，引导产业合理有序转移。既要加强区域内城市间产业融合以提升产业链综合功能和竞争能力，也要注重培育城市间具有紧密上下游合作的优势产业集群。

二、政治融合发展"路基"：城乡一体的治理体系

构建城乡一体的治理体系是实现城乡治理能力现代化和政治融合发展的基础条件。从城乡治理体系的视角来看，新时代城乡融合发展就是一场全面深化改革的过程。习近平总书记指出："全面深化改革需要加强顶层设计和整体谋划，加强各项改革的关联性、系统性、可行性研究。"[1] 因此，城乡政治融合发展的基础就是要建立健全城乡一体的治理体系。从新时代城乡融合发展的驱动力机制来看，"市场主导 + 政府引导"是施力者，其中政府在城乡融合发展中的职能或作用要科学定位[2]。市场在城乡经济资源配置起决定性作用的同时，政府要通过各种法律、制度和政策促进土地、劳动力、资本、文化、公共资源和服务等要素在城乡间流动、集聚和提升，带动城乡经济发展、文化繁荣、社会进步、环境改善，进而推动新时代城乡融合发展。在社会主义市场经济的大环境下，政府应该加强制度顶层设计，基于市场机制制定相关法律、制度和政策来解放和发展城乡融合的生产力，构建城乡一体的治理体系，形成有利于新时代城乡融合健康发展的制度环境，而不是直接以行政命令的形式推进城乡融合发展。

首先，政府要破除当前不利于城乡融合发展的各种体制和政策障碍。比如，户籍制度、城乡就业管理制度等。其次，政府要加快建立健全与新时代城乡融合发展相适应的法律、制度和政策。比如，公共服务制度、教育资源分配政策、财税制度、土地利用和征地政策、城镇住房制度、生态环境管理制度等。特别是对于PPP，政府应在总结前期实践经验的基础上，尽快继续完善相关法律、政策，厘清各方的责权利，引导社会资本积极参与到城乡融合发展中来。最后，政府要严格执行与城乡融合发展相关的各项法律、制度和政策，特别是与农民工和生态

---

① 《十八大以来重要文献选编（上）》，中央文献出版社 2014 年版，第 509 ~ 510 页。
② 这里的政府是指各级政府，根据《中华人民共和国行政区划》包括中央政府，省、自治区、直辖市政府，自治州、县、自治县、市政府，乡、民族乡、镇政府。

环境有关的法律。比如，劳动法（2009 年 8 月 27 日修正）、劳动合同法（2012年 12 月 28 日修正）、社会保险法（2010 年 10 月 28 日）、劳动保障监察条例（2004 年 11 月 1 日）、环境保护法（2014 年 4 月 24 日修订）、大气污染防治法（2015 年 8 月 29 日修订）等①。

建立城乡一体的治理体系是一个系统工程，但是其中有些支柱性的制度，它们是城乡政治融合的"四梁八柱"，是城乡治理体系与治理能力现代化的基础。这里从城乡一体的治理体系角度重点探讨一下户籍制度、土地管理制度以及社会资本参与城乡融合发展的制度问题。

（一）户籍制度改革

学术界普遍认同，户籍制度已经成为城乡融合发展最大的制度障碍之一。习近平总书记（2014）指出，"推进人的城镇化重要的环节在户籍制度，加快户籍制度改革，是涉及亿万农业转移人口的一项重大举措。"② 改革开放以来我国户籍制度改革一直在推进，但始终没有从根本上彻底清除户籍制度的弊端（见表5－3）。究其原因，最根本的就是长时间城乡二元户籍制度下利益关系已经固化，重新调整十分困难。事实上，户籍不是问题，关键是与户籍制度关联的各种权益，包括城乡教育、就业、社会保障、医疗卫生、最低生活保障，以及城市基础设施和社区服务等。比如，因高考制度，北京市的户籍居民和外来非户籍人口就曾轮番到教委抗议，前者反对开放，而后者要求开放③。各地的现实情况大不相同，特别是公共服务差别较大，"一刀切"式的取消户籍制度肯定走不通，但是政府必须积极主动，加快户籍制度改革。但从落户成本来看，地方政府并没有改革的动力和积极性，现实情况也是如此。因此，地方政府的积极性如何调动，这是户籍制度改革的重点。当前，大部分城市都取消了直接落户的限制，但一些大城市落户政策仍过于苛刻，关键是没有考虑到农民工阶层，比如，农民工缴纳社保的比重极低，而缴纳社保的年限作为落户或购房的前提条件，这样就把很多农民工排除在外。这里认为加快户籍改革应注意以下几点：一是调动各地方政府的积极性，要在政策上鼓励率先推进改革并取得成效的城镇，并通过绩效考评加以

---

① 国务院法制办编：《新编中华人民共和国常用法律法规全书（2016 年版）》，中国法制出版社 2016年版。

② 《改革要聚焦聚神聚力抓好落实 着力提高改革针对性和时效性》，载于《人民日报》2014 年 6 月7 日第 1 版。

③ 《城镇化户籍改革应减少限制条件》，新华网，2013 年 7 月 6 日，http：//news. xinhuanet. com/house/bj/2013－07－16/c_125014702_2. htm。

激励；二是落户条件应主要依据居住和工作年限，降低或取消对年龄、学历、职称、社保缴纳等条件的要求，确保重点人群落户；三是通过建立居住证制度，健全与居住年限等条件相挂钩的基本公共服务提供机制等措施，逐渐剥离户籍附带的各种权益，彻底打破城乡之间的"玻璃门"。

表5－3　　　　　　　　　　　新中国户籍制度的标志性变迁

年份	制度或政策名称	要点
1951	公安部公布《城市户口管理暂行条例》	新中国成立后第一部户口管理条例，基本统一了全国城市的户口登记制度
1955	《国务院关于建立经常户口登记制度的指示》	统一了全国城乡的户口登记工作，规定全国城市、集镇、乡村都要建立户口登记制度，户口登记的统计时间为每年一次
1958	《中华人民共和国户口登记条例》	第一次明确将城乡居民区分为"农业户口"和"非农业户口"两种不同户籍，确立了户口凭证迁徙落户制度，城乡二元户籍制度以法律形式确定
1964	国务院批转公安部《关于处理户口迁移的规定（草案）》	明确户口迁移的两个"严加限制"，一是对从农村迁往城市、集镇的要严加限制，二是对从集镇迁往城市的要严加限制
1984	《国务院关于农民进入集镇落户问题的通知》	允许长期在集镇务工经商的农民，在有住所的前提下，自理口粮入户集镇
1985	《中华人民共和国居民身份证条例》	居民身份证制度的建立，突破了户籍制度不利于人口流动的局限性，户籍管理迈出了重要一步
1989	《国务院关于严格控制"农转非"过快增长的通知》	据统计，从1984年到1988年的5年中，"农转非"人口累计达4679万人*。过快的"农转非"已超过了财政、粮食、就业以及城市基础设施等方面的承受能力，1989年开始整顿"农转非"问题，加强对"农转非"的宏观管理，使其增长的速度规模与国民经济的发展相适应
1997	国务院批转公安部《关于小城镇户籍管理制度改革的试点方案》	小城镇户籍改革，小城镇户口有条件向农民开放。在小城镇已有合法稳定的非农职业或者已有稳定的生活来源，而且在有了合法固定的住所后居住已满两年的，可以办理城镇常住户口
1998	国务院批转公安部《关于解决当前户口管理工作中几个突出问题的意见》	实行婴儿落户随父随母自愿的政策，放宽解决夫妻分居问题的户口政策，放宽父（60岁）母（55岁）投靠政策，在城市投资、兴办实业、购买商品房的公民满足条件可办理落户

年份	制度或政策名称	要点
2001	国务院批转公安部《关于推进小城镇户籍管理制度改革的意》	全面推动小城镇户籍制度改革,对办理小城镇常住户口的人员,不再实行计划指标管理,并将户籍改革的权限下放到各地方政府
2011	《国务院办公厅关于积极稳妥推进户籍管理制度改革的通知》	继续推进户籍管理制度改革,分类明确户口迁移政策,保障农民土地权益、解决农民工实际问题,落实放宽中小城市和小城镇落户条件的政策
2014	《国务院关于进一步推进户籍制度改革的意见》	拉开了深化户籍改革的大幕,建立新型户籍制度。实行统一城乡户口登记制度,推行居住证制度,健全人口信息管理制度,稳步推进城镇基本公共服务覆盖全部常住人口
2019	《中共中央、国务院关于建立健全城乡融合发展体制机制和政策体系的意见》	有力有序有效深化户籍制度改革,放开放宽除个别超大城市外的城市落户限制,加快实现城镇基本公共服务常住人口全覆盖

* 殷志静、郁奇虹:《中国户籍改革》,中国政法大学出版社1996年版,第20页。

资料来源:笔者根据相关资料整理。

(二) 土地管理制度改革

土地管理制度的改革是推进新时代乡村振兴的重点和难点,我国城乡关系演进的历程一直伴随着城乡土地制度的变革(见表5-4)。当前,我国城镇化面临的粗放利用土地和土地利用效率低等问题都与土地管理制度有关。保护耕地、集约节约用地、提高土地的利用效率是新型城镇化和新时代乡村振兴的必然要求,矛盾的集中点就是"地从哪里来?"和"如何高效配置土地资源?"两个方面。城镇化的土地主要来自政府对农村土地的征用,政府通过征用农地还可以获取一部分土地出让收益,一般用来基础设施等公共投入和政府其他开支。长时间以来,各地政府为了招商引资推进"工业化",工业用地相对于商业和房地产开发用地的成本一直偏低,这种"创收"使得城市"摊大饼式"扩展,并形成"击鼓传花"式的恶性循环。保障土地的合理供应是新时代城乡融合发展顺利推进的前提,破解这个难题需要从宏观上考虑。土地确权是基础,农村土地管理制度的改革要率先推进,赋予农民更多的财产权,同时要提高征地补偿,合理提高农民个人收益。创新补偿方式,保障被征地农民的长远发展生计,比如,推行引进或发展产业并带动就业的补偿方式。提高土地资源配置方面,遵循土地要素自由流动的市场规律,厘清市场和政府的关系,建立城乡统一的建设用地市场。这里认为城乡统一的用地市场最重要的有三方面：一是允许农村集体经营性建设用地与国有土地同等进入市场，并保证农村集体经营性建设用地市场中"同权同价"；二是减少非公益性用地的划拨，扩大国有土地有偿使用范围；三是完善土地抵押、转让、担保二级市场的发展。

表 5－4　　　　　　　　　　新中国土地制度的标志性变迁

年份	制度或政策名称	要点
1950	《中华人民共和国土地改革法》	没收地主土地，并无偿分配给无地或少地的农民。到1953年土地改革完成，中国废除了封建地主土地所有制，实现了"耕者有其田"
1958	《中共中央关于在农村建立人民公社问题的决议》	农村建立了集体所有、集体经营的土地制度
1979	《中共中央关于加快农业发展若干问题的决定》	充分肯定了家庭联产承包责任制
1980	《中共中央关于进一步加强和完善农业生产责任制的几个问题》	充分肯定了联产承包责任制和包产到户政策，肯定了承包责任制的作用。从此，以包产到户为核心内容的农村改革迅猛发展。到1983年底，全国农村中实行包干到户的农户比例已经占到约98%。1984年中央一号文件《关于一九八四年农村工作的通知》进一步指明了方向，以集体所有个人使用为特征的农村土地制度确立
1990	《中华人民共和国城镇国有土地使用权出让和转让暂行条例》	规定依法取得的城镇国有土地使用权在使用年限内可以转让、出租、抵押或者用于其他经济活动，合法权益受国家法律保护。城市房地产市场开始起步
2002	《中华人民共和国农村土地承包法》	明确规定了农村土地承包采取农村集体经济组织内部的家庭承包方式，国家依法保护农村土地承包关系的长期稳定。规定通过家庭承包取得的土地承包经营权可以依法采取转包、出租、互换、转让或者其他方式流转。标志着从法律上规定了未来一段时期内农村土地产权政策的基本走向
2004	《国务院关于深化改革严格土地管理的决定》	规定了农民集体所有建设用地使用权可以依法流转
2005	农业部发布《农村土地承包经营权流转管理办法》	标志着农村土地承包经营权流转得到官方正式认可，开始走上法制化、规范化的道路
2006	《国务院关于加强土地调控有关问题的通知》	规定工业用地必须采用招标拍卖挂牌方式出让，其出让价格不得低于公布的最低价标准

年份	制度或政策名称	要点
2008	《中共中央关于推进农村改革发展若干重大问题的决定》	提出逐步建立城乡统一的建设用地市场，对依法取得的农村集体经营性建设用地，必须通过统一有形的土地市场、以公开规范的方式转让土地使用权，在符合规划的前提下与国有土地享有平等权益
2013	《中共中央关于全面深化改革若干重大问题的决定》	土地制度改革可以总结为三条底线："第一，不能改变土地所有制，就是农民集体所有；第二，不能改变土地的用途，农地必须农用；第三，不管怎么改，都不能损害农民的基本权益。"*
2014	《中共中央办公厅、国务院办公厅关于引导农村土地经营权有序流转发展农业适度规模经营的意见》	指出要引导实现农村土地所有权、承包权、经营权分置（简称"三权分置"）
2015	《中共中央办公厅、国务院办公厅关于农村土地征收、集体经营性建设用地入市、宅基地制度改革试点工作的意见》	决定在全国33个不同层级的行政区域，开展土地制度改革试点。标志着以农村为先导的土地制度改革进入了实质性的局部实践阶段
2016	农业部印发《农村土地经营权流转交易市场运行规范（试行)》	加强对农村土地经营权流转交易市场的工作指导，依法推进土地经营权有序流转
2016	《中共中央办公厅、国务院办公厅关于完善农村土地所有权承包权经营权分置办法的意见》	完善农村土地"三权分置"，有利于明晰土地产权关系，更好地维护农民集体、承包农户、经营主体的权益
2019	《中共中央、国务院关于建立健全城乡融合发展体制机制和政策体系的意见》	加快完成农村承包地确权登记颁证。完善农村承包地"三权分置"制度，在依法保护集体所有权和农户承包权前提下，平等保护并进一步放活土地经营权。健全土地流转规范管理制度，强化规模经营管理服务，允许土地经营权入股从事农业产业化经营
2020	《中共中央、国务院关于构建更加完善的要素市场化配置体制机制的意见》	推进土地要素市场化配置，建立健全城乡统一的建设用地市场。加快修改完善土地管理法实施条例，完善相关配套制度，制定出台农村集体经营性建设用地入市指导意见。全面推开农村土地征收制度改革，扩大国有土地有偿使用范围。建立公平合理的集体经营性建设用地入市增值收益分配制度。建立公共利益征地的相关制度规定

*陈锡文：《农村土地制度改革，底线不能突破》，载于《人民日报》2013年12月13日。
资料来源：笔者根据相关资料整理。

（三）社会资本参与城乡融合发展的制度

新时代城乡融合发展需要大规模建设城市和乡村的基础设施、健全城市和乡村的公共服务体系，这需大量资金持续不断地投入。社会资本的参与，能有效缓解新型城镇化和新时代乡村振兴建设的财政需求。国际经验表明，推广和应用政府与社会资本合作模式（PPP）[①]，有利于解决城乡融合发展的投资和管理难题，转换政府职能，防范和化解城乡融合发展的建设管理和运营风险，有助于推动城镇化和乡村振兴的可持续发展。2019 年发布的《中共中央、国务院关于建立健全城乡融合发展体制机制和政策体系的意见》提出，健全城乡基础设施一体化建设机制，积极引入社会资本，支持通过市场化方式设立城乡融合发展基金，引导社会资本培育一批国家城乡融合典型项目[②]。当前，学术界和中央政府对城市建设和农业农村建设[③]中的 PPP 模式均给予了充分肯定。笔者通过对北京、济南、乌鲁木齐、西安、天津和郑州等地部分有关城乡融合发展的 PPP 项目实地调研发现，PPP 模式不仅缓解了政府短期建设资金短缺的压力，还可以提高城乡特别是城郊的乡村公共产品和服务的供给水平和质量，激发社会力量参与城乡融合发展的热情。同时，调研也发现当前阻碍 PPP 模式发展的最大障碍是相关制度不健全和政府职能转变不到位。一方面，对于 PPP，各级政府要加快完善法律、制度和政策，创造适宜的政策法律环境，健全风险分担等相关机制，加强项目运作的规范性并减少推行 PPP 的制度摩擦；另一方面，政府要继续转变自身职能，建立高效的 PPP 协调推进机制，形成高效的政策合力。

三、文化融合发展"路基"：城乡文化互哺的体制机制

建立健全城乡文化互哺体制机制是推进城乡精神文明建设、实现城乡文化融

---

① 政府与社会资本合作模式：PPP 是英文"Public – Private – Partnerships"的简写，又称公私合营模式。PPP 模式最早出现在英国，当前在世界各国已经得到了广泛应用。

② 《中共中央、国务院关于建立健全城乡融合发展体制机制和政策体系的意见》，中华人民共和国中央人民政府网，http://www.gov.cn/zhengce/2019 – 05/05/content_5388880.htm。

③ 2020 年 4 月，农业农村部办公厅印发的《社会资本投资农业农村指引》明确，创新政府和社会资本合作（PPP）模式。积极探索农业农村领域有稳定收益的公益性项目，推广政府和社会资本合作模式的实施路径和机制，让社会资本投资可预期、有回报、能持续，依法合规、有序推进政府和社会资本合作。鼓励各级农业农村部门按照农业领域政府和社会资本合作相关文件要求，对本地区农业投资项目进行系统性梳理，筛选和培育适于采取 PPP 模式的乡村振兴项目，优先支持农业农村基础设施建设等有一定收益的公益性项目。参见《农业农村部办公厅关于印发〈社会资本投资农业农村指引〉的通知》，中华人民共和国中央人民政府网，http://www.gov.cn/zhengce/zhengceku/2020 – 04/16/content_5502951.htm。

合发展的基础条件。经济基础决定上层建筑，在工业化和城镇化的主导下，城乡优质资源要素加速向城市集聚。与此同时，社会领域的城乡差距使农业劳动力向城市大规模转移。乡村"空心化"困局不仅导致了乡村精神的边缘化，而且给乡村文化带来了秩序失衡的发展困境。党的十九大提出的乡村振兴战略，为乡村走出文化困境提供了无限可能。而城乡融合发展理念的贯彻和实施，又为城市和乡村文化融合发展提供了现实方案。

马克思主义城乡关系理论认为，城市和乡村文化资源禀赋具有明显的差异性和互补性。只有随着城乡文化融合才能不断提升城乡居民的文化素质和思想水平，促进人的自由全面发展。马克思主义城乡关系理论揭示了城乡关系从分离到融合演进的总体趋势，并为新时代推进城乡文化融合发展指明了方向。随着中国特色社会主义进入新时代，党中央适时提出在城乡融合发展中实现乡村振兴，既符合人类文明发展进步的历史逻辑，也与马克思主义城乡关系理论逻辑前景相一致。当前，为重塑新型城乡关系、促进城乡文化融合发展，必须构建城乡文化互哺机制，以促进城乡文化的情感认同和交流融合。通过统筹城乡公共文化设施布局吸引资本、科技、信息、数据等文化资源要素更多向乡村流动，通过建立城乡文化人才结对帮扶机制为乡村振兴注入新的文化动能。

（一）健全城乡公共文化服务体系

首先，均衡城乡文化资源。统筹城乡公共文化设施布局、服务提供、队伍建设，推动文化资源重点向乡村倾斜，提高服务的覆盖面和适用性。其次，强化城乡文化管理。推行公共文化服务参与式管理模式，建立城乡居民评价与反馈机制，引导居民参与公共文化服务项目规划、建设、管理和监督，推动服务项目与居民需求有效对接。再次，活跃城乡文化活动。支持乡村民间文化团体开展符合乡村特点的文化活动，对于一些市场化低的优秀传统文化活动要给予充足的经费支持。同时，要推动公共文化服务社会化发展，鼓励社会力量参与。对于有困难的文化项目，要建立文化结对帮扶机制，推动文化工作者和志愿者等投身乡村文化建设。最后，加强非遗文化保护。划定乡村建设的历史文化保护线，保护好农业遗迹、文物古迹、民族村寨、传统村落、传统建筑和灌溉工程遗产，推动非物质文化遗产活态传承。发挥风俗习惯、村规民约等优秀传统文化基因的重要作用。

（二）推进城乡文化产业融合发展

当前，不论是公共文化建设，还是文化产业发展，我国文化建设的速度和水平与经济发展的整体格局基本相同，呈现"城市强、乡村弱"的特点。文化产业与文化事业要有机统一，这是城乡文化融合发展的基本要求。推进城乡文化产业融合发展，首先，要健全文化资源双向自由流动机制，推动城市资本入乡，参与乡村文化项目建设和非物质文化遗产保护，同时鼓励、支持和引导乡村文化人才、项目特别是优秀的传统特色项目进城。一方面，与城市现代科技文化相互碰撞、交融、共生；另一方面，通过商业化获取一定的经济收益，为文化的持续健康发展奠定物质基础。其次，政府要大力扶持优秀的文化产业项目。一方面，政府出台相关政策（项目补贴、定向资助、贷款贴息等），引导社会资本投入文化产业（以投资捐助设施设备、兴办实体、项目资助、赞助活动、提供产品和服务等方式），大力支持文化创意产业的发展；另一方面，政府建立向社会力量购买文化服务机制，直接扶持相关文化产业的发展。最后，培育文化创意产品开发的市场主体和平台。鼓励文化文物单位与社会力量深度合作，采取合作、授权、独立开发等方式推动文化创意产品的研发、生产和经营，建立优势互补、互利共赢的合作机制。鼓励社会资本参与文艺院团等国有文化单位转企改制、非物质文化遗产的保护和利用，通过知识产权入股等方式投资设立企业，参与重大文化项目和设施建设。

四、社会融合发展"路基"：城乡基本公共服务普惠共享的体制机制

健全城乡基本公共服务普惠共享的体制机制，是推动社会事业向农村覆盖，实现城乡社会融合发展的基础条件。重点推动基础社会、公共服务、社会事业向农村延伸，健全全民覆盖、普惠共享、城乡一体的基本公共服务体系，推进城乡基本公共服务标准统一、制度并轨。

（一）建立城乡基础设施一体化规划、建设和管护机制

一是在城乡基础设施规划方面，统筹规划重要市政公用设施，推动向城市郊区乡村和规模较大中心镇延伸。以市县域为整体，统筹规划城乡基础设施，统筹布局道路、供水、供电、信息、广播电视、防洪和垃圾污水处理等设施。推动城乡路网一体规划设计，畅通城乡交通运输连接，加快实现县乡村（户）道路联通、城乡道路客运一体化，完善道路安全防范措施。统筹规划城乡污染物收、运、处置体系，严防城市污染上山下乡，因地制宜统筹处理城乡垃圾污水，加快建立乡村生态环境保护和美丽乡村建设长效机制。加强城乡公共安全视频监控规

划、建设和联网应用，统一技术规范、基础数据和数据开放标准。

二是在城乡基础设施建设方面，明确乡村基础设施的公共产品定位，构建事权清晰、权责一致、中央支持、省级统筹、市县负责的城乡基础设施一体化建设机制。健全分级分类投入机制，以政府为主、社会投资为辅的项目：乡村道路、水利、渡口、公交和邮政等公益性强、经济性差的设施；政府、社会资本和农民三方共同投资的项目：乡村供水、垃圾污水处理和农贸市场等有一定经济收益的设施；社会企业投资为主的项目：乡村供电、电信和物流等经营性为主的设施。与此同时，政府还可以将某些城乡基础设施项目整体打包，实行一体化开发建设，比如以 PPP 项目、基础设施领域不动产投资信托基金（REITs）项目实施。

三是在城乡基础设施管护方面，合理确定城乡基础设施统一管护运行模式，健全有利于基础设施长期发挥效益的体制机制。对城乡道路等公益性设施，管护和运行投入纳入一般公共财政预算。明确乡村基础设施产权归属，由产权所有者建立管护制度，落实管护责任。以政府购买服务等方式引入专业化企业，提高管护市场化程度。推进城市基础设施建设运营事业单位改革，建立独立核算、自主经营的企业化管理模式，更好行使城乡基础设施管护责任。

（二）建立城乡教育资源均衡配置机制

城乡教育资源均衡配置，要优先发展农村教育事业，建立以城带乡、整体推进、城乡一体、均衡发展的义务教育发展机制。省级政府应建立统筹规划、统一选拔的乡村教师补充机制，为乡村学校输送优秀师资。与此同时，要推动教师资源向乡村倾斜，通过稳步提高待遇等措施增强乡村教师岗位吸引力。在实行义务教育方面，应大力推行教师"县管校聘"，在县域内实现城乡教育联合体模式，让学校管理人员和教师等专业技术人员在城乡之间流动起来。现代信息技术对教育教学产生了革命性的影响，应完善教育信息化发展机制，充分利用现代信息技术推动优质教育资源城乡在"云"端共享。

（三）健全城乡一体的医疗卫生服务体系

当前，城乡医疗卫生资源差距显著，健全城乡一体的医疗卫生服务体系势在必行。首先，要建立和完善相关政策制度，增加基层医务人员岗位吸引力，加强乡村医疗卫生人才队伍建设；其次，要改善乡镇卫生院和村卫生室条件，因地制宜建立完善医疗废物收集转运体系，提高慢性病、职业病、地方病和重大传染病防治能力，加强精神卫生工作，倡导优生优育；最后，全面建立分级诊疗制度，实行差别化医保支付政策。要健全网络化服务运行机制，从大城市三甲医院到县级医院再到乡村卫生院，形成接力的医疗服务网络体系。一方面，让县医院与乡村卫生院建立县域医共体；另一方面，城市大医院与县医院建立对口帮扶、巡回医疗和远程医疗机制。

（四）完善城乡统一的社会保障制度

当前，城乡社会保障基本实现了全覆盖，但城乡保障水平差距还比较明显。首先，完善统一的城乡居民基本医疗保险、大病保险和基本养老保险制度，建立完善城乡居民基本养老保险待遇确定和基础养老金正常调整机制。做好社会保险关系转移接续，建立以国家政务服务平台为统一入口的社会保险公共服务平台。其次，构建多层次农村养老保障体系，创新多元化照料服务模式。最后，统筹城乡社会救助体系。推进低保制度城乡统筹，健全低保标准动态调整机制，确保动态管理下应保尽保。做好城乡社会救助兜底工作，织密兜牢困难群众基本生活的安全网。改革人身损害赔偿制度，统一城乡居民赔偿标准。

五、生态环境融合发展"路基"：城乡一体的绿色治理体制机制

建立健全城乡一体的绿色治理体制机制，是推动经济社会发展全面绿色转型、实现城乡生态环境融合发展的基础条件。党的十八大提出"建设美丽中国"的新愿景，为我国城乡生态文明建设指明了方向。建设美丽中国，不仅要建设美丽城市，而且要建设美丽乡村。城乡一体的绿色治理是改善人居环境、提高生活质量、创造发展优势、增强竞争实力、完善乡村功能、塑造城市品牌的一项长久建设工程，具有重大的现实意义和深远的历史意义，必须要统筹规划、逐步推进。党的十八大以来，我国在环境治理方面的力度前所未有。发布实施了三个"十条"①，即大气、水、土壤污染防治三大行动计划，坚决向污染宣战。污水和垃圾处理等环境基础设施建设加速推进，农村环境综合整治全面开展，重大生态保护和修复工程也进展顺利。截至 2019 年底，中央全面深化改革领导小组审议通过 40 多项生态文明和生态环境保护具体改革方案，完成环境保护法、大气污染防治法、水污染防治法、环境影响评价法、环境保护税法、核安全法、土壤污染防治法等多部法律制定和修订工作。

城市与农村生态环境是相互补充、互为依存的唇齿关系，推进城乡绿色治

---

① 三个"十条"出自：《大气污染防治行动计划》（2013），《水污染防治行动计划》（2015），《土壤污染防治行动计划》（2016）。

理，特别是补上农村绿色治理的短板，改变原有以城市为中心的治理模式，实现城乡生态环境良性互动，对于美丽中国建设意义重大。全面建立城乡一体的绿色治理体制机制，使城乡生态服务逐步均等化，要久久为功、持续推进、长远谋划。一是遵循城乡生态系统融合的规律。尊重生态系统的系统性、空间性、时态性、流动性、依存性，全面衡量城乡生态治理的各个环节，统筹考虑，排序分段，科学预判城乡生态治理中的重点和难点问题，把握好建设的优先度、强度和速度，有针对性地进阶推进。二是坚持以城支乡。与城市相比，农业发展模式和农村产业布局相对落后，农民环保意识和维权能力缺乏，农村无法单独应对复杂艰巨的环境问题。因此，应以生态利益共生为核心，打破旧有利益格局，形成反哺机制，即"城市支持农村，工业反哺农业，市民带动农民"，发挥城市的辐射带动作用，在环保设施、财政投入、能力建设、生态市场等方面大力向农村倾斜，增加农村公共服务供给，补齐农村环保短板，缩小城乡环境差距。完善推进城乡特别是乡村的污水和垃圾处理等基础设施建设，进一步提高城乡生活污水、生活垃圾处理、供电效率等基础能力，为居民创建舒适、温暖的生活环境。三是健全城乡绿色治理统一规划、行动制度。打破城乡行政区划和层级障碍，注重横向衔接和有机联系，城乡规划、土地规划等"多规合一"，科学合理布局和整治城乡生产、生活、生态空间，构筑生态边界与秩序，山水林田湖路草综合治理，形成资源节约、环境友好和生态保育的城乡生态结构。在环境信息、环境执法、环境突发事件处理上，城乡联防联控联治联动，在治理融合中实现城乡环境质量同步提升。实施城乡容貌秩序治理工程，重点治理城乡接合部、城镇背街小巷、公路（铁路、河道）沿线、小区院落、建筑物楼顶及周边等卫生薄弱区域，做到洁净环境，消除乱象，规范秩序，提升人民群众群的舒适感和幸福感。

第三节　新时代城乡融合发展的"路标"

新时代城乡融合发展的关键是转变城市和乡村的发展方式，由重数量的外延式发展转向重质量的内涵式发展，实现新型城镇化和新时代乡村振兴协同发展。按照我国城乡融合发展的基本规律，以及新时代城乡融合发展的内涵、特征、机理以及目标体系，本书认为创新、协调、绿色、开放和共享应是新时代城乡融合发展的"路标"，这是各地在新时代城乡融合发展中都必须遵循的方向选择。

一、创新：新时代城乡融合发展的动力源

创新是走新时代城乡融合发展道路的力量之源。在新时代城乡融合发展过程中要通过科技创新、制度创新、文化创新等社会各方面的创新，优化城乡经济、政治、文化、社会和生态环境5个子系统的资源配置效率，不断提升新时代城乡融合发展质量。我国幅员辽阔，东西南北各地新时代城乡融合发展的基础和所面临的问题不尽相同，因此各地必须根据自身情况走新时代城乡创新融合发展之路。

（一）科技创新是新时代城乡融合发展的基石

一方面，作为新时代城乡融合发展支撑的城乡产业融合发展需要科技创新，没有科技创新，就不可能有农业现代化、新型工业化、信息化和现代服务业的大力发展，新时代城乡融合发展也只能是纸上谈兵；另一方面，随着我国城镇化水平的提高，城市的负担不断加重和乡村逐渐空心化并存，城市交通拥挤、空气污染、垃圾处理、社会养老等，以及乡村人才匮乏、设施短缺、产业落后、服务薄弱、生态脆弱等很多问题都需要科技的进步加以解决，建设智慧城乡是未来提高城乡融合发展质量的必然选择。近年来，西方发达国家智慧城市的概念在其城市发展战略与规划中扮演了越来越重要的角色，美国、加拿大以及欧盟很多国家都纷纷加入建设智慧城市的浪潮中（Hollands，2008）。事实上，集合了数字城市、生态城市、创造城市等特征的智慧城市，也是乡村发展的图景，智慧乡村和智慧城市在城乡融合发展中应处于同等地位，并最终实现城乡"经济—政治—文化—社会—生态"的全面可持续发展。当前，我国许多城市已经提出智慧城市战略，并开始向乡村延伸，政府与信息科技公司正在联手实践："科技让城市和乡村更智慧，城市和乡村让生活更美好。"

（二）制度创新是应对新时代城乡融合发展所面临挑战的重要手段

当前新时代城乡融合发展要解决的户籍问题、土地问题、产业发展问题、城乡公共服务均等化问题、融资问题、环境治理问题等各种难题，都需要不断进行制度创新和体制机制创新。本书第二章对典型国家城乡融合发展的分析可知，德国"去中心化"的均衡城乡发展模式，基本实现了"大城市—小城镇—乡村"的等值化发展。我国新时代城乡融合发展不能走大城市无限扩张之路，应发挥中心城市和城市群带动作用，建设现代化都市圈，实现城市合理布局，大中小城市

及小城镇均衡发展首要条件是体制机制创新，创造良好的制度环境，改变各种资源向大城市集中的困局。在城市体系均衡发展的同时，城乡融合发展也需要制定创新的支撑。比如，城乡公共基础设施投资潜力巨大，要加快改革和创新投融资体制机制①。

（三）文化创新是新时代城乡融合发展的重要支撑

一方面，一个城市和乡村的发展不能仅仅体现在物质方面，文化的传承与创新是人类社会的灵魂，尤其是特色文化资源。改革开放以来，我国城镇建设千城一面，缺乏特色，最本质的是缺乏文化特色，文化创意匮乏。新时代城乡融合发展的进程中，各地区应树立"城乡融合—文化创新"的意识，通过发展文化创意产业等措施传承历史文脉，改善人文环境，强化各具特色的城镇和乡村文化底蕴。另一方面，解决"半城镇化"问题也需要文化创新，通过文化内容和形式的创新、体制与机制的改革、文化传播手段创新等方式使农民工更好地融入城市社会。相对于物质层面的城乡融合，精神层面的城乡融合更具挑战性，没有持续的文化创新支撑，就无法实现真正彻底的城乡融合发展。

历史证明，我国城市和乡村都有着强大的文化创造力，中华文化既坚守本根又不断与时俱进，使中华民族保持了坚定的民族自信和强大的修复能力，培育了共同的情感和价值、共同的理想和精神。新时代推进文化建设，要坚持马克思主义在意识形态领域的指导地位，坚定文化自信，坚持以社会主义核心价值观引领文化创新。习近平总书记强调："要坚持中国特色社会主义文化发展道路，激发全民族文化创新创造活力，建设社会主义文化强国。"② 2020 年我国全面建成小康社会取得历史性胜利，接着开启了全面建设社会主义现代化国家的新局，在这样的背景下加强文化建设，就要真正做到"随风潜入夜，润物细无声"，让文化如涓涓细流，不断满足人民日益增长的美好生活需要。其一，推进城乡文化创新要以习近平新时代中国特色社会主义思想为指导。理论上清醒，政治上才能坚定，文化才能守正创新。要深入开展中国特色社会主义宣传教育，把城乡居民团结和凝聚在中国特色社会主义伟大旗帜之下。其二，推进城乡文化创新要传承弘扬中华优秀传统文化。任何形式的文化创新，都有其固有的根本，本固枝荣。抛弃传统、丢掉根本，就等于割断了自己的精神命脉。中华优秀传统文化已经成为

---

① 习近平：《真抓实干主动作为形成合力　确保中央重大经济决策落地见效》，新华网，http：// news. xinhuanet. com/politics/2015 – 02/10/c_1114323910. htm.

② 习近平：《坚定文化自信，建设社会主义文化强国》，载于《求是》2019 年第 12 期。

中华民族的基因，植根在中国人内心，潜移默化影响着中国人的思想方式和行为方式。当今，我们提倡文化创新，必须从中华优秀传统文化中汲取丰富营养，否则就不会有生命力和影响力。其三，城乡文化创新要坚持以人民为中心的导向。习近平总书记多次强调，文化建设要坚持"以人民为中心"的根本方向，明确提出了文化创新弘扬中国精神、凝聚中国力量的历史使命，在新的时代条件下为城乡文化工作提供了基本遵循。其四，城乡文化创新要坚持以当下的社会主义建设实践为基础。习近平总书记指出："当代中国正经历着我国历史上最为广泛而深刻的社会变革，也正在进行着人类历史上最为宏大而独特的实践创新。这种伟大实践必将给文化创新创造提供强大动力和广阔空间。"① 其五，推进城乡文化创新要提升公共文化服务水平，健全现代文化产业体系。一方面，加强城乡公共文化服务体系建设和体制机制创新，强化中华文化传播推广和文明交流互鉴，更好地保障人民的文化权益；另一方面，坚持把社会效益放在首位、社会效益和经济效益相统一，健全现代文化产业体系和市场体系。

（四）城市规划和治理服务创新是新时代城乡融合发展的重要保障

从世界各国的实践经验来看，城市和乡村经济社会的发展都离不开规划的指引，科学合理的城乡规划需要体制机制、思路方法等方面的不断创新。从整个城乡发展角度来看，"三分规划、七分管理"，这里的管理可以理解为广义的城乡治理。习近平总书记考察城市建设时曾指出："城市规划在城市发展中起着重要引领作用，考察一个城市首先看规划，规划科学是最大的效益，规划失误是最大的浪费，规划折腾是最大的忌讳。"② 事实上，不仅是城市规划，而且城市和乡村要一体规划，并使其在城乡融合发展中发挥指导作用。现代城市和乡村文明的核心内涵在于城乡治理服务，一座城市或一个村庄的文明程度取决于治理服务水平。解决城市不断扩大而出现的"城市病"和乡村不断萎缩而产生的"乡村病"等问题需要城乡规划和治理服务创新，通过更加科学合理的规划，引导城乡发展规模和速度，优化产业结构和空间结构；通过城乡治理服务创新，降低城市和乡村运营成本，提高运营效率和公共服务的能力。

需要特别指出的是，推进新时代城乡融合发展的创新必须要遵循经济、地

---

① 《坚定文化自信，建设社会主义文化强国——学习〈习近平关于社会主义文化建设论述摘编〉》，载于《人民日报》2017年10月16日。

② 《习近平北京考察工作：在建设首善之区上不断取得新成绩》，载于《人民日报》2014年2月27日第1版。

理、人口和社会等客观规律，不能以创新发展为由人为打破客观规律。比如，市场配置资源的规律，要让市场机制在城乡要素流动中发挥决定性作用。从经济学角度分析，一个地方经济资源丰富，产业和人口就会聚集，有时自然环境也并非决定性因素，科技创新的作用越来越重要，以色列等国家或地区的发展模式就是很好的例证。因此，在推进新时代城乡融合发展的过程中不能试图去打破客观规律，而是要认识规律，利用规律进行创新发展。

二、协调：新时代城乡融合发展的手段和目标

融合发展的内涵本身就包括协调发展，新时代城乡融合发展是一个关乎经济社会各方面的复杂系统工程，必须协调推进。当前，破解我国新型城镇化和新时代乡村振兴所面临的问题，全面提高城乡融合发展质量，推进新时代城乡融合健康发展需要统筹协调各方面的资源，形成发展合力。前文论述已经指出，新时代城乡融合发展中协调发展的方面众多，这里认为重点应该把握以下几个方面。

（一）新型城镇化和新时代乡村振兴两大战略协调推进

本书第三章对我国城乡融合发展面临的问题分析可知，城乡差距过大是城乡融合发展的主要"短板"；第四章对我国城乡融合发展质量的测评分析可知，城镇化质量和乡村振兴质量的不平衡是影响城乡融合发展质量的主要原因。因此，协调发展必须要强化系统性和全面性。在新型城镇化和新时代乡村振兴过程中特别要注重"五位一体"的协调推进。比如，在加快城镇棚户区、城中村和危房改造，城市综合交通网络和地下管网改造工程建设，海绵城市建设，提升城镇公共服务水平的同时，要通过优化投融资模式，加大对农村的道路、供水、污水垃圾处理、供电、电信等基础设施的建设投资力度，全面提高农村基础设施建设和管理水平，建设美丽乡村。

（二）城市之间协调发展

每个地方的城市和乡村发展都不是孤立的，而是与周边地区的城乡发展特别是城市发展紧密相连，在新时代城乡融合发展中要特别注重大城市与小城镇间的协调关系，走以城市群和都市圈为主的"集中—均衡"的道路。理想的城镇化模式是以大带小、大中小城市及小城镇协调发展的新型城镇化道路，以此形成功能互补、产业互济的城市群，各城市间可以共享公共品设施，互补城市功能，有利于节约资源，降低整个社会的发展成本。城市群应作为城市之间合理分工、功能

互补、协同发展的主体形态，根据各区域资源环境承载能力构建科学合理的城市群宏观布局。

笔者调研发现，当前愿意落户的农民工更希望在大城市落户，中小城市吸引力普遍较弱。造成这种状况最主要的原因是中小城市和小城镇就业机会和公共资源相对不足。因此，新时代城乡融合发展过程中要通过产业转移、政策引导等措施逐步加大对县级城市和小城镇发展的支持力度，缓解大城市发展的压力（见表5-5）。这里要特别指出，中小城市（县城）和小城镇的发展对我国新时代城乡融合发展道路具有非常特殊且重要的意义。新时代乡村振兴本质上也是一个新型工业化的过程，这个工业化并非就是在广大农村都办工厂，而是通过小城镇将工业和城市文明扩散到乡村中去。费孝通（1998）曾指出，在城镇化的过程中小城镇就好比"农村人口的蓄水池"，小城镇的发展可以认为是我国在世界上走出的一条独特的城乡发展道路（费孝通，1998）。

表5-5　　　　　　　　　　　　县城补短板、强弱项工程

项目	主要措施及目标
经济系统：产业发展赋能	完善产业平台配套设施：培育县城内生增长动力和"造血"能力，引导县域特色经济和农村二三产业在县城集聚发展，促进农业转移人口就近城镇化。完善产业园区和特色小镇等产业集聚区配套设施，健全检验检测认证中心，提高产品质量标准；优化技术研发转化中心，提供共性技术公用研发设备；建设智能标准厂房，提供共用生产空间，降低企业成本、提高生产效率；建设便企政务服务中心，提供一站式服务；结合公共资源交易平台建设农村产权交易中心，盘活农村闲置资源资产 健全冷链物流设施：结合产业发展需求，在县城及周边建设冷库，配建理货和分拣等冷链配送设施，保障农副产品全程冷鲜冷冻保存和运输；在县城或较大的镇建设面向城市消费的生鲜食品低温加工处理中心，推广"生鲜电商+冷链宅配""中央厨房+食材冷链配送"等新模式；引导社会力量在大中型商场超市建设冷链物流前置仓，解决冷链物流"最后一公里"问题 提升农贸市场水平：因地制宜推进农贸市场改造或迁建新建，合理扩大规模和服务半径，改善交易棚厅等经营条件；在批发型农贸市场配置检测检疫设备，确保进场农副产品质量安全；完善零售型农贸市场和社区菜市场环保设施，解决卫生"脏乱差"问题；支持社会力量改造建设畜禽定点屠宰加工厂
政治系统：治理效能提升	推进智慧化改造：加快建设新型基础设施，推进5G网络向县城和乡村延伸覆盖，提升县城光纤宽带接入速率，建设深度覆盖的物联网；搭建城市信息模型（CIM）基础平台，部署智能交通、智能电网、智能水务等感知终端，推进市政公用设施智能化；整合市场监管、环境监管、应急管理、治安防控等事项，推行"政务服务一网通办""云上政务"，推进社会治理精细化；整合教育、医疗、养老、就业、社保等信息数据系统，建设统一的基本公共服务平台，推进公共服务供给便捷化 建设社区综合服务设施：因地制宜布局社区综合服务设施，逐步实现城镇居民全覆盖。统筹卫生、就业、社保、文体、退役军人服务、儿童关爱保护等基本和非基本公共服务项目以及维稳、信访等管理职能，打造综合性多功能的美好生活服务站

项目	主要措施及目标
文化系统： 文化服务提档	发展文旅体育设施：改造商业步行街、地方特色街区及配套设施，加强老建筑活化利用，因地制宜发展新型文旅商业消费聚集区。根据需要改扩建或新建县级公共图书馆、文化馆、博物馆，完善公共文化场所功能，建设智慧广电平台；在重要旅游景区所在县和有条件发展全域旅游的县，完善游客服务中心、旅游道路和旅游厕所等配套设施，建设城市公园；建设全民健身中心、公共体育场、体育公园、全民健身步道和社会足球场地
社会系统： 公共服务升级	优化交通设施：推进县城与邻近地级市城区交通设施互联互通，鼓励对公路等设施进行升级改造，增强对外交通保障能力；布局建设公共停车场和配建停车场，缓解医院、学校、大中型商场和办公区等人流密集区"停车难"问题。推进客运站改扩建或迁建新建，拓展客运站"运游""运邮"功能；完善机动车道、非机动车道和人行道"三行系统"；按照城乡一体的要求，优化公交站点布设，改善群众出行条件 完善管网设施：实行"从源头到龙头"的全流程公共供水保障，扩大供水管网覆盖范围；完善燃气储气设施和燃气管网，加快建设液化天然气、液化石油气局域供气网络；发展热电联产集中供热及清洁能源集中供热，推进燃煤锅炉集中改造；构建源头减排、雨水蓄排、排涝除险的排水防涝系统；积极推进路面电网和通信网架空线入地工程 发展配送投递设施：建设统一分拨中转的公共配送中心，鼓励发展共同配送等新模式，满足小微企业和群众日常物流分拨配送需要；支持社会力量，面向家庭用户和单位职工等受众群体，布设不同类型的智能快件箱，提供便捷安全的"最后一百米"服务 更新改造老旧小区：改善小区居住条件，完善小区水电气路信等配套基础设施和养老、托育、停车、便民市场等公共服务设施；加强对小区及周边闲置土地、房屋、地下室等存量资源的统筹利用；鼓励探索以社区乃至街区为单元进行改造的商业模式，吸引社会资本参与有一定盈利的改造项目 健全医疗卫生设施：推进县城与邻近地级市城区、省会城市医疗卫生设施统筹布局和衔接配合。推进县级综合医院（含中医院）提标改造，以门急诊、住院、医技科室为重点增加业务用房并配备必要设备，增强传染病科室诊疗能力、重症监护室（ICU）救治能力，增加重要医疗物资储备，预留应急空间、强化平战结合。推进县级疾控中心标准化建设，配齐疾病监测预警、实验室检测、标本采集、现场处置等设施设备；完善县级妇幼卫生健康服务机构，补齐业务用房面积缺口；改造或新建大型公共设施时，应使之具备短期内改建为"方舱医院"或应急避难场所的条件，满足救灾应急需要；发展紧密型县域医疗卫生共同体 完善教育设施：按照县城常住人口规模配置教育资源。新建或改扩建公办幼儿园，引导社会力量建设普惠性幼儿园；按照义务教育学校基本办学标准，改善教学设施和生活设施，实现校舍和场所标准化；推动普通高中加强校园校舍设施建设，扩大培养能力、提高教育质量；扩大职业教育资源供给 改善养老托育设施：大幅提高养老服务质量，扩充护理型床位，配置消防设施和辅助设施。加快建设县级特困人员供养服务设施（敬老院）；引导社会力量发展普惠养老。在家庭照护为主、托育补充前提下，大力推动婴幼儿照护服务发展，引导社会力量建设一批综合性托育服务机构和社区托育服务设施 完善社会福利设施：加强困境儿童保障，健全儿童收养体系，提升儿童福利设施和未成年人救助保护设施水平；建设残疾人康复和托养设施，因地制宜配建残疾人综合服务设施；完善公益性殡葬服务，支持建设公共殡仪馆和公益性骨灰安放设施

项目	主要措施及目标
生态环境系统：绿色治理提标	完善垃圾无害化资源化处理设施：全面推进生活垃圾分类，逐步建立分类投放、分类收集、分类运输、分类无害化资源化处理的生活垃圾处理系统；完善生活垃圾收运体系，配备分类清运、密封性好、压缩式收运车辆，改造垃圾房和转运站；加快建设生活垃圾焚烧终端处理设施，逐步减少原生垃圾直接填埋；建立餐厨垃圾和建筑垃圾等回收及再生利用体系；加快建设医疗废物集中处置设施，完善医疗废物收转运设施。因地制宜建设危险废物处理设施；建设规范的回收网点和分拣中心，重点对废弃电器电子产品、报废汽车、废纸等进行回收利用 健全污水集中处理设施：建设污水集中处理设施，提高管网收集能力，积极推进管网"雨污分流"，实施混错接、漏接、老化和破损管网更新修复；因地制宜确定污水处理厂出水水质标准，结合实际对现有污水处理厂进行扩容提标改造；在缺水地区和水环境敏感地区推进污水资源化利用；加快建设污泥无害化资源化处理设施，减少污泥进入垃圾填埋场填埋量 改善县城乡镇公共厕所：重点在旧城区、人流密集区和主次干路等区域，配建补建固定公共厕所或移动式公共厕所，利用节能环保技术配置除臭设施；改造老旧公共厕所，分批进行拆除还建或改建；新区建设和商业开发要严格按标准配建公共厕所；合理增加无障碍厕位和第三卫生间，方便残疾人和儿童等使用

资料来源：笔者根据《国家发展改革委关于加快开展县城城镇化补短板强弱项工作的通知》（2020）整理。

（三）物质文明与精神文明相协调

在城乡融合发展进程中，农业转移人口到城市安家落户仅仅是实现了物质上的城镇化，要让他们真正能融入城市社会，还需要注重精神上的城镇化。当前，随着城镇化水平的提高，城市基础设施和公共服务日益完善，"精神"城镇化成了制约我国城乡融合发展质量进一步提升的主要"短板"（李刚，2016）。除了前文指出的文化创新，政府、企业和社会团体等还应积极搭建服务平台，帮助城镇新市民快速适应现代城市的生活方式、思维方式、价值观以及行为规范等，使其快速融入城市。

（四）市场机制与政府调控相协调

新中国成立以来，我国城乡关系的实践表明，政府和市场的关系是城乡关系演进的决定性力量。政府和市场的关系的调整经过了一个长期的探索实践过程，最终为城乡融合发展提供了支撑（见图5-1）。一是在政府和市场对城乡关系发展的作用上，政府的控制力量和范围在缩减，市场的控制力量和范围在增加。市场在城乡经济资源配置中起决定性作用，更好发挥政府的作用。二是政府对城乡关系的调控更加规范和法治，直接的行政调控逐渐减少，间接的规划或法律调控逐渐增加。三是市场对城乡关系的发展更加有效，连接城乡的统一开放、竞争有序的现代市场体系逐渐形成。

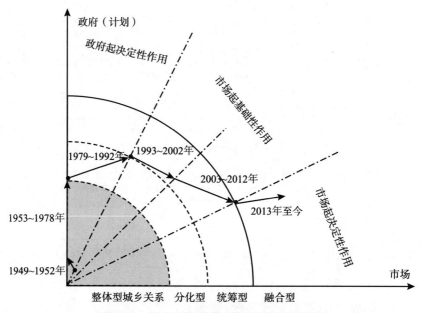

图5-1 城乡关系演进中政府和市场的作用

资料来源：笔者自绘。图中横轴表示市场配置一般性经济资源，纵轴表示政府（计划）配置一般性经济资源，在一个经济体中两者的力量此消彼长（相对值）。三条弧线将新中国城乡关系演进划分成四个阶段，带箭头的线段表示演进的历程以及方向。其中线段的长短表示时间的长短，箭头向上（与纵轴夹角小于90°）表示政府的作用在增强，向下（与纵轴夹角大于90°）表示政府的作用相对在减弱；箭头向左（与横轴夹角大于90°）表示市场的作用在减弱，向右（与纵轴夹角小于90°）表示市场的作用相对在增强。

从图5-1可知，长期以来，在我国城乡关系演进过程中，政府是规划、建设、经营、运行城市和乡村的第一主力，市场的力量相对发挥不足（李强等，2012）。在新时代城乡融合发展中应理顺市场和政府的关系，充分发挥市场机制的作用。政府要继续深化改革，开展"自我革命"，转变自身职能，从"管理型政府"逐步向"服务型政府"的转变，从而进一步激发市场优化配置资源的活力，提高新时代城乡融合发展的效率和质量。同时，还应指出在新时代城乡融合发展过程中既要防止市场失灵，更要避免政府失灵。一方面，"市场主导"需要一个有效的市场，建立统一开放、竞争有序的现代市场体系是推进新时代城乡融合发展的一项基础性任务；另一方面，"政府引导"需要一个有为的政府，核心是通过"简政放权、放管结合、优化服务"，转变政府职能，管住那只"闲不住的手"。政府要从"行政干预过多"向"让市场发挥决定作用"转变，从"与民争利"向"公共利益管理和服务"转变。

三、绿色：新时代城乡融合发展的鲜明底色

《2016年世界城市状况报告》[1] 主题是"城镇化与发展：新兴未来"（urbanization and development：emerging futures）。该报告指出，目前排名前600位的主要城市中居住着1/5的世界人口，对全球生产总值的贡献高达60%。如果不进行适当的规划和管理，迅速的城镇化会导致不平等、贫民窟和气候变化灾难性影响的增长，应通过一个全新的城市议程进一步释放城镇的变革力量，推进可持续的城市发展。生态环境是人类生存最基础的系统与要素群，基于生态文明对城乡融合发展的发展目标、速度、路径和强度等进行调控，是保证新时代城乡融合发展科学性的重要举措之一。将绿色发展理念全面融入新型城镇化和新时代乡村振兴，构建绿色生产方式、生活方式和消费模式，加快绿色生态城镇建设和农业农村建设（见表5-6和表5-7）。

表5-6 绿色生态城镇建设重点

项目	主要措施及目标
绿色能源	推进新能源示范城市建设和智能微电网示范工程建设，依托新能源示范城市建设分布式光伏发电示范区。在北方地区城镇开展风电清洁供暖示范工程。选择部分县城开展可再生能源热利用示范工程，加强绿色能源县建设。推动分布式太阳能、风能、生物质能、地热能多元化规模化应用和工业余热供暖，推进既有建筑供热计量和节能改造
绿色建筑	推进既有建筑供热计量和节能改造，基本完成北方采暖地区居住建筑供热计量和节能改造，积极推进夏热冬冷地区建筑节能改造和公共建筑节能改造。逐步提高新建建筑能效水平，严格执行节能标准。积极推进建筑工业化、标准化，提高住宅工业化比例。政府投资的公益性建筑、保障性住房和大型公共建筑全面执行绿色建筑标准和认证，积极推广应用绿色新型建材、装配式建筑和钢结构建筑
绿色交通	加快发展新能源、小排量等环保型汽车，加快充电站、充电桩、加气站等配套设施建设，加强步行和自行车等慢行交通系统建设，积极推进混合动力、纯电动、天然气等新能源和清洁燃料车辆在公共交通行业的示范应用。推进机场、车站、码头节能节水改造，推广使用太阳能等可再生能源。继续严格实行运营车辆燃料消耗量准入制度

---

[1] 联合国人居署（UN - HABITAT），https：//unhabitat. org/books/world - cities - report/。

续表

项目	主要措施及目标
产业园区循环化改造	以国家级和省级产业园区为重点，推进循环化改造，实现土地集约利用、废物交换利用、能量梯级利用，废水循环利用和污染物集中处理
城市环境综合整治	实施清洁空气工程，强化大气污染综合防治，明显改善城市空气质量；实施安全饮用水工程，治理地表水、地下水，实现水质、水量双保障；开展存量生活垃圾治理工作，加强垃圾处理设施建设，基本建立建筑垃圾、餐厨废弃物、园林废弃物等回收和再生利用体系；实施重金属污染防治工程，推进重点地区污染场地和土壤修复治理。实施森林、湿地保护与修复
绿色新生活行动	在衣食住行游等方面，加快向简约适度、绿色低碳、文明节约方式转变。培育生态文化，引导绿色消费，推广节能环保型汽车、节能省地型住宅。健全城市废旧商品回收体系和餐厨废弃物资源化利用体系，减少使用一次性产品，抑制商品过度包装

资料来源：笔者根据相关资料整理。

表 5-7　　　　　　　　　　　**绿色生态农业农村建设重点**

项目	主要措施及目标
农业节水行动	将农业用水总量指标分解到各灌溉区，根据实验数据、不同区域、不同作物的灌溉用水量；加强节水灌溉工程与农艺、农机、生物、管理等措施的集成与融合
农业环境问题治理	扩大农业面源污染综合治理，对优质土地实行战略性保护措施，促进土壤有机质恢复与提升；推进农牧、农林、湿地交错带已开垦草原、森林、湿地治理，加强人工草地、森林、湿地建设
农业废弃物资源化利用	大力推进畜禽类粪污资源化利用工程建设，提高综合利用率；在种养密集区域，推进畜禽粪污、秸秆、病死畜禽、农田残膜、农村垃圾等废物全量资源化利用
农业绿色生产行动	集成推广测土配方施肥、水肥一体化、机械深施等施肥模式，强化统防统治、绿色防控，集成应用全程农药减量增效技术
农村垃圾、污水治理	建立健全村庄保洁体系，因地制宜确定生活垃圾处理模式；推进城镇污水处理设施和服务向近郊的农村延伸；在离城镇较远的人口较多的农村，联合集中建立污水处理设施；在人口较少的村庄，建设户用污水处理设施；推广人工湿地、氧化塘等生态处理模式；整治乡村河湖水系，恢复乡村湿地，保护农村饮用水源，消除农村黑臭水体
厕所革命	加快实施农村改厕，因地制宜推进不同水平的户用卫生厕所建设和改造，同步实施粪污处理；农村新建住房及保障性安居工程项目配套建设无害化卫生厕所，人口规模较大村庄配套建设公共厕所
乡村绿化行动	实施乡村绿化行动，保护乡村古树木，重点是村内绿化、围村片林、农田林网建设。基本实现"山地森林化、农田林网化、村屯园林化、道路林荫化、庭院花果化"的乡村绿化格局

资料来源：笔者根据相关资料整理。

（一）城乡融合绿色发展，必须规划先行

以绿色发展理念为引领，做好城乡整体发展规划，建立健全"多规合一"机制，将生态环境保护列入规划的约束范围之内，更好地发挥规划对新型城镇化和新时代乡村振兴绿色发展的引领作用。"三分规划，七分管理"。要加强城乡规划建设管理，实现一张蓝图干到底[①]。将国土空间规划和新时代乡村规划作为有力抓手，扎实推进国土空间规划体系建设，树立城乡融合、一体设计、多规合一理念，增强规划的前瞻性、约束性、指导性。各级政府要以自然资源调查监测客观数据为基础，全面考虑域内资源禀赋与区位条件，在国土空间规划中重视城乡要素合理布局；要划定落实好生态保护红线、永久基本农田、城镇开发边界"三条控制线"，使得城乡区域"生产—生活—生态"空间和谐共生；对于乡村规划，要秉持"绿水青山就是金山银山"的理念，通盘考虑各村的资源本底与区位优势，充分挖掘乡村发展潜力，定位乡村功能，推动不同自然村差异化发展（集聚提升类村庄、城郊融合类村庄、特色保护类村庄、搬迁撤并类村庄）。

（二）大力发展绿色产业

高消耗、高排放、高污染的粗放型产业发展给我国城市和乡村带来了日益严峻的生态环境问题，城镇化和乡村振兴质量提升需要产业转型升级支撑，构造城市和乡村产业新体系，大力发展绿色产业是必然选择。当前，加快产业结构转型升级，提高居民收入的同时，应着力构建生态、低碳和高效的产业体系，将环境保护与产业结构转型升级有机融合起来。一是加快发展绿色农业，推进农业供给侧结构性改革。一方面，实施畜禽粪污资源化利用行动、土壤污染治理行动、有机肥替代行动、秸秆资源化利用行动等控源治污措施，强化农业内生性污染的有效治理；另一方面，大力推行清洁化标准化生产，加大绿色技术应用。二是加快淘汰高污染的落后产能。按照国家相关规定和标准，从严淘汰污染严重的企业和产能，同时对"三高"工业项目按照行业准入条件严格把关。三是培育壮大绿色新兴产业。以节能环保、新能源、新材料、新能源汽车等新兴产业为主导，积极培育发展绿色新兴产业。四是加快发展绿色服务业。相对于工业，服务业污染排放少，从产业发展的角度看，大力发展现代服务业是绿色发展的必然选择。但是，服务业并非是完全零污染的绿色产业，因此在大力发展现代服务业的同时，

---

① 《中共中央　国务院关于进一步加强城市规划建设管理工作的若干意见》，载于《人民日报》2016年2月22日。

也应该加快服务业的绿色化改造升级。五是积极发展大循环经济。产业布局、城市布局、城乡布局相协调，依托各级城市产业园区，延伸上下游产业链，推进循环经济从企业内部资源高效循环利用的模式的"小循环"向企业之间资源循环利用耦合模式的"中循环"，以及建立循环型社会模式的"大循环"转变（张燕，2015）。

（三）打造绿色城乡运营方案

重点是加大生态基础设施建设，开发绿色能源，推广绿色建筑，发展绿色交通，宣传绿色生产、生活方式。一是开发利用绿色能源。总体上减少能源消耗，提高能源的利用率，扩大非化石能源的开发利用①。二是推广绿色建筑。建筑是城市和乡村居民生产生活的物质基础，也是城市和乡村景观差异的重要标志，推广绿色建筑是实现城乡融合发展的重要体现方式。当前，推广绿色建筑的关键是在大力发展绿色建筑技术和建立健全绿色建筑标准体系的基础上，加强绿色建筑的综合监管。三是发展绿色交通。2019 年中国民用和私人汽车拥有量分别为 25 376.38 万辆和 22 508.99 万辆，平均 100 人就有约 16 辆私家车②。当前，交通拥堵和雾霾天气已经给很多城市的居民工作和生活带来严重的负面影响，加快发展绿色交通越来越受到社会各界的重视；很多乡村也是车满为患，这使得停车难或局部堵车情况频频出现。对于城市，政府要优化完善公共交通体系，建立以公共交通为主的城市客运体系。同时，加强自行车专用道和步行道等城市慢行系统建设，增强绿色出行的吸引力。对于乡村，村委会要统一规划、建设和管理公共停车位，并将其与乡村环境治理统一起来。同时，积极鼓励和支持使用绿色交通工具出行，如自行车、电动车、新能源汽车等。

（四）加强城乡生态环境建设和污染防治

工业化和城镇化必然伴随着对生态环境的影响和破坏，很多影响都是不可逆的。因此，加强城乡生态环境建设和污染防治是新型城镇化和新时代乡村振兴实现绿色发展的必然选择。一方面，按照绿色发展的总体要求，加强生态环境预警监测能力建设。特别是要健全对水污染防治责任追究制度，以及大工业废气、城

---

① 化石能源是指上古时期遗留下来的动植物的遗骸在地层下经过上万年的演变形成的能源，主要包括煤（植物化石转化）、石油（动物体转化）、天然气及其制成品。非化石能源是指非煤炭、石油、天然气等经长时间地质变化形成，仅供一次性使用的能源类型外的能源，主要包括核能、风能、太阳能、水能、生物质能、地热能、海洋能等可再生能源。

② 资料来源：国家统计局年度数据，http：//data. stats. gov. cn/easyquery. htm？ cn = C01。

市扬尘和机动车污染的监测力度。另一方面，对长期以来粗放式工业化、城镇化所导致的城乡生态系统破坏和环境污染等问题，需要加大生态建设和综合治理工作。重点突出城市和乡村生态功能区和生态空间建设，对湿地、公园、生态廊道、各类绿化带等生态支撑斑块实施修复、建设和维护，同时加大环境污染治理力度，全力推进大气、水、土壤污染防治。

（五）打造城乡绿色生活理念

良好的生态环境是城乡和谐共生的必要条件，是最普惠的民生福祉，也是人民对美好生活向往的基础条件。通过规制、宣传、示范等手段，大众参与、人人行动，打造城乡绿色生活理念，培养公众的环境保护意识和绿色消费意识。一是通过大循环经济和绿色服务业，引导人们转变生产和消费方式，树立绿色循环低碳理念。二是完善配套设施，推进绿色生活社区建设。比如，社区绿化体系建设，太阳能热水技术推广，废旧物品回收体系建设，生活垃圾分类回收等。三是加强政策引导，鼓励居民积极参与，消费绿色产品和服务，形成低碳、绿色生活风尚。

四、开放：新时代城乡融合发展的内在要求

开放带来进步，封闭必然落后[1]。改革开放以来，我国经济已深深融入世界经济体系之中，中国发展离不开世界，世界的繁荣发展也离不开中国。新时代，我国城乡融合发展也离不开这一大背景，只有开放发展经济才有活力，新型城镇化和新时代乡村振兴才有动力。其中，我国东部沿海地区开放时间早、开放程度高，经济发达，城乡融合发展质量相对较高就是最好的例证。因此，推进新时代城乡融合发展必须坚持开放发展，既注重对外开放，也注重对内开放。当前，在加快形成以国内大循环为主体、国内国际双循环相互促进的新发展格局的背景下，坚持城乡融合开放发展意义重大。

（一）坚持对外开放发展

在城乡融合发展进程中，城市和乡村都要主动顺应经济全球化潮流，坚持对外开放，在更大范围、更宽领域、更深层次上提高开放型经济水平。逐步扩大对外开放领域和范围，提高开放水平，构建互利共赢、多元平衡、安全高效的开放

---

① 《中共中央关于党的百年奋斗重大成就和历史的决议》，人民出版社 2021 年版，第 38 页。

型经济体系，不断增强我国国际经济合作和竞争新优势。比如，应加快取消部分制造业和服务业外资准入限制，推进高端制造、智能制造、绿色制造业，以及电信、文化教育、交通运输、金融等服务业领域的有序开放；支持外资依法以特许经营的方式参与城市基础设施建设和乡村产业振兴项目。同时，还要积极走出去，开拓国际市场，将新型城镇化和新时代乡村振兴发展积极融入"一带一路"建设，促进"引进来"和"走出去"更好结合，培育区域开放合作竞争新优势，打造扩大开放新高地和对外合作新平台。对外开放的地区不应仅限于大城市、沿海城镇、经济发达地区的乡村，还有向内地中小城市延伸，特别是边境小城镇和乡村，可以通过建设国际贸易物流节点和加工基地为依托，加快新型城镇化和新时代乡村振兴建设步伐。

（二）强化对内开放发展

对内要全方位开放，打破地区和城乡之间的阻隔。一般地，谈到开放发展人们都会想到对外开放，而忽视了对内开放，长期存在的城市行政管理等级体制和城乡二元结构体制已经严重扭曲了人们对"对内开放"的认识。新型城镇化应走双向城镇化道路，即通过城乡双向开放和城乡要素的双向流动，促进大中小城市和小城镇协调发展，使包括广大农民工及其家庭成员在内具有不同经济实力的各阶层群众能自主通过相对应的城镇化通道，以就近为主的方式实现在城镇的就业和家庭式迁居从而完成市民化。事实上，当前我国城乡融合发展过程中对内开放的问题非常突出。一是"隐性"和"显性"的地区贸易壁垒现象普遍存在。对内开放就是减少国内各地区间贸易壁垒，降低地区贸易成本。二是优势资源和生产要素由乡村、小城镇、小城市向中等城市、大城市、特大城市和超大城市聚集，而返乡回流的极少，"农民进城难与城市人下乡难"并存。城乡融合发展的前提是城乡之间实现生产要素双向流动，不仅是农村要素流入城市，城市优势资源也要向农村流动。由此可见，强化对内开放是新时代城乡融合发展的内在要求。三是要素市场开发程度不高。相对于产品市场而言，当前要素市场的准入门槛还很高，这在一定程度上制约了市场在资源配置中决定性作用的发挥。应加快降低能源、电力、金融等行业的进入门槛，让各种性质的资本依法进入，加强市场竞争、提升行业效率。

（三）构建新发展格局

新时代城乡融合发展的机理表明，推进城乡融合发展是一个系统工程，要把实施新型城镇化和乡村振兴战略同深化供给侧结构性改革有机结合起来，以高质量供给拓展城市和乡村新需求，加快构建以国内大循环为主体、国内国际双循环相互促进的新发展格局。

一方面，加快畅通国内大循环。依托强大国内市场，贯通生产、分配、流通、消费各环节，优化提升供给结构，推动农业、制造业、服务业、能源资源等产业协调发展，形成需求牵引供给、供给创造需求的更高水平动态平衡，促进国民经济良性循环。破除制约城乡要素合理流动的堵点，健全城乡要素自由流动机制，构建区域产业梯度转移格局，促进城乡区域良性互动，从源头上畅通国民经济循环。提高金融服务乡村产业振兴的能力，健全乡村振兴中长期资金供给制度安排。优化投资结构，提高投资效率，发挥政府投资撬动作用，激发民间投资活力，加快补齐基础设施、市政工程、农业农村、生态环保、公共卫生、物资储备、防灾减灾、民生保障等领域短板。建设现代物流体系，加快发展冷链物流，统筹物流枢纽设施、骨干线路、区域分拨中心和末端配送节点建设，健全县乡村三级物流配送体系。支持乡村便利店、城市农贸市场等商贸流通设施改造升级，加强商贸流通标准化建设和绿色发展。完善城乡融合消费网络，扩大电子商务进农村覆盖面，改善县域消费环境，推动农村消费梯次升级。

另一方面，促进国内国际双循环。立足国内大循环，推动内需和外需、进口和出口、引进外资和对外投资协调发展，形成全球资源要素强大引力场，建设强大国内市场和贸易强国。加大力度吸引和利用外资，有序推进电信、互联网、教育、文化、医疗等领域相关业务开放，支持外资加大中高端制造、高新技术、现代服务等领域以及乡村振兴项目的投资。以推动共建"一带一路"高质量发展为抓手，构建国际经贸合作新格局。支持我国企业融入全球产业链、供应链，提升在全球产业链、价值链中的地位，提高跨国经营能力和水平。完善境外生产服务网络和流通体系，加快金融、咨询、会计、法律等生产性服务业国际化发展，推动中国产品、服务、技术、品牌、标准走出去。深化双边、多边、区域合作，构建面向全球的高标准自由贸易区网络，维护多边贸易体制，积极参与全球经济治理体系改革。在构建新发展格局的同时，要正确处理发展与安全的关系。坚持底线思维，立足国内高质量发展，以不断壮大的综合实力为国家安全提供更为坚强的物质支撑，防范化解各类重大风险，确保不发生系统性风险。

五、共享：新时代城乡融合发展的本质要求

新时代城乡融合发展以实现和维护广大人民根本利益作为发展的出发点和落脚点，健全城乡一体的基本公共服务体系，完善共建共治共享的社会治理制度，扎实推动共同富裕，不断增强城乡居民的获得感、幸福感、安全感，促进人的全

面发展和社会全面进步。

（一）经济系统：提高城乡特别是农村居民收入水平

坚持按劳分配为主体、多种分配方式并存，提高劳动报酬在初次分配中的比重，完善工资制度，健全工资合理增长机制，扩大中等收入群体。完善按要素分配政策制度，健全各类生产要素由市场决定报酬的机制，探索通过土地、资本等要素使用权、收益权增加中低收入群体要素收入。多渠道增加城乡居民财产性收入，着力提高农村居民收入。建立健全有利于农村居民收入稳定增长的机制，鼓励支持农民拓宽增收渠道，促进农民增加收入。完善再分配机制，加大税收、社保、转移支付等调节力度和精准性，合理调节过高收入，取缔非法收入。发挥第三次分配作用，发展慈善事业，改善收入和财富分配格局。

（二）政治系统：加强和创新城乡社会治理

完善社会治理体系，健全党组织领导的自治、法治、德治相结合的城乡基层治理体系，完善基层民主协商制度，实现政府治理同社会调节、居民自治良性互动，建设人人有责、人人尽责、人人享有的社会治理共同体。发挥群团组织和社会组织在社会治理中的作用，畅通和规范市场主体、新社会阶层、社会工作者和志愿者等参与社会治理的途径。推动社会治理重心向基层下移，向基层放权赋能，加强城乡社区治理和服务体系建设，减轻基层特别是村级组织负担，加强基层社会治理队伍建设，构建网格化管理、精细化服务、信息化支撑、开放共享的基层管理服务平台。

（三）文化系统：提高城乡社会文明程度

坚持以社会主义核心价值观引领文化建设，加强社会主义精神文明建设，促进满足人民文化需求和增强人民精神力量相统一，提升城乡社会文明程度。推进城乡公共文化服务体系一体建设，创新实施文化惠民工程，广泛开展群众性文化活动，推动公共文化数字化建设。推动形成适应新时代要求的思想观念、精神面貌、文明风尚、行为规范。弘扬诚信文化，推进诚信建设。提倡艰苦奋斗、勤俭节约，开展以劳动创造幸福为主题的宣传教育。加强家庭、家教、家风建设。加强网络文明建设，发展积极健康的网络文化。加强文化市场体系建设，扩大优质文化产品供给。规范发展文化产业园区，推动区域文化产业带建设。推动文化和旅游融合发展，建设一批富有文化底蕴的世界级旅游景区和度假区，打造文化特色鲜明的国家级旅游休闲城市和街区，发展红色旅游和乡村旅游。

（四）社会系统：全面提升就业、教育、医疗和社会保障质量

在提升就业质量方面，继续稳定和扩大就业，坚持经济发展就业导向，扩大就业容量，提升就业质量，促进充分就业，保障劳动者待遇和权益。健全就业公共服务体系、劳动关系协调机制、终身职业技能培训制度，统筹城乡就业政策体系。扩大公益性岗位安置，帮扶残疾人、零就业家庭成员就业。完善促进创业带动就业、多渠道灵活就业的保障制度，支持和规范发展新就业形态，健全就业需求调查和失业监测预警机制。

在提升教育质量方面，全面贯彻党的教育方针，坚持立德树人，加强师德师风建设，培养德智体美劳全面发展的社会主义建设者和接班人。坚持教育公益性原则，深化教育改革，促进教育公平，推动义务教育均衡发展和城乡一体化，完善普惠性学前教育和特殊教育、专门教育保障机制，鼓励高中阶段学校多样化发展。加大人力资本投入，增强职业技术教育适应性，深化职普融通、产教融合、校企合作，探索中国特色学徒制，大力培养技术技能人才。发挥在线教育优势，完善终身学习体系，建设学习型社会。

在提升医疗卫生质量方面，把保障人民健康放在优先发展的战略位置，坚持预防为主的方针，完善国民健康促进政策，织牢国家公共卫生防护网，为人民提供全方位全周期健康服务。建立稳定的公共卫生事业投入机制，加强人才队伍建设，改善疾控基础条件，完善公共卫生服务项目，强化基层公共卫生体系。坚持基本医疗卫生事业公益属性，深化医药卫生体制改革，加快优质医疗资源扩容和区域均衡布局，加快建设分级诊疗体系，加强公立医院建设和管理考核，推进国家组织药品和耗材集中采购使用改革，发展高端医疗设备。大力支持社会力量提供医疗服务，促进健康、旅游、养老等深度融合，引导社会资本投入，鼓励开发高端医疗、中医保健、康复疗养、休闲养生等产品，推广远程医疗。

在提升社会保障质量方面，健全覆盖全民、统筹城乡、公平统一、可持续的多层次社会保障体系。推进社保转移接续，健全基本养老、基本医疗保险筹资和待遇调整机制。实现基本养老保险全国统筹，实施渐进式延迟法定退休年龄。发展多层次、多支柱养老保险体系。推动基本医疗保险、失业保险、工伤保险省级统筹，健全重大疾病医疗保险和救助制度，落实异地就医结算，稳步建立长期护理保险制度，积极发展商业医疗保险。健全灵活就业人员社保制度。健全退役军人工作体系和保障制度。健全分层分类的社会救助体系。坚持男女平等基本国策，保障妇女儿童合法权益。健全老年人、残疾人关爱服务体系和设施，完善帮扶残疾人、孤儿等社会福利制度。完善全国统一的社会保险公共服务平台。

（五）生态环境系统：推动城乡绿色低碳发展

坚持绿水青山就是金山银山理念，坚持尊重自然、顺应自然、保护自然，坚持节约优先、保护优先、自然恢复为主，守住自然生态安全边界，让城乡居民共享绿色生活。深入实施可持续发展战略，完善生态文明领域统筹协调机制，构建生态文明体系。立足资源环境承载能力，发挥各地比较优势，逐步形成城市化地区、农产品主产区、生态功能区三大空间格局，优化重大基础设施、重大生产力和公共资源布局。支持城市化地区高效集聚经济和人口、保护基本农田和生态空间，支持农产品主产区增强农业生产能力，支持生态功能区把发展重点放到保护生态环境、提供生态产品上，支持生态功能区的人口逐步有序转移，形成主体功能明显、优势互补、高质量发展的国土空间开发保护新格局。强化绿色发展的法律和政策保障，发展绿色金融，支持绿色技术创新，推进清洁生产，发展环保产业，推进重点行业和重要领域绿色化改造。推动能源清洁低碳安全高效利用，发展绿色建筑，开展绿色生活创建活动。增强全社会生态环保意识，深入打好污染防治攻坚战。推进城市生态修复、功能完善工程，提升乡村生态系统质量和稳定性。推行垃圾分类和减量化、资源化，加快构建废旧物资循环利用体系。

第四节　新时代城乡融合发展的"路型"

新时代城乡融合发展的"路基"和"路标"虽然相同，但是并不代表全国各地要走相同的城乡融合发展路径，相反要走"多元城乡融合发展"之路，即新时代城乡融合发展的"路型"是多样的。《中共中央　国务院关于建立健全城乡融合发展体制机制和政策体系的意见》强调，推进城乡融合发展要"充分考虑不同地区城乡融合发展阶段和乡村差异性，稳妥把握改革时序、节奏和步骤，尊重基层首创精神，充分发挥地方积极性，分类施策、梯次推进，试点先行、久久为功，形成符合实际、各具特色的改革路径和城乡融合发展模式。"[1] 本书第二章分析了城乡融合发展的国际经验，实践证明，世界上存在着多种成功的城乡融合发展模式，没有哪两个国家的路径是完全相同的。我国地域辽阔，各地区的地理区位、资源禀赋、历史文化传统以及经济社会发展水平均存在较大差别，走"多

---

[1]《中共中央、国务院关于建立健全城乡融合发展体制机制和政策体系的意见》，中华人民共和国中央人民政府网，2019年5月5日，http://www.gov.cn/zhengce/2019-05/05/content_5388880.htm。

元城乡融合发展"之路是必然选择。根据我国城乡融合发展的基本规律和新时代城乡融合发展的机理，针对不同的地区、处于不同发展阶段的城市和乡村，要因地制宜，科学地实施差异化的城乡融合发展策略。从大类来看，本书认为新时代城乡融合发展至少存在以下三种"路型"。

一、新型城镇化驱动型

对于仍处于快速城镇化阶段的中小城市（以县城为主，包括县级市，以及少量的地级市）[①]，应选择新型城镇化驱动型城乡融合发展模式，即以新型城镇化驱动城乡融合发展，进而在城乡融合发展中振兴乡村。这类中小城市经济发展质量不高，公共基础设施、产业配套、公共卫生、人居环境、公共服务等方面整体水平不高，存在许多短板弱项，城市综合承载能力和治理能力较弱，对农业转移人口区域内城镇化（就近城镇化）的支撑作用不强。促进大中小城市和小城镇协调发展，是我国新型城镇化建设的基本要求，也是新时代城乡融合发展的重要特征。当前，我国超大、特大城市和一些大城市[②]的城区人口过密、功能过载，产生了交通拥堵、环境污染等"大城市病"，亟须"瘦身健体"。而中小城市发展总体滞后，综合承载能力和治理能力较弱，不能充分满足人民群众的经济需要、生活需要、生态需要、安全需要，更不能实现城乡融合高质量发展。因此，这些处于快速城镇化区间的中小城市，应该以城镇化为主，提升就近城镇化水平，通过新型城镇化高质量发展驱动城乡融合发展。

第一，加快推进中小城市城镇化，推动新型城镇高质量发展，能承接中心城市非核心功能疏解，助推形成同城化发展的都市圈。同时，也能强化与邻近地级市城区的衔接配套，带动小城镇发展，优化城镇化空间格局，这为城乡融合发展

---

① 本书第四章第二节对新时代城乡融合发展的趋势分析，以城镇化率70%和80%为界限将城乡融合发展分成三个阶段，这里对城乡融合发展模式的分析仍以此为标准。目前，我国东部有些省的整体城镇化率已超过70%，如2020年广东省城镇化率为74.15%，江苏省城镇化率为73.44%，浙江省城镇化率为72.17%。

② 以城区常住人口为统计口径，将城市划分为五类七档：城区常住人口50万以下的城市为小城市，其中20万以上50万以下的城市为Ⅰ型小城市，20万以下的城市为Ⅱ型小城市；城区常住人口50万以上100万以下的城市为中等城市；城区常住人口100万以上500万以下的城市为大城市，其中300万以上500万以下的城市为Ⅰ型大城市，100万以上300万以下的城市为Ⅱ型大城市；城区常住人口500万以上1000万以下的城市为特大城市；城区常住人口1000万以上的城市为超大城市。参见《国务院关于调整城市规模划分标准的通知》，中华人民共和国中央人民政府网，2014年11月20日，http://www.gov.cn/zhengce/content/2014-11/20/content_9225.htm。

奠定基础。

第二，有利于实施扩大内需战略，促进形成强大国内市场，加速城乡之间商品和要素流动。中小城市在公共基础设施、产业配套、公共卫生、人居环境、公共服务等方面存在许多短板弱项，但也蕴藏着巨大的内需潜力。加强中小城市新型城镇化建设，一方面可以形成当期投资，吸纳更多的农业转移人口就业；另一方面改善的公共设施又可吸引产业投资、促进居民消费，形成乘数效应，促使农业转移人口安家落户。当前，我国县城人均市政公用设施固定资产投资仅相当于地级及以上城市城区的1/2左右，县城居民人均消费支出仅相当于地级及以上城市城区居民的2/3左右。由此可见，若能通过新型城镇化，缩小大城市与中小城市的差距，新增投资消费的空间巨大。

第三，对于城镇化率低于70%的地区，农民进城、提升城镇化水平仍是主要任务。随着城镇化的快速推进，城乡之间的土地、资金、技术、人才、信息、数据等要素也会加速流动，并冲破原有二元体制遗留下的各种隐性的藩篱。中小城市特别是县城处于城市与乡村之间，正是农民进城就业安家、城乡要素跨界配置和产业协同发展的天然载体。从目前县域经济社会发展状况来看，县城的产业状况及短板弱项难以支撑农民就近城镇化，也难以对城市要素入乡发展、城市人口入乡消费提供服务保障。加快中小城市新型城镇化高质量发展，既能适应农民日益增加的到县城就业安家需求，又能为乡村振兴和农业农村现代化提供不可或缺的支撑。

第四，有利于提升城乡居民幸福感、获得感和安全感。城镇化水平较低的中小城市，公共设施水平和服务能力，关系着包括农村居民在内的全域居民的民生质量。一是产业配套设施不足，该区域的经济难以做精做强，产业集群难以形成，吸纳就业能力难以提升，居民收入难以提高，对农村居民的吸纳水平也难以提高。二是公共基础设施不健全，城乡一体化的基础设施不能很好地运维，居民购物消费、居家出行等生活需求也无法得到便利满足。三是公共服务不健全，居民上学、就医、养老、育幼等难以得到良好保障，城乡一体化的公共服务也就难以实现。四是城乡环境卫生设施不完善，不仅城区生态环境、居民身体健康都会受到影响，乡村的环境治理和居民健康更无法保障，城乡融合发展只能是纸上谈兵。因此，加快推进以县城为主的中小城市新型城镇化，以新型城镇化驱动城乡融合发展，既有利于保障基本民生需求，也能有效增加城乡居民收入，是提升人民群众幸福感获得感安全感的重要途径。

二、乡村振兴带动型

对于城镇化率已超过70%的城区（以大中城市的市辖区为主），应选择乡村振兴带动型城乡融合发展模式，即以乡村振兴带动城乡融合发展，进而推进新型城镇化高质量发展。例如，哈尔滨市2020年底城镇化率为70.61%，比2010年上升9.48个百分点①。济南市2020年底城镇化率为73.46%，比2010年上升11.07个百分点②。西安市2020年底城镇化率为79.2%，比2010年上升10.2个百分点③。显然，像哈尔滨、济南、西安等城镇化率已超过70%的城市④，城乡融合发展的主要矛盾已转移到乡村侧，根据新时代城乡融合机理，应该通过乡村振兴带动城乡融合进一步发展。

第一，以乡村振兴带动城乡融合发展，首先要畅通城乡要素有序流动、平等交换，促进城乡资源要素优化配置。实现乡村振兴，推动城乡融合发展，关键在于改变农村要素单向流出格局，打通城乡要素市场化配置体制机制障碍，推动城乡要素双向自由流动和平等交换。其中，重点解决"人地钱技"四种要素的问题，促进城乡公共资源合理配置、乡村经济多元化发展和农民持续增收。人才是乡村振兴的关键要素，更是城乡融合发展的重要载体。在乡村振兴中，不仅要培育造就一支适应农业农村现代化发展要求的高素质农民队伍，还要打通城乡人才培养交流通道，吸引各类人才投身乡村建设，推动乡村人才振兴。深化土地制度改革是打通城乡要素流动障碍的重要突破口，要处理好农民与土地的关系，健全城乡统一的建设用地市场，切实保障农民土地权益，更好用活乡村土地资源，建设美丽宜居的新乡村。乡村振兴战略的实施，需要大量的资金投入，要拓宽资金来源，整合政府各种涉农财政资金，提高资金使用效率。技术是农业现代化发展的重要推动力量，应完善城乡技术创新扩散机制，畅通科技支农渠道，加强技术合作，更好推动农业转型、农民增收和农村发展。

第二，以乡村振兴带动城乡融合发展，重点要提升乡村产业发展实力，积极

---

① 资料来源：《2020年哈尔滨市第七次全国人口普查主要数据公报》，哈尔滨人民政府网，2021年5月31日，http://www.harbin.gov.cn/art/2021/5/31/art_25924_1117402.html。

② 资料来源：《济南市第七次全国人口普查公报》，济南市统计局网站，2021年6月16日，http://jntj.jinan.gov.cn/art/2021/6/16/art_18254_4742896.html。

③ 资料来源：《西安市第七次全国人口普查主要数据公报（第六号）》，西安市统计局网站，2021年5月31日，http://tjj.xa.gov.cn/tjsj/tjgb/pcgb/60b47b47f8fd1c0bdc2d59ca.html。

④ 从行政区划上看，城乡融合发展政策推进要以区县为单元，这里的城镇化率是整个市辖区的平均值，各个辖区（包括县和县级市）应以自身的城镇化率为依据选择城乡融合发展的"路型"。

推进城乡产业融合。产业是乡村振兴的经济基础，是乡村发展的重要动力，也是实现城乡融合发展的物质基础。无论是推动产业振兴，还是推动农村一二三产业融合发展，都是促进城乡融合发展的重要内容。积极推进城乡产业融合，要调整产业政策，建立相应机制体制，实现城乡产业链融合与空间再分布。乡村应充分利用土地、劳动力等方面的比较优势，因地制宜，主动吸纳城市产业链的延伸。鼓励高质量发展休闲农业、旅游业、特色农业等，不断提高农业产业体系、生产体系、经营体系现代化水平，实现产业多元化、融合化。各地的乡村还应充分发挥自身资源与区位优势，完善产业支撑体系，积极融入国内大循环。同时，还可考虑根据城市产业发展现状，适时调整优化乡村产业结构，不断拓展产业链、价值链等。

第三，以乡村振兴带动城乡融合发展，推动城乡基础设施共建共享。农村基础设施是农村经济社会发展的重要支撑，涵盖范围十分广泛。首先，要加强农田水利等基础设施建设，改善农业生产条件，推进农村土地整理和农用地科学安全利用。其次，要统筹规划、建设、管护城乡道路以及垃圾污水处理、供水供电供气、物流、客运、信息通信、广播电视、消防、防灾减灾等公共基础设施和新型基础设施，推动城乡基础设施互联互通，保障乡村发展能源需求，保障农村饮用水安全，满足农民生产生活需要。最后，要明确农村基础设施的公共产品定位，强化政府投入和主导责任，健全投入长效机制，形成主体多元、充满活力的投融资体制。

第四，以乡村振兴带动城乡融合发展，促进公共教育、医疗卫生、社会保障等资源向农村倾斜，提升乡村基本公共服务水平，实现城乡基本公共服务均等化。缩小城乡差距，促进城乡均衡发展，是乡村振兴和城乡融合发展的重要目标。在充分考虑农村人口结构和经济社会形态变化基础上，建立城乡公共资源均衡配置机制，强化农村基本公共服务供给城乡统筹，逐步实现标准统一、制度并轨，还要在乡村振兴中引入城市优质公共服务，建立城乡统一的标准，缩小城乡基本公共服务差距。一是大力提升农村学校办学条件，支持开展网络远程教育，提高农村基础教育质量，加大乡村教师培养力度，对长期在乡村任教的教师在职称评定等方面给予优待，保障和改善乡村教师待遇，提高乡村教师学历水平、整体素质和乡村教育现代化水平。二是加强乡村医疗卫生队伍建设，支持乡村医疗卫生人员参加培训、进修，建立城乡贯通的职业发展机制，对在乡村工作的医疗卫生人员实行优惠待遇，支持医师到乡村医疗卫生机构执业、开办乡村诊所、普及医疗卫生知识，提高乡村医疗卫生服务能力。三是加强乡村优秀传统文化保护和公共文化服务体系建设，繁荣发展乡村文化。完善乡村公共文化体育设施网络和服务运行机制，鼓励开展形式多样的农民群众性文化体育、节日民俗等活动，将城市文化体育服务拓展到乡村，为乡村居民提供便利可及的公共文化服务。四是完善城乡统筹的社会保障制度，建立健全保障机制，支持乡村提高社会保障管理服务水平。特别是要落实城乡劳动者平等就业、同工同酬，依法保障农民工工资支付和社会保障权益。

三、城乡等值发展型

对于城镇化率已超过80%的城区（以大城市的市辖区为主），应选择城乡等值型城乡融合发展模式。这类地区城镇化率高，城乡经济特别是城市经济比较发达，已经具备了城乡等值发展的物质条件。例如，北京市2020年底城镇化率为87.5%，比2010年上升1.5个百分点[①]。上海市2020年底城镇化率为89.3%，城镇人口共计22 209 380人[②]。广州市2020年底城镇化率为86.19%，比2010年上升2.41个百分点[③]。像北京、上海、广州等城镇化率已超过80%的地区，城市对乡村的扩散和影响已十分广泛，城镇化步入全面提升内涵发展阶段。此时，乡村像绿带一样环绕着城市，成为地区经济社会发展的稀缺资源，根据新时代城乡融合发展的机理，这种地区已具备城乡等值发展的基础条件，应以城乡等值发展提升城乡融合发展质量。

第一，城乡等值发展的基础是城乡经济的一体化发展。目前新经济要素在城乡之间扩散转移，为城乡产业的融合发展提供了良好基础。一方面，城镇化率高的地区城乡直接互动交流促进了以有机农业为核心的现代农业的快速发展，促进了"互联网+""共享农场""农业电商"和文创项目等新模式新业态；另一方面，生态人文价值的重视和挖掘促进了乡村旅游休闲产业的发展。在现代服务业快速发展的时代，一二三产业融合使乡村从生产功能向消费功能转变，产业的转型和经济的可持续发展为进一步缩小城乡差距、促进城乡一体化发展奠定了坚实基础。应鼓励发展农民合作组织，精细实施农业生产，将农民合作组织发展成为功能齐全的农业服务体系，各种各样的合作组织遍布乡村，成为一个综合性的社

---

① 资料来源：《北京市第七次全国人口普查公报（第二号）》，北京市统计局网站，2021年5月19日，http：//tjj. beijing. gov. cn/tjsj_31433/tjgb_31445/rpgb_31449/。

② 资料来源：《上海市第七次全国人口普查主要数据公报（第一号）》，上海市统计局网站，2021年5月18日，http：//tjj. sh. gov. cn/tjgb/20210517/cc22f48611f24627bc5ee2ea96ca56d4. html。

③ 资料来源：《广州市第七次全国人口普查公报（第六号）——城乡人口和流动人口情况》，广州市统计局网站，2021年5月18日，http：//tjj. gz. gov. cn/rkpc/pcjb/content/post_7286610. html。

会服务网络。

第二，城乡等值发展的保障是聚落空间优化与整合提升。通过城乡空间系统规划，提升城市经济密度和绿化水平的同时，乡村推进土地整理和发展现代农业。一方面，要继续推进新型城镇化高质量发展，提升城市更新和建设质量，凸显城市现代文明的新优势；另一方面，通过城乡文化景观重构，凸显乡村的生态、文化和休闲价值。要充分发挥乡村的地域特色和生态优势，提升乡村生活性公共服务的便利性、休闲娱乐和旅游的吸引力，避免土地过度开发、建筑杂乱无章、"千村一面"、乡村传统风貌肌理遭受破坏。

第三，城乡等值发展的灵魂是生态维护与人文特色营造。通过对乡村生态环境质量的保护和附加价值的挖掘，将乡村的田园风光转变为乡村旅游以及多样性的休闲娱乐产业，将乡村空间转变为综合的"生态生产生活"空间。通过土地整理和村庄更新，使得乡村的美丽庭院多姿多彩、别具风格，形成一道靓丽乡村风景线，将乡村传统风貌与农业现代化的生产方式融合起来。按照城乡一体化的标准继续提升乡村公共基础设施、公共服务和生产生活条件质量，引导城乡居民有序流动。

第六章

结语：以城乡融合发展推动
新型城镇化高质量发展

　　城市和乡村是人类两种异质的聚落空间形态，但两者并非相互隔离，而是一个有机的整体。在我国社会主义现代化进程中，处理好城乡关系始终是城镇化建设的核心问题。习近平总书记曾强调，"在现代化进程中，如何处理好工农关系、城乡关系，在一定程度上决定着现代化的成败""要走城乡融合发展之路，向改革要动力，加快建立健全城乡融合发展体制机制和政策体系"。① 因此，城乡融合发展既是新型城镇化高质量发展的重要内涵，也是推动新型城镇化高质量发展的重要举措。

一、历史逻辑：城乡关系是城镇化的基础

　　新中国成立以来，我国城镇化取得了巨大成就，其中最根本的原因就是在城乡一盘棋理念的引领下，坚持以城乡关系为基础推进城镇化建设。

　　新中国成立后，在中国共产党领导下完成了城市和乡村社会的全面改造，消灭了旧中国的城乡对立，建立起社会主义制度。在社会主义计划经济体制的基础上，确立了整体型城乡关系，进而形成了政府主导"自上而下"的计划型城镇化模式。改革开放后，市场力量的进入逐渐变革了整体型城乡关系，向着分化型城乡关系演进，同时城镇化也向着"自下而上"的市场型模式转变。市场机制使得城乡各类组织的利益不断经济化，推动着城镇化由单一行政命令向计划与市场相

---

　　① 习近平：《把乡村振兴战略作为新时代"三农"工作总抓手》，载于《求是》2019年第11期，第4~10页。

结合的方式转变。分化型城乡关系的发展撬动了我国城乡二元结构，为快速城镇化提供了强大动力。与此同时，在分化型城乡关系格局中，处于弱势地位的乡村日渐凋敝，"三农"问题凸显，"城市病"也开始显现，城镇化面临巨大挑战。在此背景下，中国共产党知势而为，推动我国城乡关系向统筹型转变，同时城镇化也开始转变发展方式。统筹型城乡关系实现了城市对乡村"取"到"予"的转变，但城乡发展不平衡没有发生根本改变，转变城镇化发展方式也遇到了新挑战。党的十八大以来，在全面建成小康社会和全面深化改革开放目标的引领下，我国城乡关系迎来了融合发展的新时代，同时城镇化也迈入新型城镇化阶段。在此基础上，以城乡融合发展推动新型城镇化高质量发展的格局已基本形成。

城镇化是一个系统性工程，只有将其置于中国特色城乡关系的大棋局中，摒弃城市中心主义城镇化的错误认识，才能科学地定位其发展规律。新中国城乡关系和城镇化的演进轨迹表明，良好的城乡关系是提升城镇化质量的基本条件，处理好城乡关系有利于推进新型城镇化建设。

二、理论逻辑：中国特色社会主义城乡融合发展基本规律

城镇化是伴随工业化的发展，非农产业在城镇集聚、农村人口向城镇迁移的自然历史过程。马克思主义认为，城镇化是城乡社会分工和城市生产力发展的产物，城镇化与城乡关系的演变是同一过程的两个方面[①]。在社会主义制度下，随着生产力的快速发展，城乡关系必然走向融合发展。人是城镇化和城乡关系的主体，促进人的自由全面发展是提高城镇化质量与实现城乡融合发展的目的和手段。党的十八大以来，在以习近平同志为核心的党中央坚强领导下，提出了走中国特色新型城镇化道路、实施乡村振兴战略、建立健全城乡融合发展体制机制和政策体系，逐渐形成城乡融合发展助力推动新型城镇化高质量发展的理论定位和基本方略。

以城乡融合发展推动新型城镇化高质量发展是习近平经济思想的重要内容。2012年12月，中央经济工作会议首次提出新型城镇化。2013年11月，党的十八届三中全会将"健全城乡发展一体化体制机制"列为全面深化改革的重大战略任务之一，并明确将推进"城乡一体"作为"坚持走中国特色新型城镇化道路"的重要抓手。紧接着，2013年12月，习近平总书记在中央城镇化工作会议上发

---

① 《马克思恩格斯文集》（第1卷），人民出版社2009年版，第96、107、394~395、406~407、520、556、566页。

表重要讲话，明确了我国城镇化"正确的方向就是新型城镇化"，阐明了推进新型城镇化的指导思想、重点目标、基本原则和主要任务。习近平总书记强调，要正确理解城镇化和城乡一体化的关系，"城镇化是城乡协调发展的过程。没有农村发展，城镇化就会缺乏根基"。这标志着，以城乡一体化推动新型城镇化基本方略的确立。随后，2014 年 3 月，中共中央、国务院印发了《国家新型城镇化规划（2014－2020 年）》，将"推动城乡发展一体化"列为新型城镇化四大战略任务之一。习近平总书记指出，"把城镇和乡村贯通起来。推进新型城镇化，一个重要方面就是要以城带乡、以乡促城，实现城乡一体化发展"。① 2017 年 10 月，党的十九大将"城乡一体化"深化为"城乡融合发展"，并提出"建立健全城乡融合发展的体制机制和政策体系"。2019 年 4 月，《中共中央国务院关于建立健全城乡融合发展体制机制和政策体系的意见》强调，以新型城镇化为趋势，"把握城乡融合发展正确方向"。新型城镇化高质量发展核心要义是城市与乡村和谐共生、融合发展、共同繁荣，而非"城市兴、乡村衰"的零和博弈。城乡融合发展促进城乡要素自由流动、平等交换和公共资源合理配置，为新型城镇化高质量发展提供加速器作用。城乡融合发展既是新型城镇化高质量发展的主要目标，也是推动新型城镇化高质量发展的重要抓手。由此可见，协调推进新型城镇化战略与乡村振兴战略，重塑新型城乡关系，走城乡融合发展之路，已成为推动新型城镇化高质量发展的理论定位和基本方略。

新型城镇化高质量发展是农业转移人口市民化高质量、城市建设高质量、城市公共服务高质量、城市治理高质量和城市生态环境高质量的有机统一，要实现城市与乡村和谐共生、融合发展、共同繁荣。城乡融合发展有利于促进城乡要素自由流动、平等交换和公共资源合理配置，助力推动新型城镇化高质量发展。以城乡融合发展推动新型城镇化高质量发展，必须以中国特色社会主义城乡融合发展基本规律为指导。第一，坚持党的领导：把握新时代城乡融合发展的正确方向。党的领导是新中国城乡关系和城镇化的最本质的特征，也是城乡融合发展和新型城镇化高质量发展的最大优势。实践已经并将继续证明，只有坚持党对城乡关系和城镇化的集中统一领导，才能克服各种困难，实现以城乡融合发展推动新型城镇化高质量发展。第二，坚持人民主体地位：体现新时代城乡融合发展的根本立场。新时代坚持人民主体地位就是坚持以人民为中心的发展，这是我国国家治理的核心价值，也是推进城乡融合发展的根本立场。习近平总书记强调："要

---

① 习近平：《做焦裕禄式的县委书记》，中央文献出版社 2015 年版，第 53 页。

坚持以人民为中心的发展思想,这是马克思主义政治经济学的根本立场。"① 只有遵循这一根本立场,加快城乡融合发展,才能确保"城镇化以人为核心",推动新型城镇化实现高质量发展。第三,坚持科学的发展理念:确保新时代城乡融合发展的发展质量。实践证明,只有坚持科学的发展理念,才能确保中国特色社会主义城乡关系的发展质量。习近平总书记强调:"理念是行动的先导,一定的发展实践都是由一定的发展理念来引领的。"② 创新、协调、绿色、开放、共享的新发展理念将党的发展理念推到了新高度,强化了城乡发展的顶层设计和制度供给,引领城乡关系向着更高质量、更有效率、更加公平、更可持续、更为安全的方向发展,是推进城乡融合发展的基本遵循。第四,坚持改革创新:激发新时代城乡融合发展的发展动力。实践证明,坚持改革创新是决定我国城乡关系发展命运的"关键一招",也是推进城乡融合发展的基本途径。唯有持续地推进改革创新,才能不断地破除制约城乡融合发展的制度性障碍,推动城乡融合发展的体制机制不断成熟定型。

三、实践逻辑:建立健全城乡融合发展体制机制和政策体系

当前,面对城乡融合发展的新图景,关键是因地制宜建立健全城乡融合发展体制机制和政策体系,使其成为新型城镇化高质量发展的强大推动力量。

其一,以城乡融合发展提升农业转移人口市民化质量。2020 年末我国常住人口城镇化率已达 63.89%,而户籍人口城镇化率仅为 45.4%,人户分离人口仍有约 2.58 亿③。这些以农民工为主的人户分离人口大多处于"半市民化"和"两栖"状态,提高户籍人口城镇化水平和农民工融入城镇的素质和能力,是新型城镇化高质量发展的主要任务。一是继续深化户籍制度改革,除个别超大城市外全面取消落户限制,建立有序流动的人口迁徙制度;二是畅通劳动力和人才社会性流动渠道,保障城乡劳动者享有平等就业权利,着力提升农业转移人口就业能力;三是健全最低工资标准调整和工资集体协商制度,着重保护劳动所得,增加以农民工为代表的一线劳动者劳动报酬;四是建立城乡文化融合机制,推动农民工特别是新生代农民工融入城市。

---

① 习近平:《不断开拓当代中国马克思主义政治经济学新境界》,载于《求是》2020 年第 16 期,第 4~9 页。

② 习近平:《把握新发展阶段,贯彻新发展理念,构建新发展格局》,载于《求是》2021 年第 9 期,第 4~18 页。

③ 资料来源:《中华人民共和国 2020 年国民经济和社会发展统计公报》,http://www.stats.gov.cn/tjsj/zxfb/202102/t20210227_1814154.html,经笔者计算。

其二，以城乡融合发展加快建立现代市场体系。清除城乡市场壁垒，废止妨碍城乡统一市场和公平竞争的各类规定，营造规则统一开放、竞争有序、要素自由流动的市场环境。当前，重点推动人力资源市场、金融服务、土地要素市场的城乡一体化。例如土地要素市场，建立健全城乡统一的建设用地市场，制定农村集体经营性建设用地入市的相关配套制度。完善城乡建设用地增减挂钩政策，增强土地管理的灵活性，为新型城镇化高质量发展提供土地要素保障。

其三，以城乡融合发展推动城市建设质量和治理水平的提升。推进城乡公共基础设施和基本公共服务联动发展，构建事权清晰、权责一致的城乡公共基础设施一体化建设机制，着力提高城市公共基础设施运营水平；健全城乡一体的基本公共服务体系，重点提高城市基本公共服务的效率和质量。完善城乡统一的社会保险制度和社会救助体系，增强农业转移人口的获得感、幸福感和安全感。建立城乡一体的社会治理体系，形成城乡治理联动机制，推动城市治理体系和治理能力现代化。

其四，以城乡融合发展优化城镇化的空间布局和形态。一方面，以搭建城乡产业协同发展平台为基础，培育发展现代化都市圈，进而为城市群高质量发展提供支撑；另一方面，完善小城镇联结城乡的功能，提高小城镇的吸引力，形成大中小城市和小城镇协调发展的城镇化空间格局。

其五，以城乡融合发展推进城市生态文明建设。树立城乡生态环境共同体的理念，建立城乡生态环境协同共治的机制。探索城乡生态环境保护性开发模式，以市场化生态补偿为导向，建立生态产品价值实现机制。构建城乡一体的绿色生态网络，在城乡融合发展中实现城市生态环境质量大幅提升。

四、新时代城乡融合发展必须把握好的几个关系

城乡关系是人类社会的一种基本关系，在经济社会中居于主导地位，决定着整个社会的文明程度和发展面貌。事实证明，在新型城镇化和乡村振兴的实践过程中，极易出现"城市偏向"或"农村偏向"的做法。若不立足于城乡关系，推进城乡融合发展，新型城镇化和乡村振兴战略只能是"头疼医头，脚疼医脚"。以系统性思维来看，城乡融合发展并不仅仅是实施新型城镇化和乡村振兴战略的一种举措，而应上升为统领两大战略的基础性战略。如何科学把握新时代城乡融合发展？更好地指导新型城镇化和新时代乡村振兴两大战略的实施，这需要从理论和实践相结合的角度深入阐释。综合来看，新时代城乡融合发展必须把握好以下几个关系。

第一，有效市场和有为政府的关系。社会主义市场经济是中国共产党的一个伟大创造，坚持社会主义市场经济改革方向，核心的问题是处理好政府和市场的关系。发挥市场在资源配置中的决定性作用和更好发挥政府作用，将有效市场与有为政府有机结合起来，是社会主义市场经济体制优越性的集中体现，也是推动新时代城乡融合发展的根本保障。党的十八大以来，我国政府持续转变自身职能，通过"放管服"改革，全面实行政府权责清单制度，打造市场化、法治化、国际化营商环境，为市场机制和政府治理作用的发挥奠定了基础。迈入新发展阶段，新一轮科技革命和产业变革深入发展，要推动有效市场和有为政府更好结合，充分发挥市场在资源配置中的决定性作用，通过市场需求引导创新资源在城乡之间有效配置，持续激发市场主体活力和社会创造力。同时，更好发挥政府作用，通过新型举国体制推进关键核心技术攻关和自主创新，强化知识产权创造、保护、运用，形成推进科技创新的强大合力。在创新驱动发展的基础上，加快发展现代产业体系，坚定不移建设制造强国、质量强国、网络强国、数字中国，通过"看不见的手"与"看得见的手"协同发力，推进产业基础高级化、产业链现代化，推动我国经济体系不断优化升级，为新时代城乡融合发展奠定坚实的物质基础。

第二，供给侧结构性改革和需求侧管理的关系。供给和需求是社会主义市场经济运行中的两个基本方面，供求关系是既对立又统一的辩证关系。进入新发展阶段，我国社会主要矛盾发生变化，居民的需求内涵和层次不断提升，对多样化、个性化、品质化产品和服务的需求不断增加，这使得供求矛盾特别是结构性矛盾凸显。事实证明，当前我国经济运行矛盾的主要方面在供给侧，表现为有效供给能力不足。推动新时代城乡融合发展，应以供给侧结构性改革为主线，将供给侧结构性改革和需求侧管理有机结合起来，使城乡之间的供求在更高水平上实现平衡。作为调控宏观经济的基本手段，注重总量和短期调控的需求侧管理比注重技术创新和要素配置的供给侧结构性改革见效更快，更容易成为宏观经济调控的首选。习近平总书记强调："不重视供给侧结构性改革，只注重需求侧管理，无法形成供给创造需求的更高水平动态平衡。"[1] 因此，在推进城乡融合发展实践过程中，我国必须坚持深化供给侧结构性改革这条主线，继续巩固"三去一降一补"的成果，推动过剩行业加快出清，降低全社会各类营商成本，加强科技创新等领域补短板力度。当前，在新冠肺炎疫情的冲击之下，我国经济发展正面临

---

[1] 习近平：《把握新发展阶段，贯彻新发展理念，构建新发展格局》，载于《求是》2021年第9期，第4~18页。

需求收缩、供给冲击、预期转弱三重压力，这对处理供给侧结构性改革和需求侧管理的关系提出了更高的要求。协同推进新型城镇化和乡村振兴战略，要坚持深化供给侧结构性改革的战略方向，提升供给体系对国内需求的适配性，突破供给约束堵点，增强供给体系的韧性，使国内市场成为最终需求的主要来源，形成需求牵引供给、供给创造需求的更高水平动态平衡，进而提升国民经济体系的整体效能。

第三，国内大循环与国际循环的关系。新时代城乡融合发展离不开高水平对外开放。改革开放后，我国充分抓住经济全球化的重要机遇，发挥劳动力成本低廉、产业配套齐全、基础设施完善、营商环境优良等优势融入国际大循环，快速发展了自己的同时也贡献了世界。近年来，经济全球化遭遇逆流，新冠肺炎疫情致使各国国内顾倾向上升，国际经济循环格局发生深度调整。这使得我国大进大出的经济发展环境已经变化，需要根据新形势提出引领高质量发展的新战略。在此背景下，习近平总书记提出建立以国内大循环为主体、国内国际双循环相互促进的新发展格局，其本质就是在新发展阶段处理好国内大循环和国际循环的关系。一方面，加强国内大循环在双循环中的主导作用，通过深入实施创新驱动发展，消除瓶颈制约，实现高水平的自立自强，以高质量的国内大循环吸引全球资源要素，塑造我国参与国际合作和竞争的新优势；另一方面，建设更高水平开放型经济新体制，通过实施更大范围、更宽领域、更深层次的对外开放，推动我国产业转型升级，增强在全球产业链、供应链、创新链中的影响力，进而以高质量的国际循环提升国内大循环的效率和水平。

第四，做大"蛋糕"与分好"蛋糕"的关系。公平与效率的关系是人类社会的永恒课题，也是新时代城乡融合发展的关键问题。在我国社会主义制度下，既要不断解放和发展社会生产力，不断创造和积累社会财富，又要防止两极分化，推动全体人民共同富裕不断取得实质性进展。习近平总书记指出，实现社会公平正义是由多种因素决定的，最主要的还是经济发展水平，但并不是说等着经济发展起来了再解决社会公平正义问题，"蛋糕"不断做大的同时还要把"蛋糕"分好。实现共同富裕是社会主义发展的根本目的，在城乡融合发展中促进共同富裕，必须把握好做大"蛋糕"与分好"蛋糕"的关系。首先要通过全国人民共同奋斗把"蛋糕"做大做好，然后通过合理的制度安排把"蛋糕"切好分好。协调好做大"蛋糕"与分好"蛋糕"的关系，制度是重要的保障，要通过创新制度安排，激发各类市场主体活力，不断提升经济发展的质量和效益。同时，协调初次分配、再分配和三次分配，完善公共服务政策制度体系，在教育、医疗、养老、住房等人民群众最关心的领域精准提供基本公共服务，在城乡融合发展中缩小贫富差距、扩大中等收入群体、促进社会公平正义。

第五，经济社会发展与生态环境质量提升的关系。发展是党执政兴国的第一要务，而生态环境是关系民生的重大社会问题。人民日益增长的美好生活需要，既包括经济社会发展所创造的物质产品和服务，也包括更多优质生态产品。如何处理好经济社会发展与生态环境质量提升的关系，实现两者的良性互动，是新时代城乡融合发展的重要课题。习近平总书记强调："在我国经济由高速增长阶段转向高质量发展阶段过程中，污染防治和环境治理是需要跨越的一道重要关口。我们必须咬紧牙关，爬过这个坡，迈过这道坎。"[①] 党的十八大以来，我国城乡经济社会发展取得新的辉煌成就的同时，生态环境质量持续提升，出现了稳中向好趋势。事实上，提升生态环境质量短期内可能给经济发展带来一定压力，但这种压力并非源于加大了环境保护的力度，而是源于产业结构不合理、绿色创新发展能力不足、城乡社会治理水平不高、高质量发展的体制机制不健全等。因此，新发展阶段要坚持一手抓改造升级传统产业和能源结构，一手抓培育壮大新兴产业和提高新能源利用水平，通过创新驱动提升绿色发展水平，推动城乡融合发展取得实质性进展。同时，要加大环境治理力度，坚决打赢蓝天、碧水、净土保卫战，打造绿色低碳循环发展的经济体系，稳步实现碳达峰、碳中和，为城乡经济高质量发展不断开拓新空间。

综合来看，新时代城乡融合发展必须使市场在资源配置中起决定性作用，更好发挥政府作用，有效市场和有为政府协同发力；坚持以供给侧结构性改革为主线，通过供给侧结构性改革和需求侧管理的有机结合，打通生产、分配、流通、消费各环节；畅通国内大循环，构建以国内大循环为主体、国内国际双循环相互促进的新发展格局，促进商品要素资源在更大范围内畅通流动；坚持以经济建设为中心把"蛋糕"做大做好，同时构建初次分配、再分配、三次分配协调配套的基础性制度安排把"蛋糕"切好分好；贯彻新发展理念，转变发展方式，协调经济社会发展与生态环境质量提升的关系，实现生态效益和经济社会效益相统一。

---

① 习近平：《保持加强生态文明建设的战略定力 守护好祖国北疆这道亮丽风景线》，载于《人民日报》2019 年 3 月 6 日，第 1 版。

参 考 文 献

［1］［美］阿瑟·刘易斯、施炜等译：《二元经济论》，北京经济学院出版社1989年版。

［2］［英］埃比尼泽·霍华德，金经元译：《明日的田园城市》，商务印书馆2000年版。

［3］［日］岸根卓郎、高文琛译：《迈向21世纪的国土规划：城乡融合系统设计》，科学出版社1990年版。

［4］《把乡村振兴战略作为新时代"三农"工作总抓手　促进农业全面升级农村全面进步农民全面发展》，载于《人民日报》2018年9月23日。

［5］白永秀：《城乡二元结构的中国视角：形成、拓展、路径》，载于《学术月刊》2012年第5期。

［6］白永秀：《国际视野下中国城乡发展一体化模式研究》，中国经济出版社2013年版。

［7］白永秀、王颂吉：《城乡发展一体化的实质及现实路径》，载于《复旦学报》2013年第4期。

［8］鲍宗豪、岳伟：《新中国70年城乡关系：历程、转变、启示》，载于《学术界》2019年第6期。

［9］［美］L·贝塔兰菲，秋同、袁嘉新译：《一般系统论》，社会科学文献出版社1987年版。

［10］蔡昉：《把乡村振兴与新型城镇化同步推进》，载于《中国乡村发现》2018年第4期。

［11］蔡昉：《城乡收入差距与制度变革的临界点》，载于《中国社会科学》2003年第5期。

［12］蔡昉、杨涛：《城乡收入差距的政治经济学》，载于《中国社会科学》2000年第4期。

［13］蔡禾：《新中国城乡关系发展与当下面临的问题》，载于《社会学评论》2021年第1期。

[14] 蔡继明：《乡村振兴战略应与新型城镇化同步推进》，载于《人民论坛》2018年第10期。

[15] 曹平揆：《我国过渡时期的城乡经济联系》，上海人民出版社1957年版。

[16] 陈丹、张越：《乡村振兴战略下城乡融合的逻辑、关键与路径》，载于《宏观经济管理》2019年第1期。

[17] 陈方：《城乡关系：一个国外文献综述》，载于《中国农村观察》2013年第6期。

[18] 陈吉元、胡必亮：《中国的三元经济结构与农业剩余劳动力转移》，载于《经济研究》1994年第4期。

[19] 陈坤秋、龙花楼：《中国土地市场对城乡融合发展的影响》，载于《自然资源学报》2019年第2期。

[20] 陈明星：《积极探索城乡融合发展长效机制》，载于《区域经济评论》2018年第3期。

[21] 陈明星、隋昱文、郭莎莎：《中国新型城镇化在"十九大"后发展的新态势》，载于《地理研究》2019年第1期。

[22] 陈锡文：《农村土地制度改革，底线不能突破》，载于《人民日报》2013年12月13日。

[23] 陈锡文：《推动城乡发展一体化》，载于《求是》2012年第23期。

[24] 陈肖飞、姚士谋、张落成：《新型城镇化背景下中国城乡统筹的理论与实践问题》，载于《地理科学》2016年第2期。

[25] 陈炎兵：《健全体制机制推动城乡融合发展》，载于《中国经贸导刊》2019年第3期。

[26] 陈炎兵：《实施乡村振兴战略推动城乡融合发展——兼谈学习党的十九大报告的体会》，载于《中国经贸导刊》2017年第34期。

[27] 陈艳清：《关于城乡融合发展的思考与实践——兼谈城乡融合的五种模式》，载于《中国农垦》2015年第9期。

[28] 陈燕妮：《乡村振兴与新型城镇化互动融合发展》，载于《改革与战略》2019年第12期。

[29] 陈钊、陆铭：《从分割到融合：城乡经济增长与社会和谐的政治经济学》，载于《经济研究》2008年第1期。

[30] 促进农民专业合作社健康发展研究课题组：《空壳农民专业合作社的形成原因、负面效应与应对策略》，载于《改革》2019年第4期。

[31] 丁静：《新时代乡村振兴与新型城镇化的战略融合及协调推进》，载于

《社会主义研究》2019 年第 5 期。

［32］窦旺胜、王成新、蒋旭、刘日庆：《基于乡村振兴视角的山东省城乡融合发展水平研究》，载于《湖南师范大学自然科学学报》2019 年第 6 期。

［33］杜志雄、肖卫东：《用科学的理论和决策调整城乡关系——中国共产党调适城乡关系的百年探索和实践经验》，载于《中国领导科学》2021 年第 2 期。

［34］方创琳：《中国新型城镇化高质量发展的规律性与重点方向》，载于《地理研究》2019 年第 1 期。

［35］［美］费景汉，古斯塔夫·拉尼斯，洪银兴等译：《增长和发展：演进观点》，商务印书馆 2004 年版。

［36］费孝通：《谈城乡协调发展》，载于《瞭望周刊》1991 年第 47 期。

［37］费孝通：《我看到的中国农村工业化和城市化道路》，载于《浙江社会科学》1998 年第 4 期。

［38］费孝通：《中国城乡发展的道路——我一生的研究课题》，载于《中国社会科学》1993 年第 1 期。

［39］冯伟、崔军、石智峰、张秋玲、钟昊、毛翔飞：《英国城乡规划体系及农村规划管理的经验与启示》，载于《中国农业资源与区划》2018 年第 2 期。

［40］《改革要聚焦聚神聚力抓好落实　着力提高改革针对性和实效性》，载于《人民日报》2014 年 6 月 7 日。

［41］高帆：《从割裂到融合：中国城乡经济关系演变的政治经济学》，复旦大学出版社 2019 年版。

［42］高帆：《中国新阶段城乡融合发展的内涵及其政策含义》，载于《广西财经学院学报》2019 年第 1 期。

［43］顾朝林、李阿琳：《从解决"三农问题"入手推进城乡发展一体化》，载于《经济地理》2013 年第 1 期。

［44］郭建军：《我国城乡统筹发展的现状、问题和政策建议》，载于《经济研究参考》2007 年第 1 期。

［45］郭岚：《上海城乡一体化测度研究》，载于《上海经济研究》2017 年第 7 期。

［46］郭熙保、陈澍：《西方发展经济学中的地区不平衡发展理论》，载于《教学与研究》1998 年第 5 期。

［47］郭显光：《改进的熵值法及其在经济效益评价中的应用》，载于《系统工程理论与实践》1998 年第 12 期。

［48］郭星华、刘朔：《中国城乡关系七十年回望：国家权力的下沉、回缩

与再进入》，载于《社会科学》2019 年第 4 期。

[49] 国务院发展研究中心农村部课题组：《从城乡二元到城乡一体——我国城乡二元体制的突出矛盾与未来走向》，载于《管理世界》2014 年第 9 期。

[50] 韩俊：《城乡一体化的苏州实践与创新》，中国发展出版社 2013 年版。

[51] 韩俊：《破除城乡二元结构走城乡融合发展道路》，载于《理论视野》2018 年第 11 期。

[52] 韩俊：《中国城乡关系演变 60 年：回顾与展望》，载于《改革》2009 年第 11 期。

[53] 韩文龙、吴丰华：《新时代城乡融合发展的理论内涵与实现路径》，载于《马克思主义与现实》2020 年第 2 期。

[54] 蒿慧杰：《城乡融合发展的制度困境及突破路径》，载于《中州学刊》2019 年第 11 期。

[55] 何仁伟：《城乡融合与乡村振兴：理论探讨、机理阐释与实现路径》，载于《地理研究》2018 年第 11 期。

[56] 何为、黄贤金：《半城市化：中国城市化进程中的两类异化现象研究》，载于《城市规划学刊》2012 年第 2 期。

[57] 何秀荣：《建立健全城乡融合发展体制机制的几点思考》，载于《区域经济评论》2018 年第 3 期。

[58] 何永芳、佘赛男、杨春健：《新时代城乡融合发展问题与路径》，载于《西南民族大学学报（人文社会科学版）》2020 年第 7 期。

[59] 洪银兴、陈雯：《城市化和城乡一体化》，载于《经济理论与经济管理》2013 年第 4 期。

[60] 洪银兴：《工业和城市反哺农业、农村的路径研究》，载于《经济研究》2007 年第 8 期。

[61] 胡存智：《深化农村土地管理制度改革的思考》，载于《中国土地》2014 年第 8 期。

[62] 胡焕庸：《中国人口之分布：附统计表与密度图》，载于《地理学报》1935 年第 2 期。

[63] 黄慧群：《新中国 70 年工业化进程的历史性成就与经验》，载于《光明日报》2019 年 7 月 9 日。

[64] ［加］简·雅各布斯，金衡山译：《美国大城市的死与生》，译林出版社 2020 年版。

[65] 姜长云：《科学理解推进乡村振兴的重大战略导向》，载于《管理世

界》2018 年第 4 期。

［66］蒋永穆、鲜荣生、张晓磊：《马克思恩格斯城乡经济关系思想刍论》，载于《政治经济学评论》2015 年第 4 期。

［67］金三林、曹丹丘、林晓莉：《从城乡二元到城乡融合——新中国成立 70 年来城乡关系的演进及启示》，载于《经济纵横》2019 年第 8 期。

［68］居占杰：《我国城乡关系阶段性特征及统筹城乡发展路径选择》，载于《江西财经大学学报》2011 年第 1 期。

［69］［德］卡尔·迪特利希·埃尔德曼，华明等译：《德意志史》第 3 卷，商务印书馆 1986 年版。

［70］康永超：《以城乡双向开放理念推进新型城镇化建设》，载于《宏观经济管理》2015 年第 10 期。

［71］［美］克鲁格曼：《新经济地理学在哪里？》，引自克拉克等编，刘卫东等译：《牛津经济地理学手册》，商务印书馆 2003 年版。

［72］孔祥智：《推进农业农村现代化，实现城乡融合发展——新中国城乡关系的演变及发展趋势》，载于《农民日报》2021 年 5 月 8 日。

［73］孔祥智：《新中国成立 70 年来城乡关系的演变》，载于《教学与研究》2019 年第 8 期。

［74］雷曜：《在更长的历史跨度中实现城乡均衡发展——为德国为例》，载于《开发性金融研究》2020 年第 2 期。

［75］李爱民：《我国城乡融合发展的进程、问题与路径》，载于《宏观经济管理》2019 年第 2 期。

［76］李冰：《城乡一体化：二元经济结构理论在中国的延续》，载于《人文杂志》2014 年第 2 期。

［77］李刚：《推进城镇化不可丢了"精神"》，载于《光明日报》2016 年 11 月 24 日。

［78］李红玉：《马克思主义城乡融合发展理论及其现实意义》，中国社会科学出版社 2018 年版。

［79］李后强、张永祥、卢加强：《基于"渗流模型"的城乡融合发展机理与路径选择》，载于《农村经济》2020 年第 9 期。

［80］李克强：《论我国经济的三元结构》，载于《中国社会科学》1991 年第 3 期。

［81］李强、陈宇琳、刘精明：《中国城镇化"推进模式"研究》，载于《中国社会科学》2012 年第 7 期。

[82] 李仁贵：《增长极理论的形成与演进评述》，载于《经济思想史评论》2006 年第 1 期。

[83] 李铁：《城乡融合发展亟需激活要素流通》，载于《中国城市报》2019 年 7 月 21 日。

[84] 李铁：《新型城镇化路径选择》，中国发展出版社 2016 年版。

[85] 李同升、厍向阳：《城乡一体化发展的动力机制及其演变分析——以宝鸡市为例》，载于《西北大学学报（自然科学版)》，2000 年第 3 期。

[86] 李喜先：《科学系统论（第二版)》，科学出版社 2005 年版。

[87] 李峥：《美国城乡数字鸿沟正进一步加剧》，载于《环球时报 2019 年 12 月 18 日。

[88] 厉以宁：《走向城乡一体化：建国 60 年城乡体制的变革》，载于《北京大学学报（哲学社会科学版)》2009 年第 6 期。

[89] 林毅夫、陈斌开：《重工业优先发展战略与城乡消费不平等——来自中国的证据》，载于《浙江社会科学》2009 年第 4 期。

[90] 林毅夫：《中国的城市发展与农村现代化》，载于《北京大学学报（哲学社会科学版)》2002 年第 4 期。

[91] 刘爱梅、陈宝生：《协调推进新型城镇化与乡村振兴战略的体制对策——基于城乡共享体制建设的视角》，载于《学习与探索》2019 年第 11 期。

[92] 刘纯彬：《走出二元——根本改变我国不合理城乡关系的唯一途径》，载于《农村经济问题》1988 年第 4 期。

[93] 刘俊杰：《我国城乡关系演变的历史脉络：从分割走向融合》，载于《华中农业大学学报（社会科学版)》2020 年第 1 期。

[94] 刘明辉、卢飞：《城乡要素错配与城乡融合发展》，载于《农业技术经济》2019 年第 2 期。

[95] 刘守英：《乡村振兴战略是对乡村定位的再认定》，载于《中国乡村发现》2017 年第 6 期。

[96] 刘彦随、严镔、王艳飞：《新时期中国城乡发展的主要问题与转型对策》，载于《经济地理》2016 年第 7 期。

[97] 刘彦随：《中国新时代城乡融合与乡村振兴》，载于《地理学报》2018 年第 4 期。

[98] ［美］刘易斯·芒福德，宋俊岭、倪文彦译：《城市发展史：起源、演变与前景》，中国建筑工业出版社 2005 年版。

[99] 刘应杰：《中国城乡关系演变的历史分析》，载于《当代中国史研究》

1996 年第 2 期。

［100］刘震：《城乡统筹视角下的乡村振兴路径分析——基于日本乡村建设的实践及其经验》，载于《人民论坛·学术前沿》2018 年第 12 期。

［101］龙花楼、屠爽爽、戈大专：《新型城镇化对扶贫开发的影响与应对研究》，载于《中国科学院院刊》2016 年第 3 期。

［102］陆大道：《二〇〇〇年我国工业生产力布局总图的科学基础》，载于《地理科学》1986 年第 2 期。

［103］陆铭、陈钊：《城市化、城市倾向的经济政策与城乡收入差距》，载于《经济研究》2004 年第 6 期。

［104］罗雅丽、李同升：《制度因素在我国城乡一体化发展过程中的作用分析》，载于《人文地理》2005 年第 4 期。

［105］马凯：《构建产业新体系》，人民日报 2015 年 11 月 10 日。

［106］《马克思恩格斯全集》（第 2 卷），人民出版社 1957 年版。

［107］《马克思恩格斯全集》（第 16 卷），人民出版社 1964 年版。

［108］《马克思恩格斯全集》（第 33 卷），人民出版社 2004 年版。

［109］《马克思恩格斯全集》（第 3 卷），人民出版社 1960 年版。

［110］《马克思恩格斯文集》（第 1 卷），人民出版社 2009 年版。

［111］《马克思恩格斯选集》（第 1 卷），人民出版社 2012 年版。

［112］《马克思恩格斯选集》（第 2 卷），人民出版社 2012 年版。

［113］《马克思恩格斯选集》（第 3 卷），人民出版社 2012 年版。

［114］《马克思恩格斯选集》（第 4 卷），人民出版社 2012 年版。

［115］马历、龙花楼、戈大专、张英男、屠爽爽：《中国农区城乡协同发展与乡村振兴途径》，载于《经济地理》2018 年第 4 期。

［116］［德］玛塔·岛乐－巴扎地、孔洞一：《城乡融合的营造实验——德国国际建筑展图林根州"未来城市化乡村"项目》，载于《国际城市规划》2020 年第 5 期。

［117］《毛泽东文集》（第 7 卷），人民出版社 1999 年版。

［118］《毛泽东选集》（第 4 卷），人民出版社 1991 年版。

［119］《毛泽东选集》（第 5 卷），人民出版社 1977 年版。

［120］孟春：《运用 PPP 模式助推新型城镇化》，载于《中国财政》2014 年第 9 期。

［121］年猛：《中国城乡关系演变历程、融合障碍与支持政策》，载于《经济学家》2020 年第 8 期。

［122］潘晓成：《论城乡关系：从分离到融合的历史与现实》，人民日报出版社 2019 年版。

［123］彭晓伟：《马克思主义城乡关系理论在当代中国的发展与实践研究》，中国社会科学出版社 2019 年版。

［124］戚伟、刘盛和、赵美风：《"胡焕庸线"的稳定性及其两侧人口集疏模式差异》，载于《地理学报》2015 年第 4 期。

［125］邱国盛：《苏联经验与中国经历：20 世纪 50 年代中国城乡关系的演变》，载于《史学集刊》2012 年第 2 期。

［126］邱灵、方创琳：《生产性服务业空间集聚与城市发展研究》，载于《经济地理》2012 年第 11 期。

［127］曲延春：《从"二元"到"一体"：乡村振兴战略下城乡融合发展路径研究》，载于《理论学刊》2020 年第 1 期。

［128］任有权：《文化视角下的英国城乡关系》，载于《南京大学学报（哲学·人文科学·社会科学）》2015 年第 6 期。

［129］沈迟：《新型城镇化与乡村振兴要互促共融》，载于《福建日报》2018 年 5 月 21 日。

［130］沈孔忠：《城乡结合部农村社区转型与城乡协调发展》，载于《人文地理》1999 年第 4 期。

［131］《十八大以来重要文献选编》（上），中央文献出版社 2014 年版。

［132］《十九大以来重要文献选编》（上），中央文献出版社 2019 年版

［133］《十七大以来重要文献选编》（上），中央文献出版社 2009 年版。

［134］石忆邵：《城乡一体化理论与实践：回眸与评析》，载于《城市规划汇刊》2003 年第 1 期。

［135］宋洪远、马永良：《使用人类发展指数对中国城乡差距的一种估计》，载于《经济研究》2004 年第 11 期。

［136］苏为华：《多指标综合评价理论与方法问题研究》，厦门大学 2000 年博士学位论文。

［137］孙立平、王汉生、王思斌、林彬、杨善华：《改革以来中国社会结构的变迁》，载于《中国社会科学》1994 年第 2 期。

［138］孙文华、方心清：《城乡关系演化的不同道路：比较与启示》，载于《江苏社会科学》2014 年第 2 期。

［139］孙永平、叶初升：《资源依赖、地理区位与城市经济增长》，载于《当代经济科学》2011 年第 1 期。

[140] 唐琼：《乡村振兴战略下稳妥推进城乡融合发展研究》，载于《湖湘论坛》2020 年第 2 期。

[141] 涂圣伟：《城乡融合发展的战略导向与实现路径》，载于《宏观经济管理》2020 年第 4 期。

[142] [苏] 瓦·尼·萨多夫斯基，贾泽林等译：《一般系统论原理》，人民出版社 1984 年版。

[143] 汪琥庭：《关于计算平均发展速度的研究》，载于《统计与预测》1995 年第 3 期。

[144] 王博雅、张车伟、蔡翼飞：《特色小镇的定位与功能再认识——城乡融合发展的重要载体》，载于《北京师范大学学报（社会科学版）》2020 年第 1 期。

[145] 王建廷：《区域经济发展动力与动力机制》，上海人民出版社 2007年版。

[146] 王磊、李涛、曹小曙：《基于 ESDA – GIS 的广东省城乡统筹发展空间分异》，载于《经济地理》2012 年第 9 期。

[147] 王伟、吴志强：《基于制度分析的我国人口城镇化演变与城乡关系转型》，载于《城市规划学刊》2007 年第 4 期。

[148] 王小鲁：《中国城市化路径与城市规模的经济学分析》，载于《经济研究》2010 年第 10 期。

[149] 王艳飞、刘彦随、严镔、李裕瑞：《中国城乡协调发展格局特征及影响因素》，载于《地理科学》2016 年第 1 期。

[150] 王颖、孙平军、李诚固、刘航、周嘉：《2003 年以来东北地区城乡协调发展的时空演化》，载于《经济地理》2018 年第 7 期。

[151] 魏后凯：《深刻把握城乡融合发展的本质内涵》，载于《中国农村经济》2020 年第 6 期。

[152] 魏后凯：《实施乡村振兴战略的目标及难点》，载于《社会发展研究》2018 年第 1 期。

[153] 魏后凯：《新常态下中国城乡一体化格局及推进战略》，载于《中国农村经济》2016 年第 1 期。

[154] 文丰安、王星：《新时代城乡融合高质量发展：科学内涵、理论基础与推动路径》，载于《新视野》2020 年第 3 期。

[155] 吴传钧：《论地理学的研究核心——人地关系地域系统》，载于《经济地理》1991 年第 3 期。

[156] 吴东伟、冯玉华、贾生华：《我国三元经济结构问题初探》，载于

《农业经济问题》1988 年第 5 期。

[157] 吴丰华、韩文龙：《改革开放四十年的城乡关系：历史脉络、阶段特征和未来展望》，载于《学术月刊》2018 年第 4 期。

[158] 吴海林、刘韶玲：《论城市化的形成机制、发展模式与我国城市化的道路选择》，载于《兰州学刊》2001 年第 5 期。

[159] 吴旭晓：《乡村振兴与新型城镇化耦合协调发展及其驱动机制研究——以中部地区为例》，载于《前沿》2019 年第 6 期。

[160] 武力：《论改革开放以来中国城乡关系的两次转变》，载于《教学与研究》2008 年第 10 期。

[161] 武力：《1949—2006 年城乡关系演变的历史分析》，载于《中国经济史研究》2007 年第 1 期。

[162] 武廷海：《建立新型城乡关系　走新型城镇化道路——新马克思主义视野中的中国城镇化》，载于《城市规划》2013 年第 11 期。

[163] 习近平：《把握新发展阶段，贯彻新发展理念，构建新发展格局》，载于《求是》2021 年第 9 期。

[164] 习近平：《把乡村振兴战略作为新时代"三农"工作总抓手》，载于《求是》2019 年第 11 期。

[165]《习近平北京考察工作：在建设首善之区上不断取得新成绩》，载于《人民日报》2014 年 2 月 27 日。

[166] 习近平：《不断开拓当代中国马克思主义政治经济学新境界》，载于《求是》2020 年第 16 期。

[167] 习近平：《坚持历史唯物主义不断开辟当代中国马克思主义发展新境界》，载于《求是》2020 年第 2 期。

[168] 习近平：《决胜全面建成小康社会　夺取新时代中国特色社会主义伟大胜利》，载于《人民日报》2017 年 10 月 28 日。

[169] 习近平：《深入理解新发展理念》，载于《求是》2019 年第 10 期。

[170]《习近平谈治国理政》（第 2 卷），外交出版社 2017 年版。

[171] 习近平：《在纪念马克思诞辰 200 周年大会上的讲话》，载于《人民日报》2018 年 5 月 5 日。

[172] 习近平：《做焦裕禄式的县委书记》，中央文献出版社 2015 年版。

[173] 谢志强、姜典航：《城乡关系演变：历史轨迹及其基本特点》，载于《中共中央党校学报》2011 年第 4 期。

[174] 辛逸、高洁：《从"以农补工"到"以工补农"——新中国城乡二元

体制论述》，载于《中共党史研究》2009 年第 9 期。

[175]《新编中华人民共和国常用法律法规全书（2016 年版）》，中国法制出版社 2016 年版。

[176]《新帕尔格雷夫经济学大辞典》，经济科学出版社 1996 年版。

[177] 邢潋、王国勇：《贫困地区加快实现城乡融合发展的优化路径》，载于《农村经济》2019 年第 8 期。

[178] 邢祖礼、陈杨林、邓朝春：《新中国 70 年城乡关系演变及其启示》，载于《改革》2019 年第 6 期。

[179] 徐宏潇：《城乡融合发展：理论依据、现实动因与实现条件》，载于《南京农业大学学报（社会科学版）》2020 年第 5 期。

[180] 徐维祥、李露、刘程军：《乡村振兴与新型城镇化的战略耦合——机理阐释及实现路径研究》，载于《浙江工业大学学报（社会科学版）》2019 年第 1 期。

[181] 徐晓新、高世楫、张秀兰：《从美国社会保障体系演进历程看现代国家建设》，载于《经济社会体制比较》2013 年第 4 期。

[182] 徐泽水：《关于层次分析中几种标度的模拟评估》，载于《系统工程理论与实践》2000 年第 7 期。

[183] 徐振宇、郭志超、荆林波：《中国城乡消费差距的转折点——引入滚动虚拟变量的分段定量检测》，载于《经济学动态》2014 年第 6 期。

[184] 许彩玲、李建建：《城乡融合发展的科学内涵与实现路径——基于马克思主义城乡关系理论的思考》，载于《经济学家》2019 年第 1 期。

[185] 许经勇：《新时代城乡融合发展的若干思考》，载于《学习论坛》2020 年第 1 期。

[186] 许树柏：《实用决策方法——层次分析法原理》，天津大学出版社 1988 年版。

[187]［英］亚当·斯密，郭大力、王亚南译：《国民财富的性质和原因的研究》，商务印书馆 2002 年版。

[188] 颜昌武：《中国现代国家建设中的城乡关系——一个非对称双向运动的分析视角》，载于《南京社会科学》2020 年第 1 期。

[189] 杨嵘均：《论新型城镇化与乡村振兴战略的内在张力、政策梗阻及其规避》，载于《南京农业大学学报（社会科学版）》2019 年第 5 期。

[190] 杨文举：《中国城镇化与产业结构关系的实证分析》，载于《经济经纬》2007 年第 1 期。

［191］杨志恒：《城乡融合发展的理论溯源、内涵与机制分析》，载于《地理与地理信息科学》2019 年第 4 期。

［192］姚毓春、梁梦宇：《城乡融合发展的政治经济学逻辑》，载于《求是》2019 年第 5 期。

［193］姚毓春、梁梦宇：《新中国成立以来的城乡关系：历程、逻辑与展望》，载于《吉林大学社会科学学报》2020 年第 1 期。

［194］叶超、陈明星：《国外城乡关系理论演变及其启示》，载于《中国人口·资源与环境》2008 年第 1 期。

［195］叶剑平、毕宇珠：《德国城乡协调发展及其对中国的借鉴——以巴伐利亚州为例》，载于《中国土地科学》2010 年第 5 期。

［196］叶兴庆、金三林、韩杨等：《走城乡融合发展之路》中国发展出版社2019 年版。

［197］易醇、张爱民：《城乡一体化背景下的城乡产业融合协同发展模式研究》，载于《软科学》2018 年第 4 期。

［198］易善策：《产业结构演进与城镇化》，社会科学文献出版社2013 年版。

［199］殷志静、郁奇虹：《中国户籍改革》，中国政法大学出版社1996 年版。

［200］于立：《英国城乡发展政策对中国小城镇发展的一些启示与思考》，载于《城市发展研究》2013 年第 11 期。

［201］于云瀚：《城居者的文明》，中国社会科学出版社2011 年版。

［202］俞可平：《国家治理的中国特色和普遍趋势》，载于《公共管理评论》2019 年第 3 期。

［203］岳文泽、钟鹏宇、甄延临、曹秀婷、王迎英：《从城乡统筹走向城乡融合：缘起与实践》，载于《苏州大学学报（哲学社会科学版）》2021 年第 4 期。

［204］曾磊、雷军、鲁奇：《我国城乡关联度评价指标体系构建及区域比较分析》，载于《地理研究》2002 年第 6 期。

［205］曾群：《城市综合发展水平的定量研究》，载于《华中师范大学学报（自然科学版）》1997 年第 1 期。

［206］曾湘泉、陈力闻、杨玉梅：《城镇化、产业结构与农村劳动力转移吸纳效率》，载于《中国人民大学学报》2013 年第 4 期。

［207］战金艳、鲁奇、邓祥征：《城乡关联发展评价模型系统构建——以山东省为例》，载于《地理研究》2003 年第 4 期。

［208］张海鹏：《探讨城乡经济协调发展之路》，载于《中国农村经济》2007 年第 1 期。

[209] 张海鹏：《中国城乡关系演变 70 年：从分割到融合》，载于《中国农村经济》2019 年第 3 期。

[210] 张克俊、杜婵：《从城乡统筹、城乡一体化到城乡融合发展：继承与升华》，载于《农村经济》2019 年第 11 期。

[211] 张明斗、赵满满：《乡村振兴战略下城乡融合发展框架与路径研究》，载于《东北农业大学学报（社会科学版）》2019 年第 5 期。

[212] 张培刚、方齐云：《经济发展与二元经济的改造》，载于《求是》1997 年第 2 期。

[213] 张天佐：《关于构建实施乡村振兴战略政策体系的思考》，载于《农村工作通讯》2017 年第 24 期。

[214] 张卫民：《基于熵值法的城市可持续发展评价模型》，载于《厦门大学学报（哲学社会科学版）》2004 年第 2 期。

[215] 张文斌、张志斌、董建红、张怀林、公维民：《迈向城乡共治：改革开放以来城乡关系演变解读》，载于《地理科学进展》2021 年第 5 期。

[216] 张晓山等：《构建新型城乡关系——新农村建设政策体系研究》，社会科学文献出版社 2014 年版。

[217] 张晓山：《改革开放四十年与农业农村经济发展——从"大包干"到城乡融合发展》，载于《学习与探索》2018 年第 12 期。

[218] 张燕：《绿色城镇化战略理论与实践》，社会科学文献出版社 2015 年版。

[219] 张翼：《农民工"进城落户"意愿与中国城镇化道路的选择》，载于《中国人口科学》2011 年第 2 期。

[220] 张雨林：《我国城乡关系的历史考察（上）》，载于《中国农村经济》1989 年第 9 期。

[221] 张雨林：《小城镇建设与城乡协调发展》，载于《中国社会科学》1986 年第 4 期。

[222] 张卓元：《政治经济学大辞典》，经济科学出版社 1998 年版。

[223] 赵德起、陈娜：《中国城乡融合发展水平测度研究》，载于《经济问题探索》2019 年第 12 期。

[224] 赵海林：《统筹城乡发展必须转变城市偏向发展战略》，载于《中国乡村发现》2010 年第 2 期。

[225] 赵民、陈晨、周晔、方辰昊：《论城乡关系的历史演进及我国先发地区的政策选择——对苏州城乡一体化实践的研究》，载于《城市规划学刊》2016

年第 6 期。

[226] 折晓叶、艾云：《城乡关系演变的制度逻辑和实践过程》，中国社会科学出版社 2014 年版。

[227] 甄峰：《城乡一体化理论及其规划探讨》，载于《城市规划汇刊》1998 年第 6 期。

[228] 郑风田：《城乡融合的美国模式及其启示》，载于《国家治理》2018 年第 2 期。

[229]《中共中央关于党的百年奋斗重大成就和历史经验的决议》，人民出版社 2021 年版。

[230]《中共中央国务院关于进一步加强城市规划建设管理工作的若干意见》，载于《人民日报》2016 年 2 月 22 日。

[231]《中国大百科全书：环境科学》，中国大百科全书出版社 2002 年版。

[232] 中国宏观经济研究院产业所课题组：《改革开放 40 年中国工农关系演变：从缓和走向融合》，载于《改革》2018 年第 10 期。

[233]《中央财政"三农"投入首破万亿元》，载于《人民日报》2012 年 1 月 8 日。

[234]《周恩来选集》（下卷），人民出版社 1984 年版。

[235] 周佳宁、秦富仓、刘佳、朱高立、邹伟：《多维视域下中国城乡融合水平测度、时空演变与影响机制》，载于《中国人口·资源与环境》2019 年第 9 期。

[236] 周江燕、白永秀：《中国城乡发展一体化水平的时序变化与地区差异分析》，载于《中国工业经济》2014 年第 2 期。

[237] 周叔莲、郭克莎：《中国城乡经济及社会的协调发展（上）》，载于《管理世界》1996 年第 3 期。

[238] 朱鹏华：《促进城乡融合　推动新型城镇化高质量发展》，载于《中国社会科学报》2020 年 10 月 13 日。

[239] 朱鹏华：《构建产业新体系：基础、问题、趋势、特征及路径》，载于《工业技术经济》2016 年第 5 期。

[240] 朱鹏华、李鹏：《五大发展理念导引的经济转型测度：自指标体系生发》，载于《改革》2016 年第 8 期。

[241] 朱鹏华、刘学侠：《乡村振兴背景下的农民合作组织发展：现实价值与策略选择》，载于《改革》2019 年第 10 期。

[242] 朱鹏华、王天义：《民营经济是我国经济制度的内在要素——习近平

总书记关于社会主义基本经济制度的创新和发展》，载于《中共中央党校（国家行政学院）学报》2020 年第 4 期。

［243］朱鹏华、王天义：《社会主义基本经济制度的理论创新与认识升华》，载于《马克思主义研究》2020 年第 8 期。

［244］朱鹏华：《新中国 70 年城镇化的历程、成就与启示》，载于《山东社会科学》2020 年第 4 期。

［245］朱鹏华：《中国新型城镇化道路》，经济科学出版社 2017 年版。

［246］《主要粮食作物耕种收综合机械化率超八成田里多了不少新科技》，载于《人民日报》2019 年 10 月 16 日。

［247］卓玛草：《新时代乡村振兴与新型城镇化融合发展的理论依据与实现路径》，载于《经济学家》2019 年第 1 期。

［248］《资本论》（第 1 卷），人民出版社 2004 年版。

［249］Abdulaziz B. Shifa, The dual policy in the dual economy—The political economy of urban bias in dictatorial regimes. *Journal of Development Economics*, 2013, 105: 77 – 85.

［250］Berdegué J. A., Carriazo F., Jara B., Modrego F., Soloaga I., Cities, Territories, and Inclusive Growth: Unraveling Urban-rural Linkages in Chile, Colombia, and Mexico. *World Development*, 2015 (73): 56 – 71.

［251］Caffyn A., Dahlström M., Urban-rural Interdependencies: Joining up Policy in Practice. *Regional Studies*, 2005 (39): 283 – 296.

［252］C. E. Shannon, A Mathematical Theory of Communication. *Bell Labs Technical Journal*, 1948, 27 (3): 379 – 423.

［253］Champion T. and Hugo G., *New Forms of Urbanization—Beyond the Urban – Rural Dichotomy*. London: Routledge, 2004.

［254］Da Vanzo J., Repeat migration in the United States: who moves back and who moves on? *Review of Economics and Statistics*, 1983, 65 (4): 552 – 559.

［255］DEFRA, 2011 *Census Results for Rural England*. London, 2013.

［256］DEFRA, *Statistical Digest of Rural England 2014*. London, 2014.

［257］Dennis A. Rondinelli, *Secondary cities in developing countries policies for diffusing urbanization*. Beverly Hills: Sage Publications, 1983.

［258］Douglass M., A regional network strategy for reciprocal rural-urban linkages: An agenda for policy research with reference to Indonesia. *Third World Planning Review*, 1998, 20 (1): 1 – 33.

[259] E. Diener, E. Suh, Measuring Quality of Life: Economic, Social, and Subjective indicators. *Social Indicators Research*, 1997, 40 (2): 189 −216.

[260] Epstein T. S., Jezeph D., Development-there is another how: A rural-urban partnerships development paradigm. *World Development*, 2001, 29 (8): 1443 −1454.

[261] F. Hayashi, E. C. Prescott, The Depressing Effect of Agricultural Institutions on the Prewar Japanese Economy. *Journal of Political Economy*, 2008, 116 (4): 573 −632.

[262] Francois Perroux, A note on the notion of growth pole. *Applied Economy*, 1955 (1 −2): 307 −320.

[263] Francois Perroux, Economic Space: Theory and Applications. *The Quarterly Journal of Economics*, 1950, 64 (1): 89 −104.

[264] Francois Perroux, The Domination Effect and Modern Economic Theory. *Social Research*, 1950, 17 (2): 188 −206.

[265] Friedmann J., *A General Theory of Polarized Development.* New York: The Free Press, 1972: 82 −107.

[266] Friedmann J., *Regional Development Policy: A Case Study of Venezuela.* Cambridge: MIT Press, 1966.

[267] G. Myrdal, *An American Dilemma: The Negro Problem and Modern Democracy.* New York: Harper and Bothers, 1944.

[268] G. Myrdal, *Asian Drama: An Inquiry into the Poverty of Nation.* New York: Pantheon Books, 1968.

[269] G. Myrdal, *Economic Theory and Underdeveloped Regions.* London: Gerald Duckworth and Co, 1957.

[270] Gottmann J., Megalopolis or the Urbanization of the Northeastern Seaboard. *Economic Geography*, 1957, 33 (3): 189 −200.

[271] Gould WTS, *Rural − Urban Interaction In the Third World. Building from R. U. I. N*, Department of Geography, University of Livepool, Mimeo, 1985.

[272] Guldin G. E., Urbanization China. *Contributions in Asia Studies*, Greenwood Press, 1992 (2): 26 −31.

[273] Gustav Ranis, John C. H. Fei, A Theory of Economic Development. *The American Economic Review*, 1961, 51 (4): 533 −565.

[274] Halfacree K. H., Locality and social representation: Space, discourse and

alternative definitions of the rural. *Journal of Rural Studies*, 1993, 9 (1): 23 –37.

[275] Harris, John R. , Todaro, Michael P. Migration, Unemployment & Development: A Two – Sector Analysis. *American Economic Review*, 1970, 60 (1): 126 –142.

[276] Hidle K. , Farsund A. A. , Lysgard H. K. , Urban-rural Flows and the Meaning of Borders: Functional and Symbolic Integration in Norwegian City – Regions. *European Urban and Regional Studies*, 2009, 16 (4): 409 –421.

[277] Hirshman, *The Strategy of Economic Development*. New Haven, CT: Yale University Press, 1958.

[278] Hollands R G. , Will the real smart city please stand up? *City*, 2008, 12 (3): 303 –320.

[279] Irene van Kamp, Kees Leidelmeijer, Gooitske Marsman, Augustinus de Hollander, Urban environmental quality and human well-being: Towards a conceptual framework and demarcation of concepts; a literature study. *Landscape and Urban Planning*, 2003, 65 (1 –2): 5 –18.

[280] J. H. Boeke, *Economics and Economic Policy of Dual Societies as Exemplified by Indonesia*. New York: Institute of Pacific Relations, 1953.

[281] John C. H. Fei, Gustav Ranis, *Development of the Labor Surplus Economy*: *Theory and Policy*. Homewood: Richard D. Irving, 1964.

[282] Jorgenson, D. W. , Surplus Agricultural Labour and the Development of a Dual Economy. *Oxford Economic Papers*, 1967, 19 (3): 288 –312.

[283] Jorgenson, D. W. , The Development of a Dual Economy. *The Economic Journal*, 1961, 71: 309 –334.

[284] J. R. Boudville, *Problems of Regional Economic Plan*. Edinburgh university press, 1966.

[285] Kang – Hua Cao, Javier A. Birchenall, Agricultural productivity, structural change, and economic growth in post-reform China. *Journal of Development Economics*, 2013, 104: 165 –180.

[286] Kenneth Lynch, *Rural-urban interaction in the developing world*. London and New York: Routledge, 2005.

[287] Krugman P. , Increasing Returns and Economic Geography. *Journal of Political Economy*, 1991, 99: 483 – 499.

[288] Lewis W. A. , Economic development with unlimited supplies of labor. *The*

Manchester School, 1954, 72 (5): 139 – 191.

[289] Lipton M., *Why poor people stay poor-a study of urban bias in world development*. Temple Smith/Harvard University press, 1977.

[290] Liu Yansui, Chen Cong, Li Yurui, Differentiation regularity of urban- rural equalized development at prefecture- level city in China. *Journal of Geographical Sciences*, 2015, 25 (9): 1075 – 1088.

[291] McGee T. G., Managing the rural-urban transformation in East Asia in the 21st century. *Sustainability Science*, 2008, 3 (1): 155 – 167.

[292] McGee T. G., Mass markets—little markets: a call for research on the proletarianization process, women workers and the creation of demand. In Momsen J. and Townsend J. (eds.), *Geography of Gender in the Third World*. London: Hutchinson, 1987: 355 – 358.

[293] McGee T. G., Urbanisasi or Kotadesasi: Evolving patterns of urbanization in Asia. *Urbanization in Asia: Spatial dimensions and policy issues*. University of Hawaii Press, 1989.

[294] Mike Douglass, A Regional Network Strategy for Reciprocal Rural – Urban Linkages: An Agenda for Policy Research with Reference to Indonesia. *Third world planning review*, 1998, 20 (1) : 1 – 33.

[295] Mingxing Chen, Yuan Zhou, Xinrong Huang, Chao Ye, The Integration of New – Type Urbanization and Rural Revitalization Strategies in China: Origin, Reality and Future Trends. *Land*, 2021, 10 (2): 1 – 17.

[296] M. Paulo, S. C. Ana, Evaluation of Performance of European Cities with the Aim to Promote Quality of Life Improvements. *Omega*, 2011, 39 (4): 398 – 409.

[297] Overbeek M. M. M., Terluin I. J., *Rural Areas under Urban Pressure: Case Studies of Rural-urban Relationships across Europe*. The Hague: Agricultural Economics Research Institure, 2006.

[298] Partridge M. D., Ali M. K., Olfert M. R., Rural – to – Urban Commuting: Three Degrees of Intergration. *Growth and Change*, 2010, 41 (2): 303 – 335.

[299] P. Milbourne, *Rural Poverty: Marginalisation and Exclusion in Britain and the United States*. London: Routledge, 2004.

[300] Poelhekke P., Urban Growth and Uninsured Rural Risk: Booming Towns in Bust Times. *Journal of Development Economics*, 2011, 96: 461 – 475.

[301] Pollermann K., Raue P., Schnaut G., Rural development experiences

in Germany: opportunities and obstacles in fostering smart places through LEADER, *Studies in Agricultural Economics*, 2013, 115: 111 – 117.

[302] Preston D. , Rural-urban and Inter-settlement Interaction: Theory and Analytical Structure. *Area*, 1975 (7): 171 – 174.

[303] Rivera M. , Knickel K. , Rios I. , Ashkenazy A. Pears D. Q. , Chebach T. , Sumane S. , Rethinking the connections between agricultural change and rural prosperity: A discussion of insights derived from case studies in seven countries, *Journal of Rural Studies*, 2018, 59: 242 – 251.

[304] R. M. Northam, *Urban Geography*. New York: John Wiley and Sons, Inc. , 1979.

[305] Rondinelli D. A. , *Secondary Cities in Developing Countries: Policies for Diffusing Urbanization*. London: Sage Publications, 1983.

[306] Schaeffer P. V. , Kahsai M. S. , Jackson R. W. , Beyond the Rural – Urban Dichotomy. *International Regional Science Review*, 2013, 36 (1): 81 – 96.

[307] Schönfelder K. , *IBA Magazin* 2018. Erfurt, 2018.

[308] Siciliano G. , Urbanization strategies, rural development and land use changes in China: A multiple-level integrated assessment. *Land Use Policy*, 2012, 29: 165 – 178.

[309] Tacoli C. , Beyond the rural-urban divide. *Environment and Urbanization*, 1998, 10 (1): 3 – 4.

[310] Tacoli C. , Rural-urban interactions: a guide to the literature. *Environment and Urbanization*, 1998, 10 (1): 147 – 166.

[311] Tacoli C. , The links between urban and rural development. *Environment & urbanization*, 2003, 15 (1) : 3 – 12.

[312] Todaro M. P. , A model of labor migration and urban unemployment in less development countries. *American Economic Review*, 1969, 59 (1): 138 – 148.

[313] Todaro M. P. , *Economic Development in the Third World*. New York, NY: Longman, 1985.

[314] United Nations Human Habitat, *The State of the World's Cities Report 2001*. New York: United Nations Publications, 2002.

[315] United Nations Human Habitat, *Urban Indicators Guidelines-monitoring the Habitat Agenda and the Millennium Development Goals*. New York: United Nations Publications, 2004.

［316］ Unwin T. , Urban – Rural Interaction In Developing Countries: A Theoretical Perspective. In Potter R. and Unwin T. （eds. ）, *The Geography of Urban – Rural Interaction in Developing Countries.* London: Routledge, 1989.

［317］ Van Der Burg A. J. , Dieleman F. M. , *Dutch Urbanization Policies: from* "*Compact City*" *to* "*Urban Network*" . Tijdschrift voor Economische en Sociale Geografie, 2004, 95 （1）: 108 – 116.

［318］ Veneri P. , Ruiz V. , Urban-to-rural Population Growth Linkages: Evidence from OECD TL3 Regions. *OECD Regional Development Working Papers*, 2013 （3）: 13 – 15.

［319］ Vollrath D. , How Important Are Dual Economy Effects for Aggregate Productivity. *Journal of Development Economics*, 2009, 88 （2）: 325 – 334.

［320］ W. B. Stohr, D. R. F. Taylor, *Development from above or below? The Dialectics of Regional Planning in Developing Countries.* New York: Wiley, Chichester, 1981.

［321］ Woods M. , Edwards B. , Walkley C. , *Small and Market Towns in Rural Wales and Their Hinterlands.* Research Report 13, Wales Rural Observatory, 2007.

［322］ Zhenghe Zhang, Yawen Lu, China's urban-rural relationship: evolution and prospects. *China Agricultural Economic Review*, 2018, 10 （2）: 260 – 276.

后　记

　　奉献给读者的这一著作，是我博士后期间（2018年9月至2020年12月）的研究成果之一。该研究得到了中国博士后科学基金面上项目（基金号：2019M662379）、山东省博士后创新项目（项目号：201903002）、国家社科基金重大项目"中国特色社会主义基本经济制度与国家治理现代化研究"（基金号：20ZDA014）、国家社科基金重点项目"马克思社会资本再生产理论拓展研究"（基金号：17AJL003）、国家社科基金一般项目"新时代乡村振兴中农民组织化建设研究"（基金号：20BJL081）的资助，本书包含了这些项目的阶段性成果。同时，本书也是山东大学2021年教改项目"中国特色社会主义政治经济学课程开发研究"的成果之一。

　　改革开放特别是党的十八大以来，我国在统筹城乡发展、推进新型城镇化、实施乡村振兴战略方面取得了显著进展，这为本书的研究提供了充足的现实材料。同时，马克思主义城乡关系理论、城乡二元经济结构理论、区域二元经济结构理论等为本书的研究提供了重要的思想材料。当前，学术界已对我国城乡关系的二元性、体制性、阶段性、多样性等方面进行了较深入的研究，对未来城乡融合发展的趋势也达成了基本共识。但对新中国城乡关系演进的成就和经验总结提炼不够，更没有从中国特色社会主义理论的层面，形成规律性的认识。在中国特色社会主义政治经济学的视域下，本书尝试构建中国特色社会主义城乡融合发展理论，为新时代城乡融合发展实践提供理论支撑。城乡关系是一个涉及经济学、地理学、社会学、管理学、人口学、城乡规划学等多学科的研究课题，本书的成果仅仅是从政治经济学的角度所做的一个积极尝试，其中定有许多重要问题并未涉及或展开论述。这也表明新时代城乡融合发展仍有很多问题需要接续研究，作者也将根据实践的发展继续进行理论创新。

　　作为农民的儿子，通过上大学，从农村来到城市工作和生活，我本身就是城乡融合发展的一个载体，这也为本书的撰写赋予了特殊的情感。生产力与生产关系的矛盾运动推动着城乡关系的演进，城乡融合发展是总体论，城市与乡村要水乳交融、互为内在、浑然一体。事物之间总有矛盾性和统一性两个方面，融合发展的本意是承认并首先考虑其统一性，从统一性出发推动双方互动交流、协同发展，并最终形成新的形态和样貌。因此，新时代城乡融合发展不是就城市而论新型城镇化、就乡村而论乡村振兴，也不是让城市"吃掉"农村，更不是将新型城镇化与乡村振兴对立起来、割裂开来，而是要在"城乡等值"的理念下，促使城乡结成一种新的融合发展状态。这种融合状态不是传统的城市，也不是传统的乡村，而是城市和乡村一同形成现代化的生产生活方式，健全现代化的治理体系，弘扬社会主义先进文化，实现人与自然和谐共生，并最终走向共同富裕。

本书在研究、撰写和出版过程中，山东大学的侯风云教授、于良春教授、余东华教授、解垩教授、石绍宾教授、张伟教授、中央党校（国家行政学院）的王天义教授、刘学侠教授、中国社会科学院杨静研究员等给予了悉心指导和帮助，山东大学经济学院给予了资助，经济科学出版社的编辑付出了辛勤劳动，在此对他们致以最诚挚的谢意！

2022 年 3 月 17 日